21世纪经济管理新形态教材 · 管理科学与工程系列

优化与预测

李想 ◎ 主编

清華大學出版社
北 京

内容简介

优化与预测是一门涵盖范围广、应用性强的课程，利用运筹学与数据科学的理论和方法，针对现实中的管理问题进行量化分析，以求得最优解决方案，帮助管理者做出科学决策。本书涵盖优化与预测科学的基本知识、基本概念、核心方法及前沿理论。全书分为三部分。第一部分面向优化问题，介绍线性规划、非线性规划、整数规划、随机规划、鲁棒优化，以及遗传算法、粒子群算法、邻域搜索算法、模拟退火算法等元启发式算法。第二部分面向预测问题，从传统计量模型出发，结合机器学习和深度学习方法，阐述时间序列预测问题的概念、建模以及求解方法。第三部分介绍预测与优化一体化方法，使读者了解数据驱动决策方法的前沿知识。

本书适合作为经济管理类专业高年级本科生、研究生的专业课教材，也可作为政府部门、企事业单位的管理干部和工程技术人员学习现代优化与预测方法的参考书。

图书在版编目（CIP）数据

优化与预测 / 李想主编. -- 北京 ：清华大学出版社，2024. 11.
（21 世纪经济管理新形态教材）. -- ISBN 978-7-302-67618-8

Ⅰ. C93

中国国家版本馆 CIP 数据核字第 2024F1F331 号

责任编辑：高晓蔚
封面设计：汉风唐韵
责任校对：宋玉莲
责任印制：刘海龙

出版发行：清华大学出版社
网　　址：https://www.tup.com.cn，https://www.wqxuetang.com
地　　址：北京清华大学学研大厦 A 座　　**邮　　编**：100084
社 总 机：010-83470000　　**邮　　购**：010-62786544
投稿与读者服务：010-62776969，c-service@tup.tsinghua.edu.cn
质量反馈：010-62772015，zhiliang@tup.tsinghua.edu.cn
印 装 者：定州启航印刷有限公司
经　　销：全国新华书店
开　　本：185mm×260mm　　**印　　张**：12.75　　**字　　数**：310 千字
版　　次：2024 年 11 月第 1 版　　**印　　次**：2024 年 11 月第1 次印刷
定　　价：49.00 元

产品编号：100353-01

前言

在现实生活中，企业往往面临诸多管理问题，比如生产计划问题、库存管理问题、物流管理问题、交通运输问题、收益管理问题等。如何从系统整体的视角对这些问题进行科学合理的建模与求解，为管理者提供切实的决策方案，是管理科学研究的核心。运筹学是一门研究系统整体优化问题的严密科学理论与方法，运筹学思想与管理问题紧密连接、密不可分。预测科学知识体系通过对事物的历史数据、当前状态及外部环境的综合分析，运用科学的方法和技术手段，对未来可能发生的情况进行推断。本书针对广泛的管理问题，阐明运筹学与预测科学领域的前沿方法，深入浅出地介绍常用模型与算法，并展示这些方法在具体管理问题中的实际应用。

本书分为三部分，其中第一部分和第二部分介绍传统管理学领域常见的优化与预测方法。同时，区别于其他教材，本书将目前处在学术前沿的预测与优化一体化方法引入其中，并在第三部分进行详细的介绍。美国著名管理学家、诺贝尔经济学奖得主赫伯特·西蒙(Herbert Simon)曾指出：管理就是决策。决策对应于一个现实管理问题被解决的过程，通过定性与定量分析，将一个管理问题抽象为一个可以刻画管理本质与核心的数学模型，建立起描述问题的目标函数、约束条件及决策变量，再利用数学方法或计算机算法对模型进行求解。本书的第一部分面向管理问题，从基础的线性规划(第1章)出发，将线性规划逐步拓展到非线性规划(第2章)、整数规划(第3章)，并通过考虑数学规划问题中存在的参数不确定性问题，阐述了随机规划(第4章)与鲁棒优化(第5章)两类不确定优化方法。面对现实场景下大规模优化问题的求解，本书介绍四种最常用的元启发式算法，分别是遗传算法(第6章)、粒子群算法(第7章)、邻域搜索算法(第8章)、模拟退火算法(第9章)。通过对本书第一部分的学习，读者可以更好地理解如何将一个现实的决策问题表示为一个数学模型，如何使用精确式或启发式搜索算法寻找数学模型的最优解或满意解，完成对现实决策问题的求解。

在管理者进行决策之前，往往还需要面对一个预测问题。预测旨在利用人们对历史事件的观测与总结，模拟事物发展变化的客观规律，以达到对事物未来发展趋势的判断与科学推测。正确的决策与精准的预测密不可分，面对现实管理问题中既纷繁变化又暗藏规律的不确定参数，一套科学的预测方法必不可少。因此，本书的第二部分面向预测问题，从计量方法(第10章)出发，结合当前在现实问题中展现出强大性能的机器学习方法(第11章)与深度学习方法(第12章)，介绍时间序列预测问题的基本概念及方法。本书第二部分的内容，可以帮助读者掌握一套完整的依据历史观测数据演变规律预测发展趋势的方法论，从而获取某些管理洞见，并为决策问题提供支持。

在传统研究中，预测阶段与优化阶段往往相互分离，即先进行预测，再将预测得到的参数值代入下游优化模型，这种思路被称为“先预测后优化方法”，其思路非常直观，但是在这种模式下预测与优化之间仅仅存在着非常微弱的连接关系。事实上,从求解管理问题的本质出发,预测与优化之间是密不可分的,预测的精度将会直接影响优化结果的优劣。因此,本书的第三部分引入了预测与优化一体化方法,通过将预测模型中的预测误差修改为决策偏差,打破了预测与优化之间的壁垒,使得预测模型可以真正为最优决策服务。通过对本书第三部分的学习,读者可以了解与掌握数据驱动决策领域的前沿知识与内容,更加深刻地理解在管理问题中预测与优化的关系,感受融合预测模型与优化模型思想的"数学之美"。

本书的编写受到了国家自然科学基金项目(71931001,W2411066)的支持,马红光、孙珂、冯紫嫣、聂发鹏、陈楠、金坤、路靖雯、赵雨薇、葛敬云、杨明、王宪喆、蔡晓越、宁蓉、宁世泽也为本书的编写付出了辛勤的劳动。由于水平所限,书中的缺点、疏漏在所难免,敬请读者与同仁提出宝贵意见。

编　者

2024 年 8 月

目录

第一部分　优　　化

第 1 章　线性规划 …… 3

1.1　线性规划问题及其数学模型 …… 3
1.2　图解法 …… 7
1.3　单纯形法 …… 11
1.4　单纯形法的进一步讨论 …… 21
1.5　线性规划的对偶理论 …… 25
1.6　列生成算法 …… 33
本章小结 …… 39
习题 …… 39
参考文献 …… 40

第 2 章　非线性规划 …… 41

2.1　非线性规划基本概念 …… 41
2.2　Kuhn-Tucker 条件 …… 43
2.3　牛顿法 …… 47
本章小结 …… 49
习题 …… 49
参考文献 …… 49

第 3 章　整数规划 …… 51

3.1　整数规划问题的提出 …… 51
3.2　整数规划问题的一般形式 …… 53
3.3　整数线性规划算法 …… 53
3.4　0-1 型规划问题 …… 60
3.5　指派问题 …… 63
本章小结 …… 68
习题 …… 68
参考文献 …… 69

第4章 随机规划 …… 70

4.1 期望值模型 …… 72
4.2 机会约束规划模型 …… 74
4.3 随机规划的求解 …… 78
本章小结 …… 80
习题 …… 80
参考文献 …… 81

第5章 鲁棒优化 …… 82

5.1 经典鲁棒优化 …… 82
5.2 分布鲁棒优化 …… 85
本章小结 …… 87
习题 …… 87
参考文献 …… 87

第6章 遗传算法 …… 89

6.1 遗传算法概述 …… 89
6.2 遗传算法流程 …… 92
6.3 应用案例 …… 99
本章小结 …… 100
习题 …… 100
参考文献 …… 100

第7章 粒子群算法 …… 102

7.1 粒子群算法概述 …… 102
7.2 粒子群算法种类 …… 103
7.3 粒子群算法流程 …… 105
7.4 应用案例 …… 107
本章小结 …… 109
习题 …… 109
参考文献 …… 109

第8章 邻域搜索算法 …… 110

8.1 邻域搜索概述 …… 110
8.2 大邻域搜索 …… 112
8.3 变邻域搜索 …… 113
8.4 应用案例 …… 115
本章小结 …… 118

习题 …… 118
参考文献 …… 119

第9章 模拟退火算法 …… 120

9.1 模拟退火算法概述 …… 120
9.2 模拟退火算法流程 …… 123
9.3 应用案例 …… 124
本章小结 …… 126
习题 …… 126
参考文献 …… 126

第二部分 预 测

第10章 计量方法 …… 131

10.1 时间序列概述 …… 131
10.2 线性时间序列模型 …… 133
10.3 非线性时间序列模型 …… 139
本章小结 …… 141
习题 …… 141
参考文献 …… 141

第11章 机器学习方法 …… 142

11.1 机器学习概述 …… 142
11.2 支持向量回归 …… 144
11.3 回归树 …… 149
本章小结 …… 155
习题 …… 155
参考文献 …… 155

第12章 深度学习方法 …… 157

12.1 神经网络概述 …… 157
12.2 循环神经网络 …… 164
12.3 卷积神经网络 …… 170
12.4 应用案例 …… 175
本章小结 …… 179
习题 …… 179
参考文献 …… 179

第三部分　预测与优化一体化方法

第 13 章　基于深度学习的一体化方法应用案例 …… 183

13.1　数据描述 …… 183

13.2　两阶段方法 …… 187

13.3　一体化方法 …… 189

本章小结 …… 193

习题 …… 193

参考文献 …… 194

附录 …… 195

第一部分

优　化

决策是人类社会实践活动中一个极为重要的环节，包括：个人层面决策，如填报高考志愿、购买产品、选择出行方式等；商业层面决策，如决定生产何种产品、如何定价、如何安排生产计划等。如何科学合理地开展决策是学界和业界共同关注的焦点，定量决策模型能够很好地协助处理这些决策问题。

决策模型有不同的形式。一种是描述性的(descriptive)模型，它们仅仅描述关系和提供评估信息。描述模型自身并不包含任何决策变量，主要用于解释系统的行为，预测未来事件对计划过程的影响，帮助管理者做出决策。另一种是规定性的(prescriptive)模型，称为优化模型，试图获得一项最优策略，即为了取得最大或最小目标值，决策者应当采取的最佳解决方案。

在数学模型中，一个需要优化的函数通常称为目标函数(objective function)，而称使目标函数达到最优值的可行解为最优解(optimal solution)。在过去几十年中，优化方法已经被广泛应用于交通、物流、供应链、金融、销售和商业领域的一些活动中，帮助管理者有效分配资源，做出更节省成本或获得更多利润的决策。优化是一个非常广阔和复杂的课题，在这一部分，我们将介绍几种典型的优化模型，包括线性规划模型、非线性规划模型、整数规划模型、随机规划模型和鲁棒优化模型。

构建优化模型的目的在于寻找最优解，而这在大多数情况下需要算法的帮助。算法(algorithm)是一种提供解决问题方案的系统过程。针对线性规划模型的求解，美国数学家George Dantzig于1947年提出了单纯形法；针对非线性规划模型，20世纪30年代起，Kuhn、Tucker、Karush分别独立发现了最优解所满足的条件，被称为Karush-Kuhn-Tucker条件；针对整数规划模型的求解，1958年，IBM的高级副总裁Gomory提出了割平面法；1960年，Land和Doig提出了分支定界法。此外，某些模型非常复杂，难以获得最优解，或者不可能在合理的计算时间内得到最优解。在这种情况下，学者们开发了启发式算法，能够在可接受的计算时间内给出一个优质解。针对复杂的优化模型，常用的启发式算法有遗传算法、粒子群算法、邻域搜索算法、模拟退火算法等。

本书的第一部分讲述如何针对决策问题构建并求解优化模型，主要目的在于帮助读者理解优化模型的数学性质、算法的基本原理，以及实际应用时的实现方式和注意事项。重点内容包括：

- 线性规划基本概念、基本模型及求解算法；
- 非线性规划的基本概念、基本模型及两类主要求解方法；
- 整数规划的一般形式及求解整数规划的分支定界法和割平面法；
- 随机规划的基本思想、建模方法及求解算法；
- 鲁棒优化模型的基本类型和数学性质；
- 遗传算法、粒子群算法、邻域搜索算法、模拟退火算法的基本原理、实现方式、应用案例。

第 1 章

线性规划

线性规划(linear programming,LP)是研究目标函数和约束条件均为线性的最优化问题的数学理论和方法。它作为运筹学的一个重要分支,在军事作战、经济分析、运营管理和工程技术等领域得到了广泛的应用[1,2]。线性规划为合理地分配有限的人力、物力、财力等资源提供了科学依据。

线性规划的起源可以追溯到1939年,著名的苏联数学家Kantorovich受列宁格勒胶合板信托中心实验室委托,通过建立线性规划的数学模型成功完成了一项工业生产组织与计划任务。随后,他出版了著作《组织与计划生产的数学方法》,这为线性规划理论奠定了基础,尽管当时他的工作并未引起足够的关注,但奠定了线性规划的雏形。与此同时,线性规划理论在美国得到了飞速发展。1941年,Hitchcock提出运输问题[3],Stigler提出了营养问题[4],Koopmans提出了经济问题[5],而被誉为"线性规划之父"的George Dantzig则在1948年提出了经典的线性规划优化模型,即"在一组线性方程或不等式约束下,求某一线性形式极小值问题的数学模型",这一数学模型是"线性规划"的经典优化模型。同年夏天,Dantzig提出了单纯形算法,后来被评为20世纪最伟大算法之一。值得注意的是,在1948年,Dantzig和Koopmans共同提出了"线性规划"这一名词。

70多年来,单纯形法虽然发展出了多种变体,但其基本思想始终保持不变:如果线性规划问题存在最优解,那么必定可以在其可行区域的顶点中找到。基于此,单纯形法的基本思路是:先找出可行域的一个顶点,然后根据一定规则判断其是否最优;若否,则转换到与之相邻的另一顶点,并使目标函数值更优;如此反复,直到找到最优解。

单纯形法是解决线性规划问题的有效方法,但并非在所有情况下都高效可行。1971年,Klee和Minty构造出了一个"变量多、约束少"的例子,该案例下单纯形法的执行需要访问指数数量级的顶点,即单纯形法不能高效地解决该类线性规划问题。为解决这类问题,Dantzig和Koopmans于1960年提出了列生成算法(column generation algorithm,CGA)。随后,线性规划问题的理论研究不断深入,应用范围逐渐扩大,众多著名学者如Arrow、Samuelson、Simon和Dorfman等为线性规划领域做出了重要贡献,最终将其发展成为运筹学领域的一个重要分支——线性规划。

本章主要学习线性规划的基本概念、基本要素、基本模型以及解决线性规划模型的方法,包括图解法、单纯形法、人工变量法、列生成算法等。

1.1 线性规划问题及其数学模型

线性规划是运筹学中研究较早、发展较快、应用广泛的一个重要分支,它致力于解决线性约束条件下线性目标函数的极值问题[6]。在线性规划中,根据目标函数是取极大值还是

极小值,可以分成“极大化问题”与“极小化问题”。例如,在交通运输工作中,常常涉及以下两种类型的最优决策问题:

(1) 在给定车辆资源的限制下,如何确定运输方案以极大化运送的客流量。这种问题的目标是在满足资源约束的前提下,使目标函数(通常是客流量)达到极大值。例如,一个公交公司希望极大化每天的乘客数量,但受到车辆数量、线路容量等资源的限制。

(2) 在满足预期输送客流量的前提下,如何确定运输方案使所需的车辆数量最少。这种问题的目标是在满足一定客流量需求的前提下,使目标函数(通常是成本,如运营成本或车辆数量)达到极小值。例如,在设计一个公共交通系统时,需要确保满足旅客的出行需求,同时尽可能降低运营成本。

1.1.1 线性规划问题的提出

随着经济的高速发展,人们出行需求不断攀升,城市交通压力陡增,公共交通系统对于缓解城市交通压力始终发挥着无可替代的作用。由此引出一个研究问题:如何使用最少的公交车数量满足不同时间段内的运营需求?

例 1-1 节假日期间,北京郊区景点旅客众多,客流庞大,极易造成旅客滞留问题。为降低由旅客聚集带来的各类风险,北京公交集团需及时在某些热门景区路线临时加大运力,以便及时疏散旅客。如表 1-1 所示,现有 A、B 两种公交车型可供指派,其中 A 型为无人售票车,可容纳 30 位旅客,运营时需要 1 名驾驶员和 1 名安保员;B 型为有人售票车,可容纳 50 位旅客,运营时需要 1 名驾驶员、2 名安保员和 1 名乘务员。设公交集团在执行此项任务时只能调配到 12 名驾驶员、16 名安保员及 6 名乘务员到该临时线路,那么公交集团应该分别组织多少辆 A 型与 B 型公交车使得旅客的疏散量最大?

表 1-1

	A 型公交车(30 人)	B 型公交车(50 人)	可调配人力(人)
驾驶员	1	1	12
安保员	1	2	16
乘务员	0	1	6

用变量 x_1 和 x_2 分别表示 A 型公交车和 B 型公交车的数量,称为决策变量。该公交集团全天的疏散客流量为 $30x_1+50x_2$。令 $z=30x_1+50x_2$,则 z 为该公交集团能疏散的客流量,即公交集团所决策的目标,它是关于变量 x_1 和 x_2 的线性函数,称为目标函数。因问题中要求旅客的疏散量最大,因此为极大化问题,即 $\max z$。此外,x_1 和 x_2 的取值受到 A 型公交车和 B 型公交车的容量及可调配人力的限制和非负值的限制,可以用数学表达式描述限制条件,并称之为约束条件。由此,例 1-1 的数学模型可表示为

$$\begin{cases} \max & z=30x_1+50x_2 \\ \text{s.t.} & x_1+x_2 \leqslant 12 \\ & x_1+2x_2 \leqslant 16 \\ & x_2 \leqslant 6 \\ & x_1,x_2 \geqslant 0 \end{cases} \tag{1-1}$$

其中，约束条件 $x_1+x_2\leqslant 12$ 表示驾驶员的人力约束，$x_1+2x_2\leqslant 16$ 表示安保员的人力约束，$x_2\leqslant 6$ 表示乘务员的人力约束，$x_1,x_2\geqslant 0$ 称为变量的非负约束，表明A型公交车和B型公交车的数量不可能为负值。

随着人们出行需求日趋个性化和多元化，乘客除了公共交通之外还可以选择网约车出行。网约车作为巡游出租车形式的变种，是城市公共交通的补充，现如今已然成为"城市综合交通运输体系"的重要组成部分。

例 1-2　春节期间，各地返乡客流激增，同时，愿意出行的网约车司机反而减少。为解决此期间旅客在各交通枢纽打车排队时间长的问题，政府号召网约车平台完成部分旅客的疏散任务。已知网约车平台可以通过给司机补贴的方式调派拼车和专车两种网约车，其中调派一辆拼车需要给司机补贴2元，调派一辆专车需要补贴3元。经协商，网约车平台需要调派不少于350辆拼车和专车，其中拼车不少于125辆。设一辆拼车可以满足2位旅客的出行需求，一辆专车可以满足1位旅客的出行需求，某机场有600位旅客等候乘车。那么，网约车平台应该分别调派多少辆拼车和专车，使得平台补贴的费用最少？

用变量 y_1 和 y_2 分别表示网约车平台调派拼车和专车的数量，则该网约车平台的补贴费用为 $2y_1+3y_2$，令 $f=2y_1+3y_2$。该网约车平台希望平台补贴费用最少(极小化问题)，即 $\min f$，相应的数学模型为

$$\begin{cases}\min & f=2y_1+3y_2\\ \text{s.t.} & y_1+y_2\geqslant 350\\ & y_1\geqslant 125\\ & 2y_1+y_2\geqslant 600\\ & y_1\geqslant 0,y_2\geqslant 0\end{cases}\tag{1-2}$$

其中，约束条件 $y_1+y_2\geqslant 350$ 表示调派的总车辆数量要求，$y_1\geqslant 125$ 表示调派的拼车数量要求，$2y_1+y_2\geqslant 600$ 表示所需服务的旅客人数要求，$y_1,y_2\geqslant 0$ 称为变量的非负约束，表明拼车和专车的数量不可能为负值。

1.1.2　线性规划问题的数学模型

上一小节的两个例子清晰地展示了规划问题的一般结构。通常情况下，规划问题的数学模型由三个核心要素组成：(1)决策变量，通常表示问题中需要明确定义的未知量，用于表示规划中的数量或选择方案，通常由决策者来控制和调整；(2)目标函数，用于衡量问题的优化目标，它可以是寻找最大化效益(标记为"max")，也可以是最小化成本/风险(标记为"min")，目标函数的设定直接反映了问题的本质和求解的目标，指导算法或决策朝着最理想的方案前进；(3)约束条件，描述了决策变量的取值受到的各种资源条件限制，通常表示为包含决策变量的等式或不等式，它们确保问题的解在实际情况下是可行的。若一个规划问题的目标函数是决策变量的线性函数，约束条件是含决策变量的线性等式或不等式，则称该类规划问题的数学模型为线性规划的数学模型。

从例1-1中，可以总结出一般线性规划问题的数学建模过程如下。

(1) 定义决策变量：用一组变量 $\boldsymbol{X}=(x_1,x_2,\cdots,x_n)$ 表示问题的决策方案，当这组变量取具体值时就表示一个具体的决策方案；

(2) 定义目标函数：用决策变量表示出线性目标函数，即决策者追求极大化或者极小化的目标；

(3) 定义约束条件：从问题的各类资源限制出发，用决策变量的线性等式或者不等式来表示决策变量必须满足的条件。

由此可见，线性规划模型的一般形式可表示为

$$\begin{cases}\max(\min) & z=c_1x_1+c_2x_2+\cdots+c_nx_n \\ \text{s.t.} & a_{11}x_1+a_{12}x_2+\cdots+a_{1n}x_n\leqslant(=,\geqslant)b_1 \\ & a_{21}x_1+a_{22}x_2+\cdots+a_{2n}x_n\leqslant(=,\geqslant)b_2 \\ & \qquad\vdots \\ & a_{m1}x_1+a_{m2}x_2+\cdots+a_{mn}x_n\leqslant(=,\geqslant)b_m \\ & x_1,x_2,\cdots,x_n\geqslant 0\end{cases} \tag{1-3}$$

其中，m 是约束方程的个数，n 是决策变量的个数。

由于目标函数和约束条件在内容和形式上的差别，线性规划问题可以有很多种表达式。为了便于讨论和制定统一的算法，当 m 个约束条件均为“$=$”且目标为“max”时，称其为线性规划问题的标准形式：

$$\begin{cases}\max & z=c_1x_1+c_2x_2+\cdots+c_nx_n \\ \text{s.t.} & a_{11}x_1+a_{12}x_2+\cdots+a_{1n}x_n=b_1 \\ & a_{21}x_1+a_{22}x_2+\cdots+a_{2n}x_n=b_2 \\ & \qquad\vdots \\ & a_{m1}x_1+a_{m2}x_2+\cdots+a_{mn}x_n=b_m \\ & x_1,x_2,\cdots,x_n\geqslant 0\end{cases} \tag{1-4}$$

线性规划问题的标准形式(1-4)可以被表示为矩阵形式：

$$\begin{cases}\max & z=\boldsymbol{CX} \\ \text{s.t.} & \boldsymbol{AX}=\boldsymbol{b} \\ & \boldsymbol{X}\geqslant\boldsymbol{0}\end{cases} \tag{1-5}$$

其中，$\boldsymbol{A}$ 称为约束方程的系数矩阵，$\boldsymbol{X}$ 称为决策向量，$\boldsymbol{b}$ 称为资源向量，$\boldsymbol{C}$ 称为价值向量，分别表示如下：

$$\boldsymbol{A}=\begin{pmatrix}a_{11} & a_{12} & \cdots & a_{1n} \\ a_{21} & a_{22} & \cdots & a_{2n} \\ \vdots & \vdots & & \vdots \\ a_{m1} & a_{m2} & \cdots & a_{mn}\end{pmatrix},\quad \boldsymbol{X}=\begin{pmatrix}x_1 \\ x_2 \\ \vdots \\ x_n\end{pmatrix},\quad \boldsymbol{b}=\begin{pmatrix}b_1 \\ b_2 \\ \vdots \\ b_m\end{pmatrix},\quad \boldsymbol{C}=(c_1,c_2,\cdots,c_n)$$

标准形式的线性规划模型中，目标函数为求极大值，约束条件全为等式，约束条件右端项 $b_i(i=1,2,\cdots,m)$ 全为非负值，变量 $x_j(j=1,2,\cdots,n)$ 的取值全为非负值。对于不符合标准形式的线性规划问题，可通过下列方法将其转换为标准形式。

(1) 若线性规划的目标函数为求极小值(min)，可将目标函数等式两端同时乘以“-1”转化为求极大值(max)。

(2) 若线性规划约束条件的符号为"≥",可通过添加剩余变量将约束条件转化为"="。例如:约束"$x_1+x_2\geqslant 3$",可添加变量 x_3,系数为"-1",将该约束转化为"$x_1+x_2-x_3=3$",此时,x_3 即为剩余变量。

(3) 若线性规划约束条件的符号为"≤",可通过添加松弛变量将约束条件转化为"="。例如:约束"$x_1+x_2\leqslant 5$",可添加变量 x_4,其系数为"1",将此约束转化为"$x_1+x_2+x_4=5$",此时,x_4 即为松弛变量。

(4) 若约束条件的等式右端项 b_i 为负数,可将第 i 个约束的等式两边同时乘以"-1"。

(5) 若线性规划的决策变量 x_i 为负数,可令 $x_i=-x_i'$,此时 $x_i'\geqslant 0$。

(6) 若线性规划的决策变量 x_i 无约束,可令 $x_i=x_i'-x_i''$,此时 $x_i'\geqslant 0$,$x_i''\geqslant 0$。

例 1-3 请将例 1-2 中的线性规划问题(1-2)化为标准形式。

解 上述问题中令 $f'=-f$,并按标准化规则可将线性规划化为如下标准形式:

$$\begin{cases}\max & f'=-2y_1-3y_2+0y_3+0y_4+0y_5 \\ \text{s.t.} & y_1+y_2-y_3=350 \\ & y_1-y_4=125 \\ & 2y_1+y_2-y_5=600 \\ & y_1,y_2,y_3,y_4,y_5\geqslant 0\end{cases} \tag{1-6}$$

1.2 图 解 法

图解法是一种用几何作图求解线性规划问题最优解的方法。这种方法简单直观,有助于深入理解线性规划问题求解的基本原理。通常情况下,图解法只适用于包含 2 个决策变量 x_1 和 x_2 的线性规划问题。通过在以 x_1 和 x_2 为坐标轴的直角坐标系中绘制图形,图上的任意一点的坐标代表了决策变量 x_1 和 x_2 的一组取值,同时也代表了问题的一个潜在解。图解法的主要目的有两个方面:一是判断线性规划问题解的可能性;二是在存在最优解的情况下,找到问题的最优解。

1.2.1 图解法的步骤

下面通过图 1-1 求解例 1-1 来详细介绍图解法的基本思想。在以 x_1 和 x_2 为坐标轴的直角坐标系中,每个线性约束条件都代表了一个半平面。例如,约束条件 $x_1+x_2\leqslant 12$ 表示以直线 $x_1+x_2=12$ 为边界的左下方的半平面,可以用集合表示为:$\{(x_1,x_2)|x_1+x_2\leqslant 12\}$。在这个半平面内的任一点都满足约束条件 $x_1+x_2\leqslant 12$,而在半平面以外的点都不满足这个约束条件。

当同时满足约束条件 $x_1+x_2\leqslant 12$,$x_1+2x_2\leqslant 16$,$x_2\leqslant 6$,$x_1\geqslant 0$ 和 $x_2\geqslant 0$ 时,这些点位于 5 个不同半平面的交集内(包括 5 条边界线)。这 5 个半平面分别如图 1-1 的(a)、(b)、(c)、(d)、(e)中的阴影部分所示,它们的交集如图 1-1 的(f)所示。交集(阴影部分)中的每一点(包括边界上的点)都是问题(1-1)的可行解,而这个交集被称为例 1-1 线性规划问题的可行域。

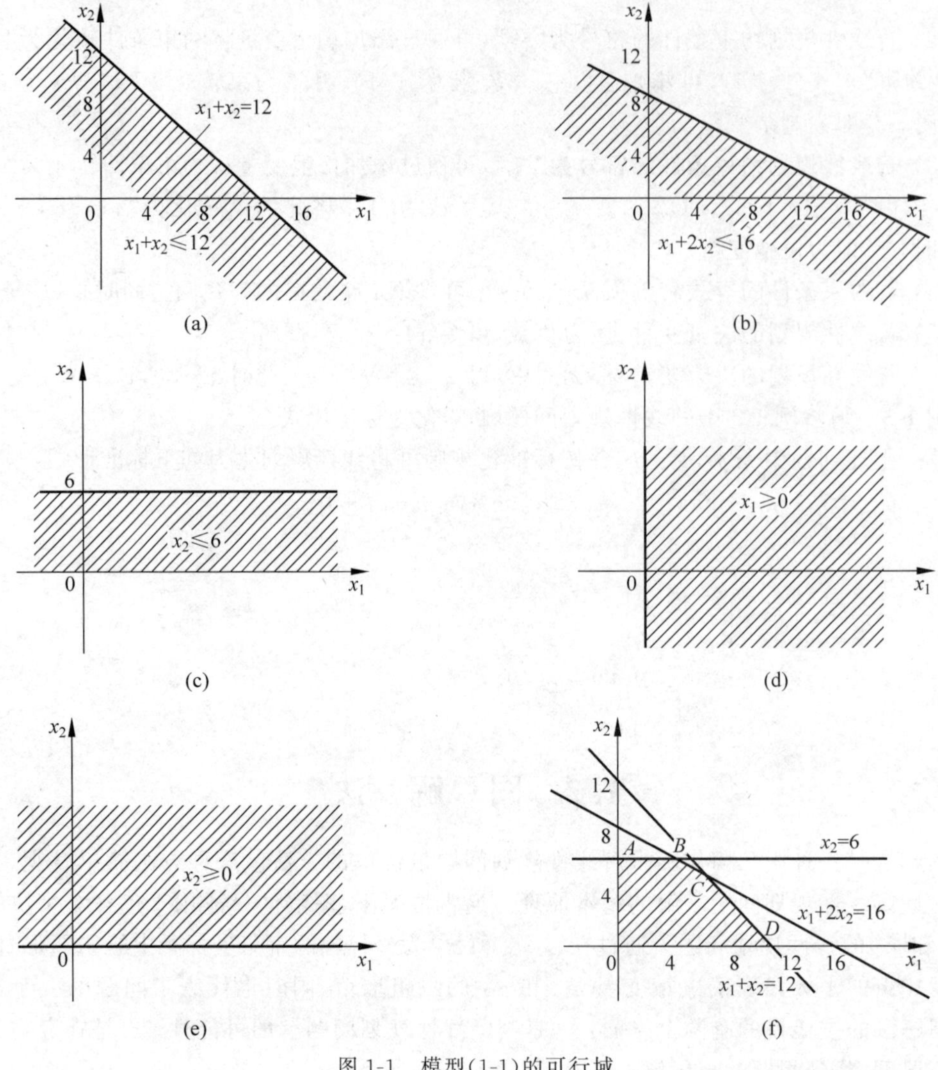

图 1-1 模型(1-1)的可行域

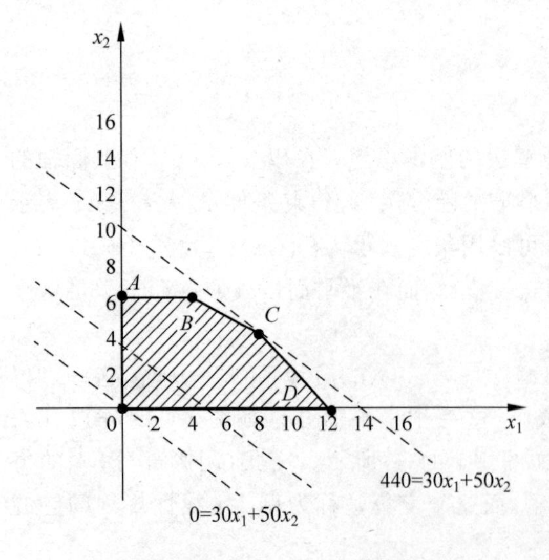

图 1-2 模型(1-1)的最优解

目标函数为 $z=30x_1+50x_2$，当 z 取某一固定值时，该函数就对应于平面上的一条直线。不同的 z 值对应于一系列相互平行的直线，因为同一条直线上的点都具有相同的目标函数值 z，故称该直线为“等值线”。

图解法的核心思想是通过平移目标函数的等值线，在可行域内寻找等值线与可行域的交点，确定目标函数取到极大或极小值的决策变量的取值，从而找到最优解。

如图 1-2 所示，当 z 的取值逐渐增大时，等值线(虚线)将沿其法线方向向右上方移动。同时，为了确保解的可行性，等值线与可行域一定要存在交点。因此，当等值线移动

到可行域的顶点 C 点时,目标函数值在可行域的边界取得了极大值。此时,C 点的坐标为(8,4),即直线 $x_1+x_2=12$ 与 $x_1+2x_2=16$ 的交点。因此例 1-1 线性规划问题的最优解是 $x_1=8$ 和 $x_2=4$,最优值是 $z=440$。这说明公交集团的最优调度方案应该是调配 8 辆 A 型公交车和 4 辆 B 型公交车。这种情况下,公交集团能够疏散的景点旅客为 440 人。

下面计算最优解所对应的驾驶员、安保员和乘务员的调配情况。把最优解 $x_1=8$ 和 $x_2=4$ 分别代入例 1-1 线性规划问题的约束条件进行计算,可以得到需要驾驶员 $1\times8+1\times4=12$(人),安保员 $1\times8+2\times4=16$(人),乘务员 $0\times8+1\times4=4$(人)。因此,组织 8 辆 A 型公交车和 4 辆 B 型公交车的调配方案将占用所有可用的驾驶员和安保员,但只占用了 4 名乘务员,还有 $6-4=2$(名)乘务员没有参与。

在线性规划问题中,对应"$\leqslant$"约束中没有用尽的资源或能力称之为松弛量。因此,对例 1-1 组织 8 辆 A 型公交车和 4 辆 B 型公交车的最优方案中,驾驶员的松弛量为 0 人,安保员的松弛量也为 0 人,而乘务员的松弛量为 2 人。为了将线性规划模型标准化,需要对未全部使用的资源或能力的约束引入"松弛变量"。引入松弛变量不应该对目标函数产生影响,因此在目标函数中把松弛变量的系数设为零。引入松弛变量后,式(1-1)的数学模型如下:

$$\begin{cases}\max & z=30x_1+50x_2+0x_3+0x_4+0x_5\\ \text{s.t.} & x_1+x_2+x_3=12\\ & x_1+2x_2+x_4=16\\ & x_2+x_5=6\\ & x_1,x_2,x_3,x_4,x_5\geqslant 0\end{cases} \tag{1-7}$$

关于松弛变量的信息也可以从图解法中获得。例如,从图 1-2 中可知例 1-1 的最优解位于直线 $x_1+2x_2=16$ 与直线 $x_1+x_2=12$ 的交点 C 处,故可知驾驶员和安保员的松弛量 x_3 和 x_4 都为零,而 C 点不在直线 $x_2=6$ 上,故可知 $x_5>0$。

1.2.2 线性规划问题解的几种情形

在图 1-2 中,A、B、C、D、O 都是可行域的顶点。对于可行域有界的线性规划模型来说,其可行域的顶点个数有限。从图解法的求解过程可以观察到以下现象:

(1) 如果线性规划模型有最优解,则最优值一定会在可行域的某个顶点上取到。

(2) 线性规划模型存在有无穷多个最优解的情形。例如,当 A 型公交车可容纳旅客 50 人,则例 1-1 中的目标函数将变为 $z=50x_1+50x_2$,等值线平移到最优位置后将与直线 $x_1+x_2=12$ 重合(如图 1-3 所示)。此时不仅顶点 C 和 D 是最优解,线段 CD 上的所有点也都是最优解,其最优值均为 600 人。

(3) 线性规划模型存在无界解的情形。试想在无人驾驶、无人售票、无安保员、车辆可以循环调配的情况下,线性规划问题(1-1)简化为

$$\begin{cases}\max & z=30x_1+50x_2\\ \text{s.t.} & x_1\geqslant 0,x_2\geqslant 0\end{cases} \tag{1-8}$$

此时模型的可行域无界(如图 1-4 所示),目标函数值可以通过将等值线向右上方移动

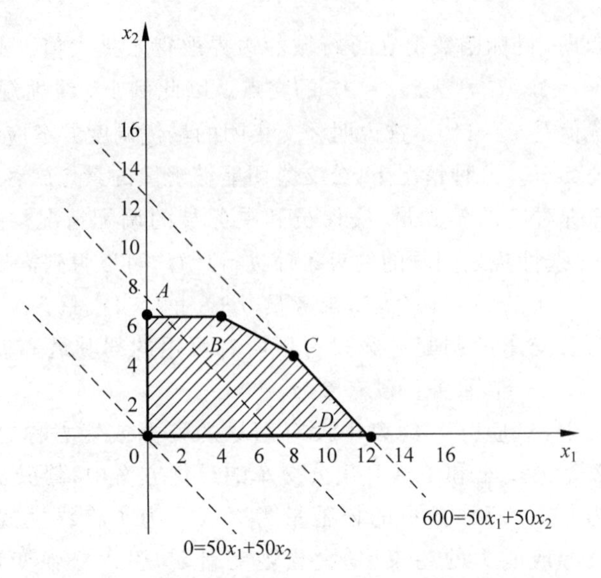

图 1-3　线性规划模型存在有无穷多个最优解的情形

而增大到无穷大，存在无界解。

(4) 线性规划问题存在无可行解的情况。例如，公交集团疏散旅客数量的目标为 1000 人，那么线性规划问题(1-1)中需要再增加一个约束条件 $30x_1+50x_2\geqslant 1000$，此时可行域为空集，即不存在满足所有约束条件的可行解。

一般情况下，我们将上述情况(3)和(4)统称为线性规划问题无最优解。

例 1-1 是求目标函数极大值的线性规划问题，下面我们采用图解法求解例 1-2，即用图解法求解模型(1-2)，该问题的可行域为图 1-5 中的阴影部分。

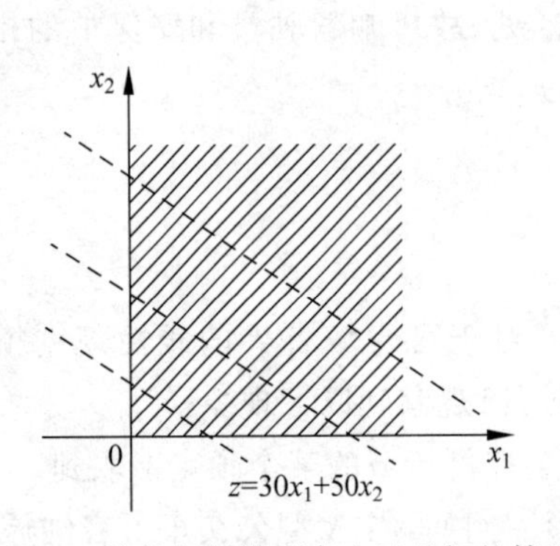

图 1-4　线性规划模型存在无界解的情形

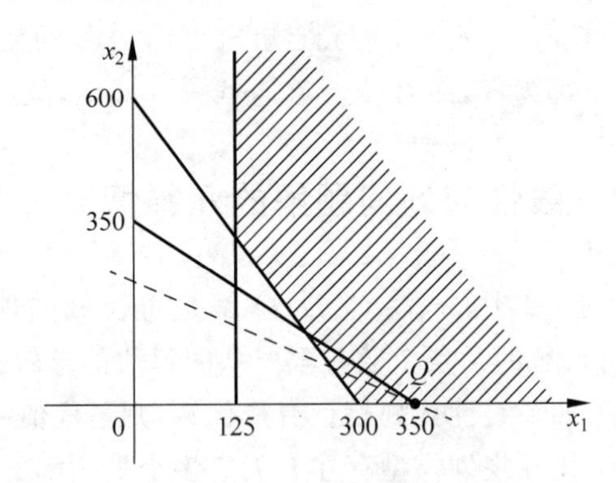

图 1-5　模型(1-2)的可行域

目标函数 $f=2y_1+3y_2$，在坐标平面上可表示为以 f 为参数，以 $-2/3$ 为斜率的一簇等值线。这些等值线随着 f 值的减少向左下方平移，当移动到 Q 点时，目标函数在可行域内取得极小值。如图 1-5 所示。Q 点的坐标可以通过求解线性方程 $y_1+y_2=350$ 得到，当 $y_2=0$ 时，$y_1=350$，此线性规划问题的最优解为分别调派 350 辆拼车和 0 辆专车，此时平台给司机的补贴为 $f=2\times 350=700$(元)。对该线性规划问题的最优解进行分析可知：调派拼车和专车的总数量为 350 辆，达到了两种网约车需求(即第一个约束条件)的最低要求；疏散旅客的数量为 $2\times 350=700$(位)，大于候车旅客数量。

1.3 单纯形法

单纯形法的理论基础源于线性规划问题的特性，即其可行域是 n 维向量空间 R^n 中的一个多面凸集。从 1.2 节可以看到，如果存在最优解，那么它必然位于这个凸集的某个顶点上，这意味着最优解在可行域的角落或顶点处实现。单纯形法运用这一理论，通过不断移动到可行域的不同顶点，逐步逼近最优解，从而实现对线性规划问题的求解。

1.3.1 线性规划问题解的相关概念

给定标准形式的线性规划问题如下：

$$\begin{cases} \max \quad z = \sum_{j=1}^{n} c_j x_j & (1\text{-}9) \\ \text{s. t.} \quad \sum_{j=1}^{n} a_{ij} x_j = b_i, i = 1, 2, \cdots, m & (1\text{-}9\text{a}) \\ \qquad x_j \geqslant 0, j = 1, 2, \cdots, n & (1\text{-}9\text{b}) \end{cases}$$

可行解　满足上述约束条件(1-9a)和(1-9b)的解 $\boldsymbol{X}=(x_1,x_2,\cdots,x_n)^{\mathrm{T}}$，被称为线性规划问题的可行解，全部可行解的集合称为可行域。

最优解　使目标函数(1-9)达到极大值的可行解称为最优解。

基　设 $\boldsymbol{A}$ 为约束方程组(1-9a)的 $m\times n$ 阶系数矩阵(设 $n>m$)，其秩为 m，$\boldsymbol{B}$ 是矩阵 $\boldsymbol{A}$ 中的一个 $m\times m$ 阶的满秩子矩阵，称 $\boldsymbol{B}$ 是线性规划问题的一个基。不失一般性，设

$$\boldsymbol{B} = \begin{pmatrix} a_{11} & a_{12} & \cdots & a_{1m} \\ a_{21} & a_{22} & \cdots & a_{2m} \\ \vdots & \vdots & \ddots & \vdots \\ a_{m1} & a_{m2} & \cdots & a_{mn} \end{pmatrix} = (\boldsymbol{P}_1, \boldsymbol{P}_2, \cdots, \boldsymbol{P}_m)$$

$\boldsymbol{B}$ 中的每一个列向量 $\boldsymbol{P}_j$，$j=1,2,\cdots,m$ 称为基向量，与基向量对应的变量 x_j 称为基变量，除基变量以外的变量称为非基变量。

基解　在约束方程组(1-9a)中，令所有非基变量 $x_{m+1}=x_{m+2}=\cdots=x_n=0$，又由于 $|\boldsymbol{B}|\neq 0$，根据克莱姆法则(Cramer's Rule)，由 m 个约束方程可解出 m 个基变量的唯一解 $\boldsymbol{X}_{\boldsymbol{B}}=(x_1,x_2,\cdots,x_m)^{\mathrm{T}}$。将该解结合非基变量取 0 有 $\boldsymbol{X}=(x_1,x_2,\cdots,x_m,0,0,\cdots,0)^{\mathrm{T}}$，称 $\boldsymbol{X}$ 为线性规划问题的基解。显然在基解中变量取非零值的个数不大于 m，故基解的总数不超过 C_n^m 个。

基可行解　满足变量非负约束条件(1-9b)的基解称为基可行解。

可行基　对应于基可行解的基称为可行基。

1.3.2 单纯形法及其迭代原理

通常情况下，一般线性规划问题的约束方程个数小于或等于决策变量的个数。因此，满足约束方程的解的个数通常不止一个，甚至可能是无穷多个。正如我们在 1.2 节中所分

析的,线性规划问题的基可行解是有限的,并且如果存在最优解,那么最优解必然可以在某个基可行解上实现。

例 1-4 本例演示如何用单纯形法求解线性规划模型。在例 1-1 中,模型(1-1)所对应的标准形式的目标函数为

$$\max z = 30x_1 + 50x_2 + 0x_3 + 0x_4 + 0x_5 \tag{1-10}$$

约束方程为

$$\begin{cases} x_1 + x_2 + x_3 = 12 \\ x_1 + 2x_2 + x_4 = 16 \\ x_2 + x_5 = 6 \end{cases} \tag{1-11}$$

非负约束为

$$x_j \geqslant 0, \quad j = 1, 2, \cdots, 5$$

约束方程(1-11)的系数矩阵为

$$\boldsymbol{A} = (\boldsymbol{P}_1, \boldsymbol{P}_2, \boldsymbol{P}_3, \boldsymbol{P}_4, \boldsymbol{P}_5) = \begin{pmatrix} 1 & 1 & 1 & 0 & 0 \\ 1 & 2 & 0 & 1 & 0 \\ 0 & 1 & 0 & 0 & 1 \end{pmatrix}$$

从(1-11)式中可以看到 x_3, x_4, x_5 的系数列向量为

$$\boldsymbol{P}_3 = \begin{pmatrix} 1 \\ 0 \\ 0 \end{pmatrix}, \quad \boldsymbol{P}_4 = \begin{pmatrix} 0 \\ 1 \\ 0 \end{pmatrix}, \quad \boldsymbol{P}_5 = \begin{pmatrix} 0 \\ 0 \\ 1 \end{pmatrix}$$

是线性独立的,这些向量构成一个基

$$\boldsymbol{B}_0 = (\boldsymbol{P}_3, \boldsymbol{P}_4, \boldsymbol{P}_5) = \begin{pmatrix} 1 & 0 & 0 \\ 0 & 1 & 0 \\ 0 & 0 & 1 \end{pmatrix}$$

对应于 $\boldsymbol{B}_0$ 的变量 x_3, x_4, x_5 为基变量,从(1-12)式中可以得到

$$\begin{cases} x_3 = 12 - x_1 - x_2 \\ x_4 = 16 - x_1 - 2x_2 \\ x_5 = 6 - x_2 \end{cases} \tag{1-12}$$

将(1-12)式代入目标函数(1-10)式得到

$$z_0 = 0 + 30x_1 + 50x_2 \tag{1-13}$$

令非基变量 $x_1 = x_2 = 0$,得到 $x_3 = 12, x_4 = 16, x_5 = 6$,此时 $z_0 = 0$。因此,基矩阵 $\boldsymbol{B}_0$ 的基可行解为

$$\boldsymbol{X}^{(0)} = (0, 0, 12, 16, 6)^{\mathrm{T}}$$

该基可行解可以理解为公交公司没有指派任何 A 型公交车和 B 型公交车疏散旅客,所有的资源都没有被利用,因此能够疏散的旅客数量是 $z_0 = 0$。

从分析目标函数的表达式(1-13)可以看出非基变量 x_1 和 x_2 的系数都是正数,因此将非基变量变换为基变量,目标函数值就可能增大。在实践中,只要适当安排 A 型或者 B 型公交车参与服务,可以使疏散旅客的数量有所增加。在理论上,只要目标函数(1-13)的表达式中存在系数为正的非基变量,则表示目标函数值还有增大的空间,此时可以将非基变量与基变量进行置换。在求解过程中,如果有多个系数为正的非基变量,为了使目标函数值变得尽可能大,通常选择系数最大的那个非基变量(如当前阶段的 x_2)为换入变量,将它加

入基变量中。同时,为了确保基变量的个数等于 m,还要选择一个基变量作为换出变量,成为非基变量。当确定 x_2 为换入变量后,其值将由0变为正数。在逐渐增大 x_2 的过程中(此时 x_1 仍取值为0),为了确保 x_3,x_4,x_5 均非负,将最先变为0的基变量作为换出变量。在(1-12)式中,当 $x_1=0$ 时,我们有

$$\begin{cases} x_3=12-x_2\geqslant 0 \\ x_4=16-2x_2\geqslant 0 \\ x_5=6-x_2\geqslant 0 \end{cases} \tag{1-14}$$

从(1-14)式可以看出,x_2 的最大可能取值是 $\min\{12,16/2,6\}=6$。此时 $x_5=0$,因此 x_5 由基变量置换为非基变量。在实践中,每组织一辆B型车,所需要的驾驶员、安保员和乘务员的数量是(1,2,1)。这表示人力资源中的薄弱环节确定了组织B型车的数量上限,此处由乘务员的数量确定了B型车的数量上限是6辆。

基于以上分析,此时得到一组新的基变量 x_3,x_4,x_2 及其对应的基矩阵:

$$\boldsymbol{B}_1=(\boldsymbol{P}_3,\boldsymbol{P}_4,\boldsymbol{P}_2)=\begin{pmatrix}1&0&1\\0&1&2\\0&0&1\end{pmatrix}$$

为了得到以 x_3,x_4,x_2 为基变量的一个基可行解,将约束方程中含有基变量的项放在等式左边,同时将含有非基变量的项放在等式的右边,得到

$$\begin{cases} x_3+x_2=12-x_1 & ① \\ x_4+2x_2=16-x_1 & ② \\ x_2=6-x_5 & ③ \end{cases} \tag{1-15}$$

用高斯消去法,将(1-15)式中 x_2 的系数列向量变换为单位列向量。其运算步骤是:①′=①−③′;②′=②−2×③′;③′=③,并将结果仍按原顺序排列,得到

$$\begin{cases} x_3=6-x_1+x_5 & ①' \\ x_4=4-x_1+2x_5 & ②' \\ x_2=6-x_5 & ③' \end{cases} \tag{1-16}$$

再将(1-16)式代入目标函数(1-13)得到

$$z_1=300+30x_1-50x_5 \tag{1-17}$$

令非基变量 $x_1=x_5=0$,得到 $x_3=6,x_4=4,x_2=6$,此时 $z_1=300$。因此,对应于基矩阵 $\boldsymbol{B}_1$ 的基可行解为

$$\boldsymbol{X}^{(1)}=(0,6,6,4,0)^{\mathrm{T}}$$

由目标函数(1-17)可观察到非基变量 x_1 的系数是正的,说明目标函数值还可以继续增大。重复上述过程,确定 x_1 为换入变量,x_4 为换出变量,得到基可行解为

$$\boldsymbol{X}^{(2)}=(4,6,2,0,0)^{\mathrm{T}}$$

相应地得到

$$\begin{cases} x_3=2+x_4-x_5 \\ x_1=4-x_4+2x_5 \\ x_2=6-x_5 \end{cases}$$

代入目标函数后得到 $z_2=420-30x_4+10x_5$。此时非基变量 x_5 的系数为正,说明目标函数仍可以继续增大。再次重复上述过程,经过一次迭代,可以得到基可行解为

$$\boldsymbol{X}^{(3)}=(8,4,0,0,2)^{\mathrm{T}}$$

此时目标函数表达式为

$$z_3 = 440 - 10x_3 - 20x_4 \tag{1-18}$$

检查目标函数的表达式(1-18),所有非基变量 x_3 和 x_4 的系数都是负数,这说明若要用剩余资源 x_3 或 x_4,势必降低疏散旅客的数量。因此当 $x_3 = x_4 = 0$,即不再利用这些资源时,目标函数达到极大值。此时 $\boldsymbol{X}^{(3)}$ 是该问题的最优解,即当分别组织 8 辆 A 型公交车和 4 辆 B 型公交车的时候,公交公司疏散的旅客数达到极大值 440 人。

上例呈现了用单纯形法求解线性规划问题的基本思路,现将每次迭代得到的结果与图解法对比,理解其几何意义。原例 1-1 的线性规划问题是二维的,即两个决策变量 x_1 和 x_2;当加入松弛变量 x_3、x_4 和 x_5 后该问题变为高维。此时可以想象,满足所有约束条件的可行域是一个高维空间的凸多面体。该凸多面体的顶点就是线性规划模型的基可行解。以平面坐标为例,初始基可行解 $\boldsymbol{X}^{(0)} = (0,0,12,16,6)^{\mathrm{T}}$ 相当于图 1-2 中的 O 点(0,0),$\boldsymbol{X}^{(1)} = (0,6,6,4,0)^{\mathrm{T}}$ 相当于图 1-2 中的 A 点(0,6);$\boldsymbol{X}^{(2)} = (4,6,2,0,0)^{\mathrm{T}}$ 相当于图 1-2 中的 B 点(4,6),最优解 $\boldsymbol{X}^{(3)} = (8,4,0,0,2)^{\mathrm{T}}$ 相当于图 1-2 中的 C 点(8,4)。从初始基可行解 $\boldsymbol{X}^{(0)}$ 开始迭代,依次得到 $\boldsymbol{X}^{(1)}$,$\boldsymbol{X}^{(2)}$,$\boldsymbol{X}^{(3)}$。这表示图 1-2 中的目标函数的等值线平移时,从 O 点开始,首先到达 A 点,然后到达 B 点,最后到达最优解对应的 C 点。

1.3.3 单纯形法计算步骤

单纯形法的基本思想可以概括为以下步骤:首先,初始化一个基可行解,也就是可行域的某个顶点。然后,通过检验数(稍后将详细介绍)来判断目标函数是否在该基可行解处达到极大值。如果是,那么这个基可行解就被确定为最优解。否则,就通过替换基变量来改进基可行解,以增加目标函数的值。这个过程一直重复,直到找到最优解为止。这种方法的本质是在可行域的各个顶点上进行迭代搜索,而可行域本身是一个凸多面体,通常被称为单纯形。因此,这个方法被称为单纯形法。

下面将详细讨论一般线性规划问题的求解步骤。

第 1 步:初始基可行解的确定

如果线性规划问题具有标准形式:

$$\begin{cases} \max\ z = c_1x_1 + c_2x_2 + \cdots + c_nx_n \\ \text{s.t.}\ \boldsymbol{P}_1x_1 + \boldsymbol{P}_2x_2 + \cdots + \boldsymbol{P}_nx_n = \boldsymbol{b} \\ \qquad x_1, x_2, \cdots, x_n \geqslant 0 \end{cases}$$

可以从 $\boldsymbol{P}_1, \boldsymbol{P}_2, \cdots, \boldsymbol{P}_n$ 中直接观察得到一个初始的可行基,即 m 个线性无关的列向量。若 m 较大,不容易直接观察到一个可行基,可以通过构造一个单位矩阵作为初始可行基。构造的方法是在每个约束方程的左边减去一个人工变量后再加上一个人工变量,此时正系数的人工变量便对应一个单位矩阵。

如果线性规划具有一般形式(1-3),对于"≤"的约束条件,在每个约束方程的左侧加上一个松弛变量;对于"≥"或"="的约束条件,在每个约束方程的左侧先减去一个人工变量再加上一个人工变量,此时松弛变量与正系数的人工变量便对应一个单位矩阵。

通过以上过程可以得到一个基矩阵。不妨设 $x_1, x_2, \cdots, x_m$ 是基变量,利用高斯消去法求解方程组

$$\begin{cases} a_{11}x_1 + a_{12}x_2 + \cdots + a_{1m}x_m + a_{1,m+1}x_{m+1} + \cdots + a_{1n}x_n = b_1 \\ a_{21}x_1 + a_{22}x_2 + \cdots + a_{2m}x_m + a_{2,m+1}x_{m+1} + \cdots + a_{2n}x_n = b_2 \\ \vdots \\ a_{m1}x_1 + a_{m2}x_2 + \cdots + a_{mm}x_m + a_{m,m+1}x_{m+1} + \cdots + a_{mn}x_n = b_m \end{cases} \tag{1-19}$$

设该方程组的解为

$$\begin{cases} x_1 = b'_1 - a'_{1,m+1}x_{m+1} - \cdots - a'_{1n}x_n \\ x_2 = b'_2 - a'_{2,m+1}x_{m+1} - \cdots - a'_{2n}x_n \\ \vdots \\ x_m = b'_m - a'_{m,m+1}x_{m+1} - \cdots - a'_{mn}x_n \end{cases} \tag{1-20}$$

其中，$b'_i = (\boldsymbol{B}^{-1}\boldsymbol{b})_i$，$a'_{ik} = (\boldsymbol{B}^{-1}\boldsymbol{P}_k)_i$，$1 \leqslant i \leqslant m$，$m+1 \leqslant k \leqslant n$。

令非基变量 $x_{m+1} = x_{m+2} = \cdots = x_n = 0$，可得 $x_i = b'_i$，$i = 1,2,\cdots,m$。如果 $b'_1, b'_2, \cdots, b'_m \geqslant 0$，此时得到了一个初始基可行解 $\boldsymbol{X} = (b'_1, b'_2, \cdots, b'_m, \underbrace{0, \cdots, 0}_{n-m\text{个}})^{\mathrm{T}}$；否则，重新选择一个基矩阵，直到找到一个基可行解。

第2步：最优性检验与解的判别

一般情况下，经迭代后，(1-20)式变成

$$x_i = b'_i - \sum_{j=m+1}^{n} a'_{ij}x_j, i = 1,2,\cdots,m \tag{1-21}$$

将(1-21)式代入目标函数，整理后可得

$$z = \sum_{i=1}^{m} c_i b'_i + \sum_{j=m+1}^{n} \left(c_j - \sum_{i=1}^{m} c_i a'_{ij}\right) x_j \tag{1-22}$$

令 $z_0 = \sum_{i=1}^{m} c_i b'_i$，$\sigma_j = c_j - \sum_{i=1}^{m} c_i a'_{ij}$，$j = m+1, m+2, \cdots, n$，有

$$z = z_0 + \sum_{j=m+1}^{n} \sigma_j x_j \tag{1-23}$$

这里 σ_j 称为非基变量 x_j 的检验数。

(1) 最优解的判别准则

若 $\boldsymbol{X}^{(0)} = (b'_1, b'_2, \cdots, b'_m, 0, \cdots, 0)^{\mathrm{T}}$ 是一个基可行解，且对于所有 $j = m+1, m+2, \cdots, n$，有 $\sigma_j \leqslant 0$，则 $\boldsymbol{X}^{(0)}$ 是最优解。事实上，当所有检验数 $\sigma_k \leqslant 0$ 时，由(1-23)式可知不存在可以换入的非基变量使目标函数值继续增大。

(2) 无界解的判别准则

若 $\boldsymbol{X}^{(0)} = (b'_1, b'_2, \cdots, b'_m, 0, \cdots, 0)^{\mathrm{T}}$ 是一个基可行解，存在某个 $m+1 \leqslant k \leqslant n$，使得 $\sigma_k > 0$，且 $a'_{ik} \leqslant 0$ 对于所有 $i = 1,2,\cdots,m$ 成立，那么该线性规划问题具有无界解。事实上，此时可以将非基变量 x_k 的取值趋向正无穷。在此过程中，因为 $a'_{ik} \leqslant 0$，约束条件恒成立；而根据 $\sigma_k > 0$，目标函数值也趋向正无穷。

此外，由1.2.1节的图解法可以了解到，线性规划问题还可能存在无穷多最优解的情形。若 $\boldsymbol{X}^{(0)} = (b'_1, b'_2, \cdots, b'_m, 0, 0, \cdots, 0)^{\mathrm{T}}$ 是一个基可行解，对于所有 $j = m+1, m+2, \cdots, n$，有 $\sigma_j \leqslant 0$，且存在某个 $m+1 \leqslant k \leqslant n$，使得 $\sigma_k = 0$，则根据最优性判别准则可知 $\boldsymbol{X}^{(0)}$ 是一个最优解。进一步，如果 $b'_1, b'_2, \cdots, b'_m > 0$，可以将非基变量 x_k 换入基变量中，此时能够找到

一个新的基可行解 $\boldsymbol{X}^{(1)}$。又因为 $\sigma_k=0$,由(1-23)式可知目标函数值保持不变,此时 $\boldsymbol{X}^{(1)}$ 也是最优解。1.2.2 节中已经指出,当线性规划问题存在两个最优解 $\boldsymbol{X}^{(0)}$ 和 $\boldsymbol{X}^{(1)}$ 时,它们连线上的所有点也都是最优解(结合图解法中图 1-3 理解),此时线性规划问题有无穷多最优解。

值得注意的是,以上讨论都是针对标准形式的线性规划模型,即极大化目标函数(max)的情形。对于极小化目标函数(min)的情形,可先将模型化为标准形式。

第 3 步: 基变换

若当前基可行解 $\boldsymbol{X}^{(0)}$ 不是最优解也不满足无界解判别准则时,需要找到一个新的基可行解替换 $\boldsymbol{X}^{(0)}$。基变换的具体做法是:从 $\boldsymbol{X}^{(0)}$ 中选择一个入基变量和一个出基变量,得到一组新的基变量及其对应的基矩阵,再通过高斯消去法求解方程,得到一个新的基可行解。

(1) 确定入基变量

设对应于 $\boldsymbol{X}^{(0)}$ 的非基变量的检验数是 $\sigma_{m+1},\sigma_{m+2},\cdots,\sigma_n$。由(1-24)式看到,当 $\sigma_j>0$ 时,增加 x_j 可以使目标函数值增大。一般来说,为了使目标函数值增加得更快,通常选择最大非负检验数所对应的非基变量作为入基变量。不妨设 $\sigma_k=\max\{\sigma_j \mid \sigma_j>0\}$,此时 σ_k 对应的 x_k 为入基变量。

(2) 确定出基变量

在(1-24)式中,当确定 x_k 为入基变量后,令其他非基变量取值为零,可得

$$\begin{cases} x_1=b'_1-a'_{1k}x_k \\ x_2=b'_2-a'_{2k}x_k \\ \quad\vdots \\ x_m=b'_m-a'_{mk}x_k \end{cases} \tag{1-24}$$

为了尽可能增大目标函数值,x_k 应该选取满足非负性约束的最大值。不妨设

$$\theta=\min\left\{\frac{b'_i}{a'_{ik}}\middle| a'_{ik}>0\right\}=\frac{b'_l}{a'_{lk}} \tag{1-25}$$

因为在 x_k 逐渐增大的过程中 x_l 最先变为零,所以选取 x_l 为出基变量。令 x_k 为入基变量,x_l 为出基变量,便得到一组新的基变量。为方便起见,记为 $\boldsymbol{X}^{(1)}=(x_1,x_2,\cdots,x_n)^{\mathrm{T}}$。

设 $\boldsymbol{X}^{(0)}$ 对应的基矩阵为 $\boldsymbol{B}=(\boldsymbol{P}_1,\cdots,\boldsymbol{P}_{l-1},\boldsymbol{P}_l,\boldsymbol{P}_{l+1},\cdots,\boldsymbol{P}_m)$,显然 $\boldsymbol{P}_1,\cdots,\boldsymbol{P}_{l-1},\boldsymbol{P}_l,\boldsymbol{P}_{l+1},\cdots,\boldsymbol{P}_m$ 线性独立。现用反证法证明 $\boldsymbol{X}^{(1)}$ 基变量所对应的系数列向量 $\boldsymbol{P}_1,\cdots,\boldsymbol{P}_{l-1},\boldsymbol{P}_k,\boldsymbol{P}_{l+1},\cdots,\boldsymbol{P}_m$ 仍线性独立。假设 $\boldsymbol{P}_1,\cdots,\boldsymbol{P}_{l-1},\boldsymbol{P}_k,\boldsymbol{P}_{l+1},\cdots,\boldsymbol{P}_m$ 线性相关,那么 $\boldsymbol{P}_k$ 一定可用 $\boldsymbol{P}_1,\cdots,\boldsymbol{P}_{l-1},\boldsymbol{P}_{l+1},\cdots,\boldsymbol{P}_m$ 线性表示,即存在一组不全为零的实数 $\lambda_i,i=1,2,\cdots,m,i\neq l$,使得

$$\boldsymbol{P}_k=\sum_{i=1,i\neq l}^{m}\lambda_i\boldsymbol{P}_i$$

成立。在上式两端同时乘以 $\boldsymbol{B}^{-1}$,可得

$$\boldsymbol{B}^{-1}\boldsymbol{P}_k=\sum_{i=1,i\neq l}^{m}\lambda_i\boldsymbol{B}^{-1}\boldsymbol{P}_i$$

又因为

$$(\boldsymbol{B}^{-1}\boldsymbol{P}_1,\cdots,\boldsymbol{B}^{-1}\boldsymbol{P}_{l-1},\boldsymbol{B}^{-1}\boldsymbol{P}_l,\boldsymbol{B}^{-1}\boldsymbol{P}_{l+1},\cdots,\boldsymbol{B}^{-1}\boldsymbol{P}_m)=\boldsymbol{B}^{-1}\boldsymbol{B}=\boldsymbol{I}$$

所以有

$$B^{-1}P_1=\begin{pmatrix}1\\0\\\vdots\\0\end{pmatrix},\quad B^{-1}P_2=\begin{pmatrix}0\\1\\\vdots\\0\end{pmatrix},\cdots,\quad B^{-1}P_m=\begin{pmatrix}0\\0\\\vdots\\1\end{pmatrix}$$

此时可得

$$B^{-1}P_k=\sum_{i=1,i\neq l}^{m}\lambda_i B^{-1}P_i=(\lambda_1,\cdots,\lambda_{l-1},0,\lambda_{l+1},\cdots,\lambda_m)^{\mathrm{T}}$$

这与$(B^{-1}P_k)_l=a'_{lk}>0$ 相矛盾,因此 $P_1,\cdots,P_{l-1},P_k,P_{l+1},\cdots,P_m$ 线性独立。

第 4 步:迭代

通过在线性规划问题的约束方程组中加入松弛变量或人工变量,得到

$$\begin{cases}x_1+a_{1,m+1}x_{m+1}+\cdots+a_{1k}x_k+\cdots+a_{1n}x_n=b_1\\x_2+a_{2,m+1}x_{m+1}+\cdots+a_{2k}x_k+\cdots+a_{2n}x_n=b_2\\\qquad\vdots\\x_l+a_{l,m+1}x_{m+1}+\cdots+a_{lk}x_k+\cdots+a_{ln}x_n=b_l\\\qquad\vdots\\x_m+a_{m,m+1}x_{m+1}+\cdots+a_{mk}x_k\cdots+a_{mn}x_n=b_m\end{cases}\tag{1-26}$$

已知 x_k 为入基变量,x_l 为出基变量,x_k 和 x_l 的系数列向量分别为

$$P_k=\begin{pmatrix}a_{1k}\\\vdots\\a_{lk}\\\vdots\\a_{mk}\end{pmatrix},\quad P_l=\begin{pmatrix}0\\\vdots\\1\\\vdots\\0\end{pmatrix}\leftarrow \text{第 } l \text{ 个分量}$$

为了计算新的基变量所对应的基解,通过高斯消去法把 P_k 变为单位向量,这可以通过系数矩阵的增广矩阵实施行初等变换来实现,这里的增广矩阵可表示为

$$\begin{array}{c}\begin{matrix}x_1 & \cdots & x_l & \cdots & x_m & x_{m+1} & \cdots & x_k & \cdots & x_n & b\end{matrix}\\\left(\begin{array}{ccccccccc|c}1 & & & & a_{1,m+1} & \cdots & a_{1k} & \cdots & a_{1n} & b_1\\ & \ddots & & & & & & & & \\ & & 1 & & a_{l,m+1} & \cdots & a_{lk} & \cdots & a_{ln} & b_l\\ & & & \ddots & & & & & & \\ & & & 1 & a_{m,m+1} & \cdots & a_{mk} & \cdots & a_{mn} & b_m\end{array}\right)\end{array}\tag{1-27}$$

行初等变换的步骤如下:

(1) 将增广矩阵(1-27)中的第 l 行除以 a_{lk},得到

$$\left(0,\cdots,0,\frac{1}{a_{lk}},0,\cdots,0,\frac{a_{l,m+1}}{a_{lk}},\cdots,1,\cdots,\frac{a_{ln}}{a_{lk}}\middle|\frac{b_l}{a_{lk}}\right)\tag{1-28}$$

(2) 通过行变换,将(1-27)式中第 k 列除 l 行以外的各元素都变换为零,变换后第 $i(i\neq l)$行的表达式为

$$\left(0,\cdots,0,-\frac{a_{ik}}{a_{lk}},0,\cdots,0,a_{i,m+1}-\frac{a_{l,m+1}}{a_{lk}}a_{ik},\cdots,0,\cdots,a_{in}-\frac{a_{ln}}{a_{lk}}a_{ik}\middle|b_i-\frac{b_l}{a_{lk}}a_{ik}\right)$$

此时可得到变换后系数矩阵各元素的变换关系式为

$$a'_{ij}=\begin{cases}a_{ij}-\dfrac{a_{lj}}{a_{lk}}a_{ik} & (i\neq l)\\ \dfrac{a_{lj}}{a_{lk}} & (i=l)\end{cases},\quad b'_i=\begin{cases}b_i-\dfrac{a_{ik}}{b_{lk}}b_l & (i\neq l)\\ \dfrac{b_l}{a_{lk}} & (i=l)\end{cases}$$

其中 a'_{ij} 和 b'_i 是变换后的新元素。

（3）经过初等变换后的新增广矩阵为

$$\begin{array}{ccccccccccc} \boldsymbol{x}_1 & \cdots & \boldsymbol{x}_l & \cdots & \boldsymbol{x}_m & \boldsymbol{x}_{m+1} & \cdots & \boldsymbol{x}_k & \cdots & \boldsymbol{x}_n & \boldsymbol{b} \end{array}$$

$$\left(\begin{array}{cccccccccc|c} 1 & \cdots & -\dfrac{a_{1k}}{a_{lk}} & \cdots & 0 & a'_{1,m+1} & \cdots & 0 & \cdots & a'_{1n} & b'_1\\ \vdots & & \vdots & & \vdots & \vdots & & \vdots & & \vdots & \vdots\\ 0 & \cdots & \dfrac{1}{a_{1k}} & \cdots & 0 & a'_{l,m+1} & \cdots & 1 & \cdots & a'_{ln} & b'_l\\ \vdots & & \vdots & & \vdots & \vdots & & \vdots & & \vdots & \vdots\\ 0 & \cdots & -\dfrac{a_{mk}}{a_{lk}} & \cdots & 1 & a'_{m,m+1} & \cdots & 0 & \cdots & a'_{mn} & b'_m \end{array}\right) \tag{1-29}$$

（4）由(1-29)式中可以看到，$x_1,x_2,\cdots,x_k,\cdots,x_m$ 的系数列向量构成 $m\times m$ 单位矩阵。当非基变量 $x_m,\cdots,x_l,\cdots,x_n$ 为零时，就得到一个基可行解：

$$\boldsymbol{X}^{(1)}=(b'_1,\cdots,b'_{l-1},0,b'_{l+1},\cdots,b'_m,0,\cdots,b'_k,0,\cdots,0)^{\mathrm{T}}$$

在基变换过程中，已经确保了 $\boldsymbol{X}^{(1)}$ 的非负性。

在上述系数矩阵的变换中，a_{lk} 称为主元素，变换后的取值为 1，它所在列称为主元列，所在行称为主元行。综上所述，单纯形法的计算步骤与流程总结如图 1-6 所示。

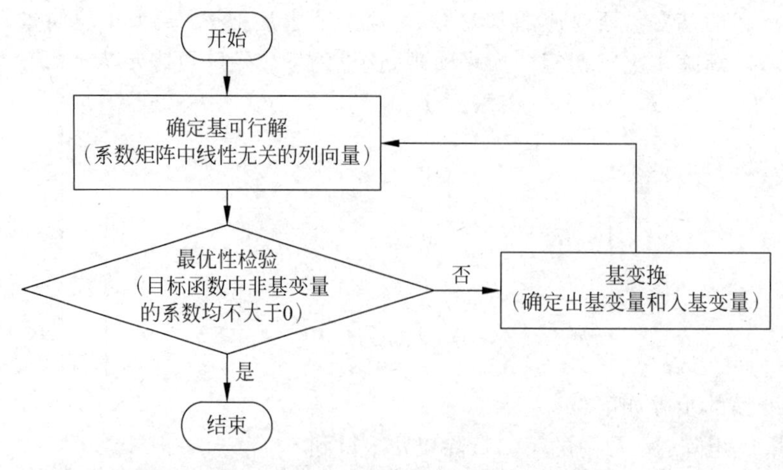

图 1-6　单纯形法的计算步骤与流程

1.3.4　单纯形表

由于直接用公式进行单纯形法的迭代计算很不方便，其中最复杂的是进行基变换。因此，为了便于计算，我们可以将单纯形法的全部计算过程在一个类似增广矩阵的数表上进行，本节在单纯形法的基础上介绍一种基于单纯形表的计算方法。

首先，将所有约束条件与目标函数组成一个有 $n+1$ 个变量和 $m+1$ 个方程的方程组：

$$\begin{cases} x_1 + a_{1,m+1}x_{m+1} + \cdots + a_{1n}x_n = b_1 \\ \qquad\vdots \\ x_2 + a_{2,m+1}x_{m+1} + \cdots + a_{2n}x_n = b_2 \\ \qquad\vdots \\ x_m + a_{m,m+1}x_{m+1} + \cdots + a_{mn}x_n = b_m \\ -z + c_1x_1 + c_2x_2 + \cdots + c_mx_m + c_{m+1}x_{m+1} + \cdots + c_nx_n = 0 \end{cases}$$

并表示成如下增广矩阵形式：

$$\begin{array}{cccccccc} \boldsymbol{z} & \boldsymbol{x}_1 & \boldsymbol{x}_2 & \cdots & \boldsymbol{x}_m & \boldsymbol{x}_{m+1} & \cdots & \boldsymbol{x}_n & \boldsymbol{b} \end{array}$$

$$\begin{pmatrix} 0 & 1 & 0 & \cdots & 0 & a_{1,m+1} & \cdots & a_{1n} & b_1 \\ 0 & 0 & 1 & \cdots & 0 & a_{2,m+1} & \cdots & a_{2n} & b_2 \\ & & & & \vdots & & & & \\ 0 & 0 & 0 & \cdots & 1 & a_{m,m+1} & \cdots & a_{mn} & b_m \\ 1 & c_1 & c_2 & \cdots & c_m & c_{m+1} & \cdots & c_n & 0 \end{pmatrix}$$

通过初等行变换将基变量系数 $c_1, c_2, \cdots, c_m$ 变为 0，得到

$$\begin{array}{ccccccccc} -\boldsymbol{z} & \boldsymbol{x}_1 & \boldsymbol{x}_2 & \cdots & \boldsymbol{x}_m & \boldsymbol{x}_{m+1} & \cdots & \boldsymbol{x}_n & \boldsymbol{b} \end{array}$$

$$\begin{pmatrix} 0 & 1 & 0 & \cdots & 0 & a_{1,m+1} & \cdots & a_{1n} & b_1 \\ 0 & 0 & 1 & \cdots & 0 & a_{2,m+1} & \cdots & a_{2n} & b_2 \\ & & & & \vdots & \vdots & & \vdots & \vdots \\ 0 & 0 & 0 & \cdots & 1 & a_{m\cdot m+1} & \cdots & a_{mn} & b_m \\ 1 & 0 & 0 & \cdots & 0 & c_{m+1} - \sum_{i=1}^{m} c_i a_{i,m+1} & \cdots & c_n - \sum_{i=1}^{m} c_i a_{in} & -\sum_{i=1}^{m} c_i b_i \end{pmatrix}$$

根据上述增广矩阵可形成第一张单纯形表，见表 1-2。其中，$\boldsymbol{X_B}$ 列填入基变量 x_1，$x_2, \cdots, x_m$；$\boldsymbol{C_B}$ 列填入基变量的系数 $c_1, c_2, \cdots, c_m$；$\boldsymbol{b}$ 列填入约束方程组右端的常数；c_j 行填入变量系数 $c_1, c_2, \cdots, c_n$；θ_i 列是在确定入基变量后，按 θ 规则（见式（1-26））计算；最后一行对应目标函数值的相反数：$-z = -\sum_{i=1}^{m} c_i b_i$，及各变量 x_j 的检验数：$\sigma_j = c_j - \sum_{i=1}^{m} c_i a_{ij}$，$j = 1, 2, \cdots, n$。

基于单纯形表的计算步骤如下：

步骤 1　确定初始可行基和初始基可行解，建立初始单纯形表；

步骤 2　若 $\sigma_j \leqslant 0, j = m+1, \cdots, n$，则已得到最优解，终止计算，并返回最优解 $x_j = b_j$，$j = 1, \cdots, m$；$x_j = 0, j = m+1, \cdots, n$。否则，转入下一步；

步骤 3　若存在 $\sigma_k > 0$ 且列向量 $\boldsymbol{P}_k \leqslant 0$，则无界解，终止计算。否则，转入下一步；

步骤 4　确定入基变量 x_k 与出基变量 x_l，以 a_{lk} 为主元素进行初等行变换，使得

$$
\boldsymbol{P}_k = \begin{bmatrix} a_{1k} \\ a_{2k} \\ \vdots \\ a_{lk} \\ \vdots \\ a_{mk} \end{bmatrix} \xRightarrow{\text{变换为}} \begin{bmatrix} 0 \\ 0 \\ \vdots \\ 1 \\ \vdots \\ 0 \end{bmatrix} \leftarrow \text{第 } l \text{ 行}
$$

将 $\boldsymbol{X_B}$ 列中的 x_l 换为 x_k，得到一张新的单纯形表(表 1-2)。重复步骤 2-4，直到满足终止计算条件。

表 1-2

	c_j		c_1	…	c_m	c_{m+1}	…	c_n	θ_i
$\boldsymbol{C_B}$	$\boldsymbol{X_B}$	$\boldsymbol{b}$	x_1	…	x_m	x_{m+1}	…	x_n	
c_1	x_1	b_1	1	…	0	$a_{1,m+1}$	…	a_{1n}	θ_1
c_2	x_2	b_2	0	…	0	$a_{2,m+1}$	…	a_{2n}	θ_2
⋮	⋮	⋮	⋮		⋮	⋮		⋮	⋮
c_m	x_m	b_m	0	…	1	$a_{m,m+1}$	…	a_{mn}	θ_m
$-z$	$-\sum_{i=1}^{m} c_i b_i$		0	…	0	$c_{m+1} - \sum_{i=1}^{m} c_i a_{i,m+1}$	…	$c_n - \sum_{i=1}^{m} c_i a_{in}$	

现用例 1-1 的标准型(1-3)来说明上述计算步骤。取松弛变量 x_3, x_4, x_5 为基变量，得到初始基可行解 $\boldsymbol{X}^{(0)} = (0,0,12,16,6)^{\mathrm{T}}$，目标函数值是 $z=0$，建立初始单纯形表 1-3。

表 1-3

	c_j		30	50	0	0	0	θ_i
$\boldsymbol{C_B}$	$\boldsymbol{X_B}$	$\boldsymbol{b}$	x_1	x_2	x_3	x_4	x_5	
0	x_3	12	1	1	1	0	0	12
0	x_4	16	1	2	0	1	0	8
0	x_5	6	0	[1]	0	0	1	6
$-z$		0	30	50	0	0	0	

非基变量的检验数 $\sigma_1=30, \sigma_2=50$，且 $\boldsymbol{P}_1$ 和 $\boldsymbol{P}_2$ 均有正分量存在，取对应最大检验数的 x_2 为入基变量，取对应最小 θ_i 的 x_5 为出基变量。以 $a_{32}=1$ 为主元素进行初等行变换，使 $\boldsymbol{P}_2$ 变换为 $(0,0,1)^{\mathrm{T}}$，在 $\boldsymbol{X_B}$ 列中用 x_2 替换 x_5，于是得到新的单纯形表 1-4。新的基可行解是 $\boldsymbol{X}^{(1)} = (0,6,4,6,0)^{\mathrm{T}}$，目标函数值是 $z=300$。

表 1-4

	c_j		30	50	0	0	0	θ_i
$\boldsymbol{C_B}$	$\boldsymbol{X_B}$	$\boldsymbol{b}$	x_1	x_2	x_3	x_4	x_5	
0	x_3	6	1	0	1	0	-1	6
0	x_4	4	[1]	0	0	1	-2	4
50	x_2	6	0	1	0	0	1	—
$-z$		-300	30	0	0	0	-50	

非基变量的检验数 $\sigma_1=30$，且 P_1 有正分量存在，取 x_1 为入基变量，x_4 为出基变量。重

复步骤 4，得到单纯形表 1-5。新的基可行解是 $\boldsymbol{X}^{(2)}=(4,6,2,0,0)^{\mathrm{T}}$，目标函数值是 $z=420$。

表　1-5

c_j			30	50	0	0	0	θ_i
$\boldsymbol{C}_B$	$\boldsymbol{X}_B$	$\boldsymbol{b}$	x_1	x_2	x_3	x_4	x_5	
0	x_3	2	0	0	1	−1	[1]	2
30	x_1	4	1	0	0	1	−2	—
50	x_2	6	0	1	0	0	1	6
$-z$		−420	0	0	0	−30	10	

非基变量的检验数 $\sigma_5=10$，且系数列 P_5 有正分量存在，取 x_5 为入基变量，x_3 为出基变量。重复步骤 4，得到单纯形表 1-6。

表　1-6

c_j			30	50	0	0	0	θ_i
$\boldsymbol{C}_B$	$\boldsymbol{X}_B$	$\boldsymbol{b}$	x_1	x_2	x_3	x_4	x_5	
0	x_5	2	0	0	1	−1	1	—
30	x_1	8	1	0	2	−1	0	—
50	x_2	4	0	1	−1	1	0	—
$-z$		−440	0	0	−10	−20	0	

因为最后一行的检验数均为负数或零，说明此时目标函数值已不可能再继续增大，最优解是 $\boldsymbol{X}^{(3)}=(8,4,0,0,2)^{\mathrm{T}}$，最优值是 $z^*=440$。

1.4　单纯形法的进一步讨论

在使用上述单纯形法解决问题时，通常需要进行基变换的迭代步骤，这些步骤可能会变得复杂且容易出错。此外，当对模型进行标准化后，可能无法直接获得单位矩阵，即无法确定初始基向量。在这种情况下，我们需要在不具备单位列向量的等式约束中引入变量，以构建原线性规划问题的伴随问题，从而获得一个初始基。这些额外引入的变量称为人工变量，而使用它们来找到初始可行基的求解方法被称为人工变量法（artificial variable method）。因此，人工变量法是一种帮助寻找原始问题的初始可行基的方法。

1.4.1　人工变量法

人工变量法包括大 M 法和两阶段法，两者引入人工变量的目的和原则相同，不同之处在于处理人工变量的方法。1.3.2 节中曾提到，通过添加人工变量可以得到初始基可行解。设线性规划问题的约束条件是 $\sum_{j=1}^{n}\boldsymbol{P}_j x_j=\boldsymbol{b}$，分别给每个方程加入一个人工变量 $x_{n+1},\cdots,x_{n+m}$，得到

$$
\begin{cases}
a_{11}x_1 + a_{12}x_2 + \cdots + a_{1n}x_n + x_{n+1} & = b_1 \\
a_{21}x_1 + a_{22}x_2 + \cdots + a_{2n}x_n + x_{n+2} & = b_2 \\
\vdots \\
a_{m1}x_1 + a_{m2}x_2 + \cdots + a_{mn}x_n + x_{n+m} & = b_m \\
x_1, \cdots, x_n, x_{n+1}, \cdots, x_{n+m} \geqslant 0
\end{cases}
$$

以人工变量 $x_{n+1},\cdots,x_{n+m}$ 为基变量，令非基变量 $x_1,x_2,\cdots,x_n$ 取值为零，得到一个初始基可行解 $\boldsymbol{X}^{(0)}=(0,\cdots,0,b_1,\cdots,b_m)^{\mathrm{T}}$。

以下介绍求解含有人工变量的线性规划问题的大 M 法和两阶段法。

(1) 大 M 法

对于一个极大化线性规划问题，若在约束条件中加进人工变量，需要在目标函数中将人工变量的系数取成 $-M$，其中 M 为充分大的正数。此时，目标函数要实现极大化，必须把人工变量从基变量中换出，否则目标函数永远不可能实现极大化。相反，对于极小化线性规划问题，人工变量在目标函数中的系数应取为 M。

例 1-5 用大 M 法求如下解线性规划问题：

$$
\begin{cases}
\min & z = -3x_1 + x_2 + x_3 \\
\text{s.t.} & x_1 - 2x_2 + x_3 \leqslant 11 \\
& -4x_1 + x_2 + 2x_3 \geqslant 3 \\
& -2x_1 + x_3 = 1 \\
& x_1, x_2, x_3 \geqslant 0
\end{cases}
$$

解：通过加入松弛变量 x_4 和剩余变量 x_5 将上述问题转化成标准形式，然后再加入人工变量 x_6 和 x_7 得到如下形式：

$$
\begin{cases}
\min & z = -3x_1 + x_2 + x_3 + 0x_4 + 0x_5 + Mx_6 + Mx_7 \\
\text{s.t.} & x_1 - 2x_2 + x_3 + x_4 = 11 \\
& -4x_1 + x_2 + 2x_3 - x_5 + x_6 = 3 \\
& -2x_1 + x_3 + x_7 = 1 \\
& x_1, x_2, x_3, x_4, x_5, x_6, x_7 \geqslant 0
\end{cases}
$$

其中，M 是一个充分大的正数。

基于单纯形表对该问题进行求解，见表 1-7。从最后一张单纯形表可以看出最优解为 $(4,1,9,0,0,0,0)$，最优值为 $z^*=-2$。

(2) 两阶段法

第一阶段给原问题加入人工变量，构造仅含人工变量的目标函数，并要求实现极小化，如表 1-7 所示。

表 1-7

c_j			-3	1	1	0	0	M	M	θ_i
$\boldsymbol{C_B}$	$\boldsymbol{X_B}$	$\boldsymbol{b}$	x_1	x_2	x_3	x_4	x_5	x_6	x_7	
0	x_4	11	1	-2	1	1	0	0	0	11
M	x_6	3	-4	1	2	0	-1	1	0	3/2
M	x_7	1	-2	0	[1]	0	0	0	1	1
$-z$		$-4M$	$-3+6M$	$1-M$	$1-3M$	0	M	0	0	

续表

c_j			-3	1	1	0	0	M	M	θ_i
$\boldsymbol{C}_B$	$\boldsymbol{X}_B$	$\boldsymbol{b}$	x_1	x_2	x_3	x_4	x_5	x_6	x_7	
0	x_4	10	3	-2	0	1	0	0	-1	—
M	x_6	1	0	[1]	0	0	-1	1	-2	1
1	x_3	1	-2	0	1	0	0	0	1	—
$-z$		$-1-M$	-1	$1-M$	0	0	M	0	$3M-1$	
0	x_4	12	[3]	0	0	1	-2	2	-5	4
1	x_2	1	0	1	0	0	-1	1	-2	—
1	x_3	1	-2	0	1	0	0	0	1	—
$-z$		-2	-1	0	0	0	1	$M-1$	$M+1$	
-3	x_1	4	1	0	0	1/3	$-2/3$	2/3	$-5/3$	—
1	x_2	1	0	1	0	0	-1	1	-2	—
1	x_3	9	0	0	1	2/3	$-4/3$	4/3	$-7/3$	—
$-z$		2	0	0	0	1/3	1/3	$M-1/3$	$M-2/3$	

$$\begin{cases}\min & w=x_{n+1}+\cdots+x_{n+m}+0x_1+\cdots+0x_n\\ \text{s. t.} & a_{11}x_1+\cdots+a_{1n}x_n+x_{n+1}=b_1\\ & a_{21}x_1+\cdots+a_{2n}x_n+x_{n+1}=b_1\\ & \vdots\\ & a_{m1}x_1+\cdots+a_{mn}x_n+x_{n+m}=b_m\\ & x_1,x_2,\cdots,x_{n+m}\geqslant 0\end{cases}$$

利用单纯形表求解上述模型，若得到 $w>0$，说明原问题无可行解，停止计算；否则，若得到 $w=0$，说明原问题存在基可行解。基于最后一张单纯形表，除去人工变量，将目标函数系数行换为原问题的目标函数系数，进行第二阶段的单纯形迭代，求原问题的最优解。

例 1-6　用两阶段法求解线性规划下述问题：

$$\begin{cases}\min & z=-3x_1+x_2+x_3\\ \text{s. t.} & x_1-2x_2+x_3\leqslant 11\\ & -4x_1+x_2+2x_3\geqslant 11\\ & -2x_1+x_3=1\\ & x_1,x_2,x_3\geqslant 0\end{cases}$$

解：先在上述线性规划问题的约束方程中加入人工变量，给出第一阶段模型：

$$\begin{cases}\min & w=x_6+x_7\\ \text{s. t.} & x_1-2x_2+x_3+x_4=11\\ & -4x_1+x_2+2x_3-x_5+x_6=3\\ & -2x_1+x_3+x_7=1\\ & x_1,x_2,x_3,x_4,x_5,x_6,x_7\geqslant 0\end{cases}$$

其中 x_6 和 x_7 是人工变量，用单纯形法求解，见表 1-8。此时得到结果 $w=0$，最优解是 $x_1=0,x_2=1,x_3=1,x_4=12,x_5=x_6=x_7=0$。

表 1-8

C_B	X_B	b	x_1	x_2	x_3	x_4	x_5	x_6	x_7	θ_i
	c_j		0	0	0	0	0	1	1	
0	x_4	11	1	−2	1	1	0	0	0	11
1	x_6	3	−4	1	2	0	−1	1	0	3/2
1	x_7	1	−2	0	[1]	0	0	0	1	1
−w		−4	6	−1	−3	0	1	0	0	
0	x_4	10	3	−2	0	1	0	0	−1	—
1	x_6	1	0	[1]	0	0	−1	1	−2	1
0	x_3	1	−2	0	1	0	0	0	1	—
−w		−1	0	−1	0	0	1	0	3	
0	x_4	12	3	0	0	1	−2	2	−5	—
0	x_2	1	0	1	0	0	−1	1	−2	—
0	x_3	1	−2	0	1	0	0	0	1	—
−w		0	0	0	0	0	0	1	1	

因为人工变量 $x_6=x_7=0$,所以该线性规划问题的基可行解为$(0,1,1,12,0)^T$。然后进行第二阶段的运算,此时将第一阶段的最终表中的人工变量 x_6 和 x_7 的列删除,并修改 c_j 行为原问题目标函数对应的系数,继续利用单纯形表进行计算,见表 1-9。

从表 1-9 中得到最优解为 $x_1=4,x_2=1,x_3=9$,最小目标函数值是 $z^*=-2$。

表 1-9

C_B	X_B	b	x_1	x_2	x_3	x_4	x_5	θ_i
	c_j		−3	1	1	0	0	
0	x_4	12	[3]	0	0	1	−2	4
1	x_2	1	0	1	0	0	−1	—
1	x_3	1	−2	0	1	0	0	—
−z		−2	−1	0	0	0	1	
−3	x_1	4	1	0	0	1/3	−2/3	—
1	x_2	1	0	1	0	0	−1	—
1	x_3	9	0	0	1	2/3	−4/3	—
−z		2	0	0	0	1/3	1/3	

1.4.2 退化问题

单纯形法计算中用 θ 规则确定出基变量时,有时会存在两个以上相同的最小比值,这样在下一次迭代中就有一个或几个基变量同时等于零,此时会出现退化解。这时出基变量 $x_l=0$,迭代后的目标函数值不变,不同的基可行解表示同一顶点。有学者曾构造出一个特例,当出现退化时,进行多次迭代,而基从 $\boldsymbol{B}_1,\boldsymbol{B}_2,\cdots$,又返回到 $\boldsymbol{B}_1$,即出现计算过程死循环,永远达不到最优解。

尽管计算过程死循环现象极少,但还是有可能出现,那么我们该如何解决这一问题?1977 年,Bland[7] 提出了一种简便的规则——Bland 规则:选取 $\sigma_j>0$ 中下标最小的非基变

量 x_k 为入基变量；按 θ 规则计算存在两个和两个以上最小比值时，选取下标最小的基变量为出基变量。按照 Bland 规则进行单纯形迭代时，一定能避免出现上述死循环情形。

1.4.3 常用处理方式汇总

将线性规划一般形式转化为标准形式时，几种常见的处理方式汇总于表 1-10。

表 1-10

决策变量	$x_j \geqslant 0$	不需要处理
	$x_j \leqslant 0$	令 $x_j' = -x_j, x_j' \geqslant 0$
	x_j 无约束	令 $x_j = x_j' - x_j'', x_j', x_j'' \geqslant 0$
约束条件	$b \geqslant 0$	不需要处理
	$b < 0$	约束条件两端同乘 -1
	$\leqslant$	加松弛变量，目标函数中松弛变量的系数取 0
	$=$	加人工变量，目标函数中人工变量的系数取 $-M$（极大化问题）或 M（极小化问题）
	$\geqslant$	减去剩余变量，再加人工变量
目标函数	$\max z$	不需要处理
	$\min z$	令 $z' = -z$，求 $\max z'$

1.5 线性规划的对偶理论

无论是从理论还是实践的角度来看，对偶理论都在线性规划中扮演着重要的角色。对偶理论的基本思想是：每个线性规划问题（称为原始问题）都有一个与之对应的对偶线性规划问题（称为对偶问题）。在解决一个问题的同时，也同时找到了另一个问题的解。这一理论最早由美籍匈牙利数学家 John von Neumann 于 1947 年提出。

1.5.1 对称形式下对偶问题的一般形式

对称形式定义 满足下列条件的线性规划问题称为具有对称形式：其变量均具有非负约束，其约束条件当目标函数求极大时均取“$\leqslant$”，当目标函数求极小时均取“$\geqslant$”号。

对称形式下线性规划原问题的一般形式为

$$
\begin{cases}
\max \quad z = c_1x_1 + c_2x_2 + \cdots + c_nx_n \\
\text{s.t.} \quad a_{11}x_1 + a_{12}x_2 + \cdots + a_{1n}x_n \leqslant b_1 \\
\qquad\ a_{21}x_1 + a_{22}x_2 + \cdots + a_{2n}x_n \leqslant b_2 \\
\qquad\qquad \vdots \\
\qquad\ a_{m1}x_1 + a_{m2}x_2 + \cdots + a_{mn}x_n \leqslant b_m \\
\qquad\ x_j \geqslant 0, j = 1, 2, \cdots, n
\end{cases}
$$

用 $y_i, i = 1, 2, \cdots, m$ 代表第 i 种资源的估价，则其对偶问题的一般形式为

$$\begin{cases} \min & w = b_1 y_1 + b_2 y_2 + \cdots + b_m y_m \\ \text{s.t.} & a_{11} y_1 + a_{21} y_2 + \cdots + a_{m1} y_m \geqslant c_1 \\ & a_{12} y_1 + a_{22} y_2 + \cdots + a_{m2} y_m \geqslant c_2 \\ & \vdots \\ & a_{1n} y_1 + a_{2n} y_2 + \cdots + a_{mn} y_m \geqslant c_n \\ & y_i \geqslant 0, i = 1, 2, \cdots, m \end{cases}$$

用矩阵形式表示，对称形式的线性规划问题的原问题为

$$\begin{cases} \max & z = \boldsymbol{CX} \\ \text{s.t.} & \boldsymbol{AX} \leqslant \boldsymbol{b} \\ & \boldsymbol{X} \geqslant 0 \end{cases}$$

其对偶问题为

$$\begin{cases} \min & w = \boldsymbol{Y}^{\mathrm{T}} \boldsymbol{b} \\ \text{s.t.} & \boldsymbol{A}^{\mathrm{T}} \boldsymbol{Y} \geqslant \boldsymbol{C}^{\mathrm{T}} \\ & \boldsymbol{Y} \geqslant 0 \end{cases}$$

上述矩阵形式的对偶问题中令 $w' = -w'$，可改写为

$$\begin{cases} \max & w' = -\boldsymbol{Y}^{\mathrm{T}} \boldsymbol{b} \\ \text{s.t.} & -\boldsymbol{A}^{\mathrm{T}} \boldsymbol{Y} \leqslant -\boldsymbol{C}^{\mathrm{T}} \\ & \boldsymbol{Y} \geqslant 0 \end{cases}$$

如将其作为原问题，并按对应关系写出它的对偶问题：

$$\begin{cases} \min & z' = -\boldsymbol{CX} \\ \text{s.t.} & -\boldsymbol{AX} \geqslant -\boldsymbol{b} \\ & \boldsymbol{X} \geqslant 0 \end{cases}$$

由此可见对偶问题的对偶即为原问题。

1.5.2 非对称形式的原——对偶问题关系

并非所有线性规划问题具有对称形式，故下面讨论如何写出一般形式下线性规划问题的对偶问题。

例 1-7 写出下述线性规划问题的对偶问题

$$\begin{cases} \max & z = c_1 x_1 + c_2 x_2 + c_3 x_3 & (1\text{-}30) \\ \text{s.t.} & a_{11} x_1 + a_{12} x_2 + a_{13} x_3 \leqslant b_1 & (1\text{-}30\text{a}) \\ & a_{21} x_1 + a_{22} x_2 + a_{23} x_3 = b_2 & (1\text{-}30\text{b}) \\ & a_{31} x_1 + a_{32} x_2 + a_{33} x_3 \geqslant b_3 & (1\text{-}30\text{c}) \\ & x_1 \geqslant 0, x_2 \leqslant 0, x_3 \text{ 无约束} & (1\text{-}30\text{d}) \end{cases}$$

先将(1-30)式转换成对称形式，再写出其对偶问题。

(1) 将约束(1-30b)先转换成 $a_{21}x_1 + a_{22}x_2 + a_{23}x_3 \leqslant b_2$ 和 $a_{21}x_1 + a_{22}x_2 + a_{23}x_3 \geqslant b_2$，再变换为 $a_{21}x_1 + a_{22}x_2 + a_{23}x_3 \leqslant b_2$ 和 $-a_{21}x_1 - a_{22}x_2 - a_{23}x_3 \leqslant -b_2$；

(2) 将约束(1-30c)两端乘"-1"，得 $-a_{31}x_1 - a_{32}x_2 - a_{33}x_3 \leqslant -b_3$；

(3) 在约束(1-30d)中令 $x_2=-x_2'$，由此 $x_2'\geqslant 0$；令 $x_3=x_3'-x_3''$，其中 $x_3',x_3''\geqslant 0$。经过上述变换后例 1-6 可重新表达为

$$\begin{cases}\max\ z=c_1x_1-c_2x_2'+c_3x_3'-c_3x_3'' & \text{对偶变量}\\ \text{s.t.}\ a_{11}x_1-a_{12}x_2'+a_{13}x_3'-a_{13}x_3''\leqslant b_1 & y_1\\ \quad a_{21}x_1-a_{22}x_2'+a_{23}x_3'-a_{23}x_3''\leqslant b_2 & y_2'\\ \quad -a_{21}x_1+a_{22}x_2'-a_{23}x_3'+a_{23}x_3''\leqslant -b_2 & y_2''\\ \quad -a_{31}x_1+a_{32}x_2'-a_{33}x_3'+a_{33}x_3''\leqslant -b_3 & y_3'\\ \quad x_1\geqslant 0,x_2'\geqslant 0,x_3'\geqslant 0,x_3''\geqslant 0\end{cases}$$

令各约束对应的对偶变量分别为 y_1,y_2',y_2''和$-y_3$，写出其对偶问题为

$$\begin{cases}\min\ w=b_1y_1+b_2y_2'-b_2y_2''-b_3y_3' & (1\text{-}31)\\ \text{s.t.}\ a_{11}y_1+a_{21}y_2'-a_{21}y_2''-a_{31}y_3'\geqslant c_1 & (1\text{-}31\text{a})\\ \quad -a_{12}y_1-a_{22}y_2'+a_{22}y_2''+a_{32}y_3'\geqslant -c_2 & (1\text{-}31\text{b})\\ \quad a_{13}y_1+a_{23}y_2'-a_{23}y_2''-a_{33}y_3'\geqslant c_3 & (1\text{-}31\text{c})\\ \quad -a_{13}y_1-a_{23}y_2'+a_{23}y_2''+a_{33}y_3'\geqslant -c_3 & (1\text{-}31\text{d})\\ \quad y_1\geqslant 0,y_2'\geqslant 0,y_2''\geqslant 0,y_3'\geqslant 0\end{cases}$$

在(1-31)式中，令 $y_2=y_2'-y_2''$，$y_3=-y_3'$，将(1-31c)式和(1-31d)式转换为 $a_{13}y_1+a_{23}y_2'-a_{23}y_2''-a_{33}y_3'=c_3$，即有 $a_{13}y_1+a_{23}y_2+a_{33}y_3=c_3$，在(1-31b)式两端乘“$-1$”，由此得

$$\begin{cases}\min\ w=b_1y_1+b_2y_2+b_3y_3\\ \text{s.t.}\ a_{11}y_1+a_{21}y_2+a_{31}y_3\geqslant c_1\\ \quad a_{12}y_1+a_{22}y_2-a_{32}y_3\leqslant c_2\\ \quad a_{13}y_1+a_{23}y_2+a_{33}y_3=c_1\\ \quad y_1\geqslant 0,y_2\text{无约束},y_3\leqslant 0\end{cases}$$

根据例 1-6 中约束和变量的对应关系，下面将对称或不对称线性规划原问题与对偶问题的对应关系归纳在表 1-11。

表　1-11

项　　目	原问题(对偶问题)	对偶问题(原问题)
$\boldsymbol{A}$	约束系数矩阵	约束系数矩阵的转置
$\boldsymbol{b}$	约束条件右端项向量	目标函数中价格系数向量
$\boldsymbol{C}$	目标函数中价格系数向量	约束条件右端项向量
目标函数	$\max\ z=\sum_{j=1}^{n}c_jx_j$	$\min\ w=\sum_{i=1}^{m}b_iy_i$
n 个变量 x_j　$(j=1,2,\cdots,n)$： $x_j\geqslant 0$；$x_j\leqslant 0$；x_j 无约束		n 个约束条件$(j=1,2,\cdots,n)$： $\sum_{i=1}^{m}a_{ij}y_i\geqslant c_j$；$\sum_{i=1}^{m}a_{ij}y_i\leqslant c_j$；$\sum_{i=1}^{m}a_{ij}y_i=c_j$
m 个约束条件$(i=1,2,\cdots,m)$： $\sum_{j=1}^{n}a_{ij}x_j\leqslant b_i$；$\sum_{j=1}^{n}a_{ij}x_j\geqslant b_i$；$\sum_{j=1}^{n}a_{ij}x_j=b_i$		m 个变量 $y_i$$(i=1,2,\cdots,m)$： $y_i\geqslant 0$；$y_i\leqslant 0$；$y_i=0$

1.5.3 对偶问题基本性质

(1) 对称性：对偶问题的对偶是原问题。

证 设原问题是

$$\max z = \boldsymbol{CX};\ \boldsymbol{AX} \leqslant \boldsymbol{b};\ \boldsymbol{X} \geqslant 0$$

根据对偶问题的对称变换关系，可以找到它的对偶问题是

$$\min w = \boldsymbol{Yb};\ \boldsymbol{YA} \geqslant \boldsymbol{C};\ \boldsymbol{Y} \geqslant 0$$

若将上式两边取负号，又因$-\min w = \max(-w)$可得到

$$\max(-w) = -\boldsymbol{Yb};\ -\boldsymbol{YA} \leqslant -\boldsymbol{C};\ \boldsymbol{Y} \geqslant 0$$

根据对称变换关系，得到上式的对偶问题为

$$\min(-w') = -\boldsymbol{CX};\ -\boldsymbol{AX} \geqslant -\boldsymbol{b};\ \boldsymbol{X} \geqslant 0$$

又因

$$\min(-w') = -\max w'$$

可得

$$\max w' = \max z = \boldsymbol{CX};\ \boldsymbol{AX} \leqslant \boldsymbol{b};\ \boldsymbol{X} \geqslant 0$$

由此可以看出，该问题这就是原问题。

(2) 弱对偶性：若 $\bar{\boldsymbol{X}}$ 是原问题的可行解，$\bar{\boldsymbol{Y}}$ 是对偶问题的可行解。则存在 $\boldsymbol{C}\bar{\boldsymbol{X}} \leqslant \bar{\boldsymbol{Y}}\boldsymbol{b}$。

证 设原问题是

$$\max z = \boldsymbol{CX};\ \boldsymbol{AX} \leqslant \boldsymbol{b};\ \boldsymbol{X} \geqslant 0$$

因 $\bar{\boldsymbol{X}}$ 是原问题的可行解，所以满足约束条件，即

$$\boldsymbol{A}\bar{\boldsymbol{X}} \leqslant \boldsymbol{b}$$

若 $\bar{\boldsymbol{Y}}$ 是给定的一组值，设它是对偶问题的可行解，将 $\bar{\boldsymbol{Y}}$ 左乘上式，得到

$$\bar{\boldsymbol{Y}}\boldsymbol{A}\bar{\boldsymbol{X}} \leqslant \bar{\boldsymbol{Y}}\boldsymbol{b}$$

原问题的对偶问题是

$$\min w = \boldsymbol{Yb};\ \boldsymbol{YA} \geqslant \boldsymbol{C};\ \boldsymbol{Y} \geqslant 0$$

因为 $\bar{\boldsymbol{Y}}$ 是对偶问题的可行解，所以满足

$$\bar{\boldsymbol{Y}}\boldsymbol{A} \geqslant \boldsymbol{C}$$

将 $\bar{\boldsymbol{X}}$ 右乘上式，得到

$$\bar{\boldsymbol{Y}}\boldsymbol{A}\bar{\boldsymbol{X}} \leqslant \boldsymbol{C}\bar{\boldsymbol{X}}$$

于是得到

$$\boldsymbol{C}\bar{\boldsymbol{X}} \leqslant \bar{\boldsymbol{Y}}\boldsymbol{A}\bar{\boldsymbol{X}} \leqslant \bar{\boldsymbol{Y}}\boldsymbol{b}$$

(3) 无界性：若原问题(对偶问题)为无界解，则其对偶问题(原问题)无可行解。

证 由弱对偶性显然得。

注意这个问题的性质不存在逆。当原问题(对偶问题)无可行解时，其对偶问题(原问题)或具有无界解或无可行解。例如下述两个问题两者皆无可行解。

原问题(对偶问题)　　对偶问题(原问题)

$$\min w = -x_1 - x_2 \qquad \max z = y_1 + y_2$$

$$\begin{cases} x_1 - x_2 \geqslant 1 \\ -x_1 + x_2 \geqslant 1 \\ x_1, x_2 \geqslant 1 \end{cases} \qquad \begin{cases} y_1 - y_2 \leqslant -1 \\ -y_1 + y_2 \leqslant -1 \\ y_1, y_2 \geqslant 0 \end{cases}$$

(4) 可行解是最优解：设 $\hat{\boldsymbol{X}}$ 是原问题的可行解，$\hat{\boldsymbol{Y}}$ 是对偶问题的可行解，当 $\boldsymbol{C}\hat{\boldsymbol{X}} = \hat{\boldsymbol{Y}}\boldsymbol{b}$ 时，$\hat{\boldsymbol{X}}$，$\hat{\boldsymbol{Y}}$ 是最优解。

证　若 $\boldsymbol{C}\hat{\boldsymbol{X}} = \hat{\boldsymbol{Y}}\boldsymbol{b}$，根据性质(2)可知：对偶问题的所有可行解 $\bar{\boldsymbol{Y}}$ 都存在 $\hat{\boldsymbol{Y}}\boldsymbol{b} \geqslant \boldsymbol{C}\hat{\boldsymbol{X}}$，因 $\boldsymbol{C}\hat{\boldsymbol{X}} = \hat{\boldsymbol{Y}}\boldsymbol{b}$，所以 $\bar{\boldsymbol{Y}}\boldsymbol{b} \geqslant \hat{\boldsymbol{Y}}\boldsymbol{b}$。可见 $\hat{\boldsymbol{Y}}$ 是使目标函数取值最小的可行解，因此是最优解。同样可证明：对于原问题的所有可行解 $\bar{\boldsymbol{X}}$，存在

$$\boldsymbol{C}\hat{\boldsymbol{X}} = \hat{\boldsymbol{Y}}\boldsymbol{b} \geqslant \boldsymbol{C}\bar{\boldsymbol{X}}$$

所以 $\hat{\boldsymbol{X}}$ 是最优解。

(5) 对偶定理：若原问题有最优解，那么对偶问题也有最优解；且目标函数值相等。

证　设 $\hat{\boldsymbol{X}}$ 是原问题的最优解，它对应的基矩阵 $\boldsymbol{B}$ 必存在 $\boldsymbol{C} - \boldsymbol{C}_B\boldsymbol{B}^{-1}\boldsymbol{A} \leqslant 0$。即得到 $\hat{\boldsymbol{Y}}\boldsymbol{b} \geqslant \boldsymbol{C}$，其中 $\hat{\boldsymbol{Y}} = \boldsymbol{C}_B\boldsymbol{B}^{-1}$。

这时 $\hat{\boldsymbol{Y}}$ 是对偶问题的可行解，它使

$$w = \hat{\boldsymbol{Y}}\boldsymbol{b} = \boldsymbol{C}_B\boldsymbol{B}^{-1}\boldsymbol{b}$$

因原问题的最优解是 $\hat{\boldsymbol{X}}$，使目标函数取值

$$z = \boldsymbol{C}\hat{\boldsymbol{X}} = \boldsymbol{C}_B\boldsymbol{B}^{-1}\boldsymbol{b}$$

由此，得到

$$\hat{\boldsymbol{Y}}\boldsymbol{b} = \boldsymbol{C}_B\boldsymbol{B}^{-1}\boldsymbol{b} = \boldsymbol{C}\hat{\boldsymbol{X}}$$

可见 $\hat{\boldsymbol{Y}}$ 是对偶问题的最优解。

(6) 互补松弛性：若 $\hat{\boldsymbol{X}}$，$\hat{\boldsymbol{Y}}$ 分别是原问题和对偶问题的可行解。那么 $\hat{\boldsymbol{Y}}\boldsymbol{X}_S = 0$ 和 $\boldsymbol{Y}_S\hat{\boldsymbol{X}} = 0$，当且仅当 $\hat{\boldsymbol{X}}$，$\hat{\boldsymbol{Y}}$ 为最优解。

证　设原问题和对偶问题的标准型是

原问题(对偶问题)　对偶问题(原问题)

$$\max z = \boldsymbol{C}\boldsymbol{X} \qquad \min w = \boldsymbol{Y}\boldsymbol{b}$$

$$\begin{cases} \boldsymbol{A}\boldsymbol{X} + \boldsymbol{X}_S = \boldsymbol{b} \\ \boldsymbol{X}, \boldsymbol{X}_S \geqslant 0 \end{cases} \qquad \begin{cases} \boldsymbol{Y}\boldsymbol{A} - \boldsymbol{Y}_S = \boldsymbol{C} \\ \boldsymbol{Y}, \boldsymbol{Y}_S \geqslant 0 \end{cases}$$

将原问题目标函数中的系数向量 $\boldsymbol{C}$ 用 $\boldsymbol{C} = \boldsymbol{Y}\boldsymbol{A} - \boldsymbol{Y}_S$ 代替后，得到

$$z = (\boldsymbol{Y}\boldsymbol{A} - \boldsymbol{Y}_S)\boldsymbol{X} = \boldsymbol{Y}\boldsymbol{A}\boldsymbol{X} - \boldsymbol{Y}_S\boldsymbol{X} \tag{1-32}$$

将对偶问题的目标函数中系数列向量，用 $\boldsymbol{b} = \boldsymbol{A}\boldsymbol{X} + \boldsymbol{X}_S$ 代替后，得到

$$w = \boldsymbol{Y}(\boldsymbol{A}\boldsymbol{X} + \boldsymbol{X}_S) = \boldsymbol{Y}\boldsymbol{A}\boldsymbol{X} + \boldsymbol{Y}\boldsymbol{X}_S \tag{1-33}$$

若 $\boldsymbol{Y}_S\hat{\boldsymbol{X}}=0,\hat{\boldsymbol{Y}}\boldsymbol{X}_S=0$；则 $\hat{\boldsymbol{Y}}\boldsymbol{b}=\hat{\boldsymbol{Y}}\boldsymbol{A}\hat{\boldsymbol{X}}=\boldsymbol{C}\hat{\boldsymbol{X}}$，由性质(4)可知 $\hat{\boldsymbol{X}},\hat{\boldsymbol{Y}}$ 为最优解。

又因为 $\hat{\boldsymbol{X}},\hat{\boldsymbol{Y}}$ 分别是原问题和对偶问题的最优解，根据性质(5)，则有

$$\boldsymbol{C}\hat{\boldsymbol{X}}=\hat{\boldsymbol{Y}}\boldsymbol{A}\hat{\boldsymbol{X}}=\hat{\boldsymbol{Y}}\boldsymbol{b}$$

由式(1-32)，式(1-33)可知，必有 $\hat{\boldsymbol{Y}}\boldsymbol{X}_S=0,\boldsymbol{Y}_S\hat{\boldsymbol{X}}=0$。

(6) 设原问题是

$$\max z=\boldsymbol{CX};\ \boldsymbol{AX}+\boldsymbol{X}_S=\boldsymbol{b};\ \boldsymbol{X},\boldsymbol{X}_S\geqslant 0$$

它的对偶问题是

$$\min w=\boldsymbol{Yb};\ \boldsymbol{YA}-\boldsymbol{Y}_S=\boldsymbol{c};\ \boldsymbol{Y},\boldsymbol{Y}_S\geqslant 0$$

则原问题单纯形表的检验数行对应其对偶问题的一个基解，其对应关系见表 1-12。

表 1-12

原问题 $\boldsymbol{X}_B$	$\boldsymbol{X}_N$	$\boldsymbol{X}_S$
检验数 θ 对偶问题 $\boldsymbol{Y}_{S_1}$	$\boldsymbol{C}_N-\boldsymbol{C}_B\boldsymbol{B}^{-1}\boldsymbol{N}$ $-\boldsymbol{Y}_{S_2}$	$-\boldsymbol{C}_B\boldsymbol{B}^{-1}$ $-\boldsymbol{Y}$

这里 $\boldsymbol{Y}_{S_1}$ 是对应原问题中基变量 $\boldsymbol{X}_B$ 的剩余变量，$\boldsymbol{Y}_{S_2}$ 是对应原问题中非基变量 $\boldsymbol{X}_N$ 的剩余变量。

证 设 $\boldsymbol{B}$ 是原问题的一个可行基，于是 $\boldsymbol{A}=(\boldsymbol{B},\boldsymbol{N})$；原问题可以改写为

$$\max z=\boldsymbol{C}_B\boldsymbol{X}_B+\boldsymbol{C}_N\boldsymbol{X}_N$$

$$\begin{cases}\boldsymbol{BX}_B+\boldsymbol{NX}_N+\boldsymbol{X}_S=\boldsymbol{b}\\ \boldsymbol{X}_B,\boldsymbol{X}_N,\boldsymbol{X}_S\geqslant 0\end{cases}$$

相应地对偶问题可表示为

$$\min w=\boldsymbol{Yb}$$

$$\begin{cases}\boldsymbol{YB}-\boldsymbol{Y}_{S_1}=\boldsymbol{C}_B & (1\text{-}34)\\ \boldsymbol{YN}-\boldsymbol{Y}_{S_2}=\boldsymbol{C}_N & (1\text{-}35)\\ \boldsymbol{Y},\boldsymbol{Y}_{S_1},\boldsymbol{Y}_{S_2}\geqslant 0\end{cases}$$

这里 $\boldsymbol{Y}_S=(\boldsymbol{Y}_{S_1},\boldsymbol{Y}_{S_2})$。

当求得原问题的一个解 $\boldsymbol{X}_B=\boldsymbol{B}^{-1}\boldsymbol{b}$，其相应的检验数为 $\boldsymbol{C}_N-\boldsymbol{C}_B\boldsymbol{B}^{-1}\boldsymbol{N}$ 与 $-\boldsymbol{C}_B\boldsymbol{B}^{-1}$。现分析这些检验数与对偶问题的解之间的关系：令 $\boldsymbol{Y}=\boldsymbol{C}_B\boldsymbol{B}^{-1}$，将它代入式(1-34)和式(1-35)得

$$\boldsymbol{Y}_{S_1}=0$$

$$-\boldsymbol{Y}_{S_2}=\boldsymbol{C}_N-\boldsymbol{C}_B\boldsymbol{B}^{-1}\boldsymbol{N}$$

这些对应关系可以在单纯形法计算表看到，在求解原问题时，隐含着同时也获得对偶变量的值。

1.5.4 对偶单纯形法

1.5.3 节讲到原问题与对偶问题的解之间的对应关系时指出：在单纯形表中进行迭代

时，在 $\boldsymbol{b}$ 列中得到的是原问题的基可行解，而在检验数行得到的是对偶问题的基解。通过逐步迭代，当在检验数行得到对偶问题的解也是基可行解时，根据性质(4)、(5)可知，已得到最优解，即原问题与对偶问题都是最优解。

根据对偶问题的对称性，也可以这样考虑：若保持对偶问题的解是基可行解，即 $c_j - \boldsymbol{C}_B\boldsymbol{B}^{-1}\boldsymbol{P}_j \leqslant 0$，而原问题在非可行解的基础上，通过逐步迭代达到基可行解，这样也得到了最优解。其优点是原问题的初始解不一定是基可行解，可从非基可行解开始迭代，方法如下。

设原问题

$$\max z = \boldsymbol{CX}$$
$$\begin{cases}\boldsymbol{AX} = \boldsymbol{b}\\ \boldsymbol{X} \geqslant 0\end{cases}$$

又设 $\boldsymbol{B}$ 是一个基。不失一般性，令 $\boldsymbol{B}=(\boldsymbol{P}_1,\boldsymbol{P}_2,\cdots,\boldsymbol{P}_m)$，它对应的变量为 $\boldsymbol{X}_B=(x_1,x_2,\cdots,x_m)$。当非基变量都为零时，可以得到 $\boldsymbol{X}_B=\boldsymbol{B}^{-1}\boldsymbol{b}$。若在 $\boldsymbol{B}^{-1}\boldsymbol{b}$ 中至少有一个负分量，设 $(\boldsymbol{B}^{-1}\boldsymbol{b})_i<0$，并且在单纯形表的检验数行中的检验数都为非正，即对偶问题保持可行解，它的各分量是

(1) 对应基变量 $x_1,x_2,\cdots,x_m$ 的检验数是

$$\sigma_i = c_i - z_i = c_i - \boldsymbol{C}_B\boldsymbol{B}^{-1}\boldsymbol{P}_j = 0, i=1,2,\cdots,m$$

(2) 对应非基变量 $x_{m+1},\cdots,x_n$ 的检验数是

$$\sigma_j = c_j - z_j = c_i - \boldsymbol{C}_B\boldsymbol{B}^{-1}\boldsymbol{P}_j \leqslant 0, j=m+1,\cdots,n$$

每次迭代是将基变量中的负分量 x_l 取出，去替换非基变量中的 x_k，经基变换，所有检验数仍保持非正。从原问题来看，经过每次迭代，原问题由非可行解往可行解靠近。当原问题得到可行解时，便得到了最优解。

对偶单纯形法的计算步骤如下：

(1) 对线性规划问题进行变换，使列出的初始单纯形表中所有检验数 $\sigma_j \leqslant 0$ $(j=1,2,\cdots,n)$，即对偶问题为基可行解。

(2) 检查 $\boldsymbol{b}$ 列的数字，若都为非负，检验数都为非正，则已得到最优解。停止计算。若检查 $\boldsymbol{b}$ 列的数字时，至少还有一个负分量，检验数保持非正，那么进行以下计算。

(3) 确定换出变量。

按 $\min\limits_i[(\boldsymbol{B}^{-1}\boldsymbol{b})_i \mid (\boldsymbol{B}^{-1}\boldsymbol{b})_i<0]=(\boldsymbol{B}^{-1}\boldsymbol{b})_l$ 对应的基变量 x_l 为换出变量。

(4) 确定换入变量。

在单纯形表中检查 x_l 所在行的各系数 $\alpha_{lj}(j=1,2,\cdots,n)$，若所有 $\alpha_{lj}\geqslant 0$，则无可行解，停止计算。若存在 $\alpha_{lj}<0(j=1,2,\cdots,n)$，计算 $\theta=\min\limits_j\left(\dfrac{c_j-z_j}{\alpha_{lj}} \mid \alpha_{lj}<0\right)=\dfrac{c_k-z_k}{\alpha_{lk}}$，按 θ 规则所对应的列的非基变量 x_k 为换入变量，这样才能保持得到的对偶问题解仍为可行解。

(5) 以 α_{lk} 为主元素，按原单纯形法在表中进行迭代运算，得到新的计算表。

重复步骤(2)～(5)。

下面举例来说明具体算法。

例 1-8 用对偶单纯形法求解

$$\min w = 2x_1 + 3x_2 + 4x_3$$
$$\begin{cases} x_1 + 2x_2 + x_3 \geqslant 3 \\ 2x_1 - x_2 + 3x_3 \geqslant 4 \\ x_1, x_2, x_3 \geqslant 0 \end{cases}$$

解 先将此问题化成下列形式，以便得到对偶问题的初始可行基

$$\max w = -2x_1 - 3x_2 - 4x_3$$
$$\begin{cases} -x_1 - 2x_2 - x_3 + x_4 = -3 \\ -2x_1 + x_2 - 3x_3 + x_5 = -4 \\ x_j \geqslant 0, j = 1, 2, \cdots, 5 \end{cases}$$

建立此问题的初始单纯形表，见表 1-13。

表 1-13

c_j			−2	−3	−4	0	θ
$\boldsymbol{C}_B$	$\boldsymbol{X}_B$	$\boldsymbol{b}$	x_1	x_2	x_3	x_4	x_5
0	x_4	−3	−1	−2	−1	1	0
0	x_5	−4	[−2]	1	−3	0	1
$-z$			−2	−3	−4	0	0

从表 1-13 看到，检验数行对应的对偶问题的解是可行解。因 $\boldsymbol{b}$ 列数字为负，故需进行迭代运算。

换出变量的确定：按上述对偶单纯形法计算步骤(3)，计算 $\min(-3,-4)=-4$，故 x_5 为换出变量。

换入变量的确定：按上述对偶单纯形法计算步骤(4)，计算

$$\theta = \min\left\{\frac{-2}{-2}, -, \frac{-4}{-3}\right\} = \frac{-2}{-2} = 1$$

故 x_1 为换入变量，换入换出变量的所在列、行的交叉处“−2”为主元素。按单纯形法计算步骤进行迭代，得表 1-14。

表 1-14

c_j			−2	−3	−4	0	θ
$\boldsymbol{C}_B$	$\boldsymbol{X}_B$	$\boldsymbol{b}$	x_1	x_2	x_3	x_4	x_5
0	x_4	−1	0	[−5/2]	1/2	1	−1/2
−2	x_1	2	1	−1/2	3/2	0	−1/2
$-z$			0	−4	−1	0	−1

由表 1-14 看出，对偶问题仍是可行解，而 $\boldsymbol{b}$ 列中仍有负分量，故重复上述迭代步骤，得表 1-15。

表　1-15

c_j			-2	-3	-4	0	0
$\boldsymbol{C}_B$	$\boldsymbol{X}_B$	$\boldsymbol{b}$	x_1	x_2	x_3	x_4	x_5
-3	x_2	$2/5$	0	1	$-1/5$	$-2/5$	$1/5$
-2	x_1	$11/5$	1	0	$7/5$	$-1/5$	$-2/5$
$-z$			0	0	$-9/5$	$-8/5$	$-1/5$

表 1-15 中，$\boldsymbol{b}$ 列数字全为非负，检验数全为非正，故问题的最优解为

$$\boldsymbol{X}^* = (11/5, 2/5, 0, 0, 0)^{\mathrm{T}}。$$

若对应两个约束条件的对偶变量分别为 y_1 和 y_2，则对偶问题的最优解为

$$\boldsymbol{Y}^* = (y_1^*, y_2^*) = (8/5, 1/5)$$

从以上求解过程可以看到对偶单纯形法有以下优点：

(1) 初始解可以是非可行解，当检验数都为负数时，就可以进行基的变换，这时不需要加入人工变量，因此可以简化计算。

(2) 当变量多于约束条件，对这样的线性规划问题，用对偶单纯形法计算可以减少计算工作量，因此对变量较少，而约束条件很多的线性规划问题，可先将它变换成对偶问题，然后用对偶单纯形法求解。

(3) 在灵敏度分析及求解整数规划的割平面法中，有时需要用对偶单纯形法，这样可使问题的处理简化，对偶单纯形法的局限性主要是，对大多数线性规划问题，很难找到一个对偶问题的初始可行基，因而这种方法在求解线性规划问题时很少单独应用。

1.6　列生成算法

在某些线性规划问题的模型中，约束条件的数量相对较少，但决策变量的数量会随着问题规模的增加而迅速增加。这类问题被称为大规模线性规划问题。尽管单纯形法可以在进行数次迭代后找到最优解，但由于需要涉及大量决策变量的基变换，因此求解过程会变得非常烦琐。此外，当使用单纯形法解决大规模问题时，基变量的数量仅与约束条件的数量相关。每次迭代只会引入一个新的非基变量，换句话说，在整个求解过程中，实际上只有很少一部分变量被涉及。

为了应对这一挑战，Danzig 和 Wolfe 于 1960 年提出了列生成算法[8]。这种算法有效地解决了大规模线性规划问题，例如广义分配问题(generalized assignment problem)、切割问题(cutting stock problem)、车辆路径问题(vehicle routing problem)、机组人员调度问题(crew assignment problem)以及单资源工厂选址问题(the single facility location problem)等。列生成算法的优点在于它能够高效地处理大规模问题，减少计算的复杂性，从而为复杂问题的求解提供了有力工具。

1.6.1 列生成算法的基本思想

列生成算法的基本思想如图1-7所示，其在解决某些优化问题时，特别是大规模优化问题时，只考虑一部分变量(列)，然后逐步生成(列生成)新的变量来逼近最优解。这样可以显著减少需要考虑的变量的数量，从而降低了计算的复杂性，提高了算法的效率。本节针对最大化问题，介绍列生成算法的基本步骤。

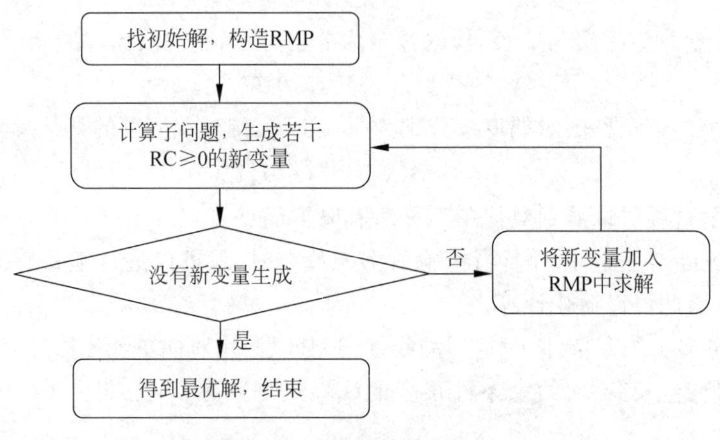

图1-7 列生成算法流程图

(1) 首先，将原问题(master problem，MP)限制到一个规模更小的问题，称之为原问题的限制主问题(restricted master problem，RMP)，然后，使用单纯形法在RMP上求解最优解。需要注意的是，这个步骤仅得到了RMP的最优解，而不是MP的最优解；

(2) 通过一个子问题去检测在那些未被考虑的变量中是否有使得检验数(reduced cost，RC)不小于零的情况，如果有，则将这个变量的相关系数列加入RMP的系数矩阵中，返回第1步，否则进入第3步。

(3) 经过反复迭代，直到子问题中的RC小于等于零，则得到MP最优解。

1.6.2 应用案例

在资源管理和优化的实际应用中，常常需要对资源进行有效分配和利用。例如在生产调度问题中，需要将任务分配给设备或工人，分配不同任务到不同机器所带来的效益各不相同，且每项任务必须且只能由一台机器完成，其目标是最大化生产效率，同时不超出每台机器的负荷，这类问题被称为广义分配问题。以下以广义分配问题为例，介绍列生成算法的应用。

设定有m项任务需要分配给n台机器，$c_{ij}(i=1,2,\cdots,m;\ j=1,2,\cdots,n)$表示任务$i$被分配到机器$j$的效益系数，$a_{ij}(i=1,2,\cdots,m;\ j=1,2,\cdots,n)$表示任务$i$被分配到机器$j$上消耗的时间，$b_j(j=1,2,\cdots,n)$表示机器$j$的可利用时间。$x_{ij}(i=1,2,\cdots,m;\ j=1,2,\cdots,n)$是决策变量，当任务$i$被分配到机器$j$上时，$x_{ij}=1$，否则，$x_{ij}=0$。所以该广义分配问题

的一般模型如下：

$$
\begin{cases}
\max & \sum_{i=1}^{m}\sum_{j=1}^{n} c_{ij}x_{ij} \\
\text{s. t.} & \sum_{j=1}^{n} x_{ij}=1, i=1,2,\cdots,m \\
& \sum_{i=1}^{m} a_{ij}x_{ij} \leqslant b_j, j=1,2,\cdots,n \\
& x_{ij} \in \{0,1\}, i=1,2,\cdots,m, j=1,2,\cdots,n
\end{cases}
$$

令 $\boldsymbol{K}_j=\{x_j^1,x_j^2,\cdots,x_j^{k_j}\}$表示 m 项任务分配给机器 j 的所有可能的分配方案集合，其中 $x_j^k=\{x_{1j}^k,x_{2j}^k,\cdots,x_{mj}^k\}$是背包问题，即下面问题的一个可行解：

$$
\sum_{i=1}^{m} a_{ij}x_{ij}^k \leqslant b_j,
$$

$$
x_{ij}^k \in \{0,1\}, i=1,2,\cdots,m
$$

对于 $j\in\{1,2,\cdots,n\}$ 和 $k=1,2,\cdots,k_j$，设 y_j^k 为一个二进制变量，若机器 j 选择了可行的分配 x_j^k，则 $y_j^k=1$，否则，$y_j^k=0$，则这个广义分配问题能被重新表示为

$$
\begin{cases}
\max & \sum_{1\leqslant j\leqslant n,1\leqslant k\leqslant k_j} \left(\sum_{i=1}^{m} c_{ij}x_{ij}^k\right) y_j^k \\
\text{s. t.} & \sum_{1\leqslant j\leqslant n,1\leqslant k\leqslant k_j} x_{ij}^k y_j^k=1, i=1,2,\cdots,m \\
& \sum_{1\leqslant k\leqslant k_j} y_j^k \leqslant 1, j=1,2,\cdots,n \\
& y_j^k \in \{0,1\}, j=1,2,\cdots,n, k=1,2,\cdots,k_j
\end{cases}
$$

其中第一个约束强制每个任务被精确地分配给一个机器，而第二个约束则强制为每个机器最多选择一个可行的分配。考虑线性松弛后的广义分配问题的限制主问题为

$$
(\text{RMP})\begin{cases}
\max & \sum_{1\leqslant j\leqslant n,1\leqslant k\leqslant k_j} \left(\sum_{i=1}^{m} c_{ij}x_{ij}^k\right) y_j^k \\
\text{s. t.} & \sum_{1\leqslant j\leqslant n,1\leqslant k\leqslant k_j} x_{ij}^k y_j^k=1, i=1,2,\cdots,m \\
& \sum_{1\leqslant k\leqslant k_j} y_j^k \leqslant 1, j=1,2,\cdots,n \\
& y_j^k \geqslant 0, j=1,2,\cdots,n, k=1,2,\cdots,k_j
\end{cases}
$$

令 u_i 表示无约束的对偶变量，对应 RMP 问题的第一个约束；v_j 表示与机器 j 的约束相关的对偶变量，对应 RMP 问题的第二个约束。那么可通过式子 $Z=\max\limits_{1\leqslant j\leqslant n}\{Z(KP_j)-v_j\}\leqslant 0$ 判断 RMP 问题的最优性，其中 $Z(KP_j)$是以下背包问题(即子问题)的最优值：

$$
(\text{SP})\begin{cases}
\max & \sum_{1\leqslant i\leqslant m} (c_{ij}-u_i)x_{ij} \\
\text{s. t.} & \sum_{1\leqslant i\leqslant m} a_{ij}x_{ij} \leqslant b_j, \\
& x_{ij} \in \{0,1\}, i=1,2,\cdots,m
\end{cases}
$$

考虑某工厂现有2台机器，且有3个任务待分配。已知两台机器生产任务1所耗费的时间分别为5小时和7小时，产生的效益分别为20元和16元；生产任务2所耗费的时间分别为3小时和8小时，产生的效益分别为15元和19元；生产任务3所耗费的时间分别为2小时和10小时，产生的效益分别为19元和14元。两台机器的可工作时长分别为6小时和21小时。需要考虑如何分配任务既保证每台机器的能力时间不超过其上限，又使得总效益最大。首先我们简单思考下，该问题中可能的分配方案的有很多，可以先列出其中两种可能的分配方案，具体如表1-16所示。

表 1-16

(a) 方案1(y_j^1)

任务 \ 机器	1	2	效益合计
1	1(x_{11}^1)	0(x_{12}^1)	20
2	0(x_{21}^1)	1(x_{22}^1)	19
3	0(x_{31}^1)	1(x_{32}^1)	14
时长合计	5	18	

(b) 方案2(y_j^2)

任务 \ 机器	1	2	效益合计
1	0(x_{11}^2)	1(x_{12}^2)	16
2	1(x_{21}^2)	0(x_{22}^2)	15
3	0(x_{31}^2)	1(x_{32}^2)	14
时长合计	3	17	

其中$\boldsymbol{K}_j=\{x_j^1,x_j^2\}$，$j=1,2$，表示上述两种分配方案，企业的目标是在保证每台机器的工作能力消耗不超过其上限时获得最大的效益，即每种方案与效益的乘积之和$(20x_{11}^1+15x_{21}^1+19x_{31}^1)y_1^1+(16x_{12}^1+19x_{22}^1+14x_{32}^1)y_2^1+(20x_{11}^2+15x_{21}^2+19x_{31}^2)y_1^2+(16x_{12}^2+19x_{22}^2+14x_{32}^2)y_2^2$，其约束条件是满足上述RMP的约束，即

$$\begin{cases}x_{11}^1y_1^1+x_{12}^1y_2^2+x_{11}^1y_1^2+x_{12}^2y_2^2=1\\x_{21}^1y_1^1+x_{22}^1y_2^1+x_{21}^2y_1^2+x_{22}^2y_2^2=1\\x_{31}^1y_1^1+x_{32}^1y_2^1+x_{31}^2y_1^2+x_{32}^2y_2^2=1\\y_1^1+y_1^2\leqslant 1\\y_2^1+y_2^2\leqslant 1\\y_1^1,y_2^1,y_1^2,y_2^2\geqslant 0\end{cases}$$

迭代1：将表1-16中x_{ij}^k的值代入上式可以得到限制主问题模型为

$$\begin{cases}\max\quad 20y_1^1+33y_2^1+15y_1^2+30y_2^2\\\text{s.t.}\quad y_1^1+y_2^2=1\\\qquad y_2^1+y_1^2=1\\\qquad y_2^1+y_2^2=1\\\qquad y_1^1+y_1^2\leqslant 1\\\qquad y_2^1+y_2^2\leqslant 1\\\qquad y_1^1,y_2^1,y_1^2,y_2^2\geqslant 0\end{cases}$$

求解可得其最优解为 $\boldsymbol{y}^*=(1,1,0,0)^{\mathrm{T}}$，最大的收益为 $Z^*=53$，对偶问题最优解为 $\boldsymbol{w}^*=(20,15,18,0,0)$，其中 $u_i=(20,15,18)$，$v_j=(0,0)$。

子问题 1：针对机器 1(即 $j=1$)，可建立模型

$$\begin{cases}\max & (20-20)x_{11}^3+(15-15)x_{21}^3+(19-18)x_{31}^3-0\\ \text{s. t.} & 5x_{11}^3+3x_{21}^3+2x_{31}^3\leqslant 6\\ & x_{i1}^3\in\{0,1\},i=1,2,\cdots,m\end{cases}$$

子问题 2：针对机器 2(即 $j=2$)，可建立模型

$$\begin{cases}\max & (16-20)x_{11}^3+(19-15)x_{21}^3+(14-18)x_{31}^3-0\\ \text{s. t.} & 7x_{11}^3+8x_{21}^3+10x_{31}^3\leqslant 21\\ & x_{i1}^3\in\{0,1\},i=1,2,\cdots,m\end{cases}$$

求解两个子问题，可得 $\boldsymbol{x}_{i1}^3=(0,0,1)^{\mathrm{T}}$，$\boldsymbol{x}_{i2}^3=(0,1,0)^{\mathrm{T}}$，对应的检验数分别为 $z_j-c_1=1$，$z_j-c_2=4$，均大于 0，因此，将 $\boldsymbol{x}_{ij}^3=(0,0;\ 0,1;\ 1,0)$，$y_1^3,y_2^4,c_3=(19,19)$加入到限制主问题中，继续迭代。

迭代 2：限制主问题模型变为

$$\begin{cases}\max & 20y_1^1+33y_2^1+15y_1^2+30y_2^2+19y_1^3+19y_2^3\\ \text{s. t.} & y_1^1+y_2^2=1\\ & y_2^1+y_1^2+y_2^3=1\\ & y_2^1+y_2^2+y_1^3=1\\ & y_1^1+y_1^2+y_1^3\leqslant 1\\ & y_2^1+y_2^2+y_2^3\leqslant 1\\ & y_1^1,y_2^1,y_1^2,y_2^2,y_1^3,y_2^3\geqslant 0\end{cases}$$

求解可得其最优解为 $\boldsymbol{y}^*=(1,1,0,0,0,0)^{\mathrm{T}}$，最大的收益为 $Z^*=53$，对偶问题最优解为 $\boldsymbol{w}^*=(15,10,14,5,9)$，其中 $u_i=(15,10,14)$，$v_j=(5,9)$。

子问题 1：针对机器 1(即 $j=1$)，可建立模型

$$\begin{cases}\max & (20-15)x_{11}^4+(15-10)x_{21}^4+(19-14)x_{31}^4-5\\ \text{s. t.} & 5x_{11}^4+3x_{21}^4+2x_{31}^4\leqslant 6\\ & x_{i1}^4\in\{0,1\},i=1,2,\cdots,m\end{cases}$$

子问题 2：针对机器 2(即 $j=2$)，可建立模型

$$\begin{cases}\max & (16-15)x_{12}^4+(19-10)x_{22}^4+(14-14)x_{32}^4-9\\ \text{s. t.} & 7x_{12}^4+8x_{22}^4+10x_{32}^4\leqslant 21\\ & x_{i2}^4\in\{0,1\},i=1,2,\cdots,m\end{cases}$$

求解两个子问题，可得 $\boldsymbol{x}_{i1}^4=(0,1,1)^{\mathrm{T}}$，$\boldsymbol{x}_{i2}^4=(1,1,0)^{\mathrm{T}}$，对应的检验数分别为 $z_j-c_1=5$，$z_j-c_2=1$，均大于 0，因此，将 $x_{ij}^4=(0,1;\ 1,1;\ 1,0)$，$y_1^4,y_2^3,c_4=(34,35)$加入到限制主问题中，继续迭代。

迭代 3：限制主问题模型变为

$$
\begin{cases}
\max & 20y_1^1+33y_2^1+15y_1^2+30y_2^2+19y_1^3+19y_2^3+34y_1^4+35y_2^4 \\
\text{s.t.} & y_1^1+y_2^2+y_2^4=1 \\
& y_2^1+y_1^2+y_2^3+y_1^4+y_2^4=1 \\
& y_2^1+y_2^2+y_1^3+y_1^4=1 \\
& y_1^1+y_1^2+y_1^3+y_1^4\leqslant 1 \\
& y_2^1+y_2^2+y_2^3+y_2^4\leqslant 1 \\
& y_1^1,y_2^1,y_1^2,y_2^2,y_1^3,y_2^3,y_1^4,y_2^4\geqslant 0
\end{cases}
$$

求解可得其最优解为 $\boldsymbol{y}^*=(0,0,0,0,1,0,0,1)^{\mathrm{T}}$，最大的收益为 $Z^*=54$，对偶问题最优解为 $\boldsymbol{w}^*=(15.5,19.5,14.5,4.5,0)^{\mathrm{T}}$，其中 $u_i=(15.5,19.5,14.5)$，$v_j=(4.5,0)$。

子问题 1：针对机器 1(即 $j=1$)，可建立模型

$$
\begin{cases}
\max & (20-15.5)x_{11}^5+(15-19.5)x_{21}^5+(19-14.5)x_{31}^5-4.5 \\
\text{s.t.} & 5x_{11}^5+3x_{21}^5+2x_{31}^5\leqslant 6 \\
& x_{i1}^5\in\{0,1\}, i=1,2,\cdots,m
\end{cases}
$$

子问题 2：针对机器 2(即 $j=2$)，可建立模型

$$
\begin{cases}
\max & (16-15.5)x_{12}^5+(19-19.5)x_{22}^5+(14-14.5)x_{32}^5-0 \\
\text{s.t.} & 7x_{12}^5+8x_{22}^5+10x_{32}^5\leqslant 21 \\
& x_{i2}^5\in\{0,1\}, i=1,2,\cdots,m
\end{cases}
$$

求解两个子问题，可得 $\boldsymbol{x}_{i1}^5=(1,0,0)^{\mathrm{T}}$，$\boldsymbol{x}_{i2}^5=(1,0,0)^{\mathrm{T}}$，对应的检验数分别为 $z_j-c_1=0$，$z_j-c_2=0.5$，均不小于 0，因此，将 $\boldsymbol{x}_{ij}^5=(1,1;0,0;0,0)$，$y_1^5$，$y_2^5$，$c_5=(20,16)$ 加入到限制主问题中，继续迭代。

迭代 4：限制主问题模型变为

$$
\begin{cases}
\max & 20y_1^1+33y_2^1+15y_1^2+30y_2^2+19y_1^3+19y_2^3+34y_1^4+35y_2^4+20y_1^5+16y_2^5 \\
\text{s.t.} & y_1^1+y_2^2+y_2^4+y_1^5+y_2^5=1 \\
& y_2^1+y_1^2+y_2^3+y_1^4+y_2^4=1 \\
& y_2^1+y_2^2+y_1^3+y_1^4=1 \\
& y_1^1+y_1^2+y_1^3+y_1^4+y_1^5\leqslant 1 \\
& y_2^1+y_2^2+y_2^3+y_2^4+y_2^5\leqslant 1 \\
& y_1^1,y_2^1,y_1^2,y_2^2,y_1^3,y_2^3,y_1^4,y_2^4,y_1^5,y_2^5\geqslant 0
\end{cases}
$$

求解可得其最优解为 $\boldsymbol{y}^*=(0,0,0,0,1,0,0,1,0,0)^{\mathrm{T}}$，最大的收益为 $Z^*=54$，对偶问题最优解为 $\boldsymbol{w}^*=(16,15,15,4,4)^{\mathrm{T}}$，其中 $u_i=(16,15,15)$，$v_j=(4,4)$。

子问题 1：针对机器 1(即 $j=1$)，可建立模型

$$
\begin{cases}
\max & (20-16)x_{11}^6+(15-15)x_{21}^6+(19-15)x_{31}^6-4 \\
\text{s.t.} & 5x_{11}^6+3x_{21}^6+2x_{31}^6\leqslant 6 \\
& x_{i1}^6\in\{0,1\}, i=1,2,\cdots,m
\end{cases}
$$

子问题 2：针对机器 2(即 $j=2$)，可建立模型

$$\begin{cases} \max & (16-16)x_{11}^{6}+(19-15)x_{21}^{6}+(14-15)x_{31}^{6}-4 \\ \text{s. t.} & 7x_{11}^{6}+8x_{21}^{6}+10x_{31}^{6}\leqslant 21 \\ & x_{i1}^{5}\in\{0,1\},i=1,2,\cdots,m \end{cases}$$

求解两个子问题，可得 $\boldsymbol{x}_{i1}^{5}=(1,0,0)^{\mathrm{T}}$，$\boldsymbol{x}_{i2}^{5}=(0,1,0)^{\mathrm{T}}$，对应的检验数分别为 $z_j-c_1=0$，$z_j-c_2=0$，均小于等于 0，因此获得该广义分配问题的最优解，迭代结束，且最优解为 $\boldsymbol{y}^*=(0,0,0,0,1,0,0,1,0,0)^{\mathrm{T}}$。从前面的迭代可以看出，选择方案 y_1^3（即机器 1 加工任务 3）和方案 y_2^4（即机器 2 加工任务 1 和 2），可以获得的最大效益为 54 元。

本 章 小 结

线性规划是目标函数和约束条件均为线性的最优化问题，其在交通运输、经济分析、运营管理和工程技术等领域得到了广泛的应用，是运筹学的一个重要分支[9]。本章主要介绍了线性规划问题及其数学模型、二元线性规划的图解法、单纯形法原理、线性规划的对偶理论以及列生成算法。同时，提供了例题，阐明各内容的具体计算以及求解过程。

习题

即练即测

习题 1-1　把下列线性规划问题化成标准形式：

(1) $\begin{cases} \min & Z=5x_1-2x_2 \\ \text{s. t.} & x_1+\dfrac{8}{3}x_2\leqslant 4 \\ & -x_1+x_2\leqslant -2 \\ & 2x_2\leqslant 3 \\ & x_1,x_2\geqslant 0 \end{cases}$

(2) $\begin{cases} \min & Z=2x_1-x_2+2x_3 \\ \text{s. t.} & -x_1+x_2+x_3=4 \\ & -x_1+x_2-x_3\leqslant 6 \\ & x_1\leqslant 0,x_2\geqslant 0,x_3\text{ 无约束} \end{cases}$

习题 1-2　按各题要求建立线性规划数学模型。

(1) 某工厂生产 A、B、C 三种产品，每种产品的原材料消耗、机械台时消耗量以及这些资源的限量，单位产品的利润如下表所示。

单位消耗 产品 / 资源	A	B	C	资源限量
原材料	1.0	1.5	4.0	2000
机械台时	2.0	1.2	1.0	1000
单位利润	10	14	12	

问：如何安排生产计划才能最大化利润？

(2) 某建筑工地有一批长度为 10 米的相同型号的钢筋，现要截成长度为 3 米的钢筋 90 根，长度为 4 米的钢筋 60 根，问怎样下料才能使所使用的原材料最省？

参考文献

[1] 胡运权,郭耀煌. 运筹学教程[M]. 5 版. 北京：清华大学出版社,2018.

[2] Hillier F S, Lieberman G J. Introduction to Operations Research[M]. McGraw-Hill Publishing Company,2001.

[3] Hitchcock F L. The distribution of a product from several sources to numerous locations[J]. Journal of Mathematics and Physics,1941,20(4)：224-230.

[4] Stigler G J. The cost of subsistence[J]. Journal of Farm Economics,1945,27(2)：303-314.

[5] Koopmans T. Statistical estimation of simultaneous economic relations[J]. Journal of the American Statistical Association,1945,40(232)：448-466.

[6] 李想,徐小峰,张博文. 运筹学教程[M]. 北京：科学出版社,2022.

[7] Bland R G. New finite pivoting rules for the simplex method[J]. Mathematics of Operations Research, 1977,2(2)：103-107.

[8] Dantzig G B. Linear programming[J]. Operations Research,2002,50(1)：42-47.

[9] Bertsimas D,Tsitsiklis J N. Introduction to Linear Optimization[M]. Belmont,MA：Athena scientific,1997.

第 2 章

非线性规划

第一章详细介绍了线性规划问题，其中目标函数和约束条件都是决策变量的线性函数。然而，如果目标函数或约束条件包含决策变量的非线性函数，那么这种类型的问题属于非线性规划(nonlinear programming)问题。非线性规划是在20世纪50年代开始形成的一门学科。1951年，H. W. Kuhn 和 A. W. Tucker 发表的关于最优性条件的论文标志着非线性规划正式诞生[1]。此后，一些学者发现，早在1939年 Karush 的论文[2]中已经提出了非线性规划问题的最优性条件，尽管当时并没有引起广泛的关注。因此，这些最优性条件通常以他们三人的名字命名，被称为 Karush-Kuhn-Tucker 条件，或简称 Kuhn-Tucker 条件。从20世纪50年代末到60年代末，出现了许多求解非线性规划问题的算法，70年代后又得到进一步的发展。此后，非线性规划的研究内容逐渐丰富，发展成为数学规划理论的一个重要分支。目前，非线性规划在智慧交通[3,4]、供应链管理[5]、智能制造[6]等众多领域都有广泛应用，为运营管理与优化设计提供了有力的工具。

本章的重点是学习非线性规划的基本概念、基本模型以及解决非线性规划模型的两种主要方法：Kuhn-Tucker 条件和牛顿法。

2.1 非线性规划基本概念

本节通过介绍一个实际案例引入非线性规划问题，给出非线性规划问题的数学模型，并介绍局部极小值和全局极小值的概念。

2.1.1 非线性规划问题的提出

例 2-1 假设市场中共有 m 个需求点，其中第 j 个需求点的坐标为 (p_j, q_j)，且对某种货物的需求量为 b_j，$j=1,2,\cdots,m$。已知每单位货物每公里的运输成本是 c，现在计划租用 n 个仓库，其中第 i 个仓库的容量为 a_i，$i=1,2,\cdots,n$。请确定仓库的位置，使得总运输成本最小。

解：假设第 i 个仓库的坐标为 (x_i, y_i)，则第 i 个仓库到第 j 个需求点的距离为

$$d_{ij}=\sqrt{(x_i-p_j)^2+(y_i-q_j)^2}$$

设第 i 个仓库到第 j 个需求点的供货量为 z_{ij}，则总运输费用为

$$z=\sum_{i=1}^{n}\sum_{j=1}^{m}cz_{ij}d_{ij}=\sum_{i=1}^{n}\sum_{j=1}^{m}cz_{ij}\sqrt{(x_i-p_j)^2+(y_i-q_j)^2}$$

约束条件如下：

(1) 仓库 i 向各个需求点提供的货物总量不超过其仓储容量；

(2) 各个仓库运往需求点 j 的货物总量等于其需求量；

(3) 运输量不能为负数；

(4) 仓库在规定范围 D 内选址。

基于以上分析，该问题的数学规划模型为

$$\begin{cases} \min \quad z=\sum_{i=1}^{n}\sum_{j=1}^{m} c z_{ij}\sqrt{(x_i-p_j)^2+(y_i-q_j)^2} \\ \text{s.t.} \quad \sum_{j=1}^{m} z_{ij}\leqslant a_i, i=1,2,\cdots,n \\ \qquad \sum_{i=1}^{n} z_{ij}=b_j, j=1,2,\cdots,m \\ \qquad z_{ij}\geqslant 0, i=1,2,\cdots,n;\ j=1,2,\cdots,m \\ \qquad (x_i,y_i)\in D, i=1,2,\cdots,n \end{cases}$$

上述数学规划模型的目标函数 z 为决策变量(x_i,y_i,z_{ij})的非线性函数，故该问题为非线性规划问题。

2.1.2 非线性规划问题的数学模型

考虑一个求极小值的非线性规划问题，其一般形式为

$$\begin{cases} \min \quad f(\boldsymbol{X}) \\ \text{s.t.} \quad g_i(\boldsymbol{X})\geqslant 0, i=1,2,\cdots,n \\ \qquad h_j(\boldsymbol{X})=0, j=1,2,\cdots,m \end{cases}$$

其中，$\boldsymbol{X}=(x_1,x_2,\cdots,x_k)^{\mathrm{T}}$ 为决策向量，f 是目标函数，g_i 和 h_j 分别为不等式约束函数和等式约束函数，且目标函数和约束函数中至少存在一个非线性函数。

该非线性规划的数学模型也可写成如下标准形式：

$$\begin{cases} \min \quad f(\boldsymbol{X}) \\ \text{s.t.} \quad g_i(\boldsymbol{X})\geqslant 0, i=1,2,\cdots,n \end{cases} \tag{2-1}$$

即约束条件中不出现等式。

如果出现以下 3 种情况，只需进行等价变换就可以把一般形式转化为标准形式(2-1)。

(1) 如果有某一约束条件为等式 $g_j(\boldsymbol{X})=0$，则可用如下两个不等式约束替代它：

$$\begin{cases} g_j(\boldsymbol{X})\geqslant 0 \\ -g_j(\boldsymbol{X})\geqslant 0 \end{cases}$$

(2) 如果某个约束条件是“$\leqslant$”的形式，只需在这个约束的两端同时乘以“-1”，即可将其转化为“$\geqslant$”的形式。

(3) 如果非线性规划为极大化问题，那么可以通过如下公式将其转化为极小化问题：

$$\max f(\boldsymbol{X})=-\min[-f(\boldsymbol{X})]$$

2.1.3　相关概念

下面分别给出局部极小值、全局极小值、凸函数和凸规划的定义。

定义 2-1　局部极小值　设 $f(\boldsymbol{X})$ 为定义在 n 维欧氏空间 E_n 中某一可行域 $\Omega=\{\boldsymbol{X}|g_i(\boldsymbol{X})\geqslant 0, i=1,2,\cdots,n\}$ 上的 n 元实函数(可记为 $f(\boldsymbol{X})$：$\Omega\to E_1$)。对于 $\boldsymbol{X}^*\in\Omega$，如果存在 $\varepsilon>0$，使得对于所有与 $\boldsymbol{X}^*$ 的距离小于 ε 的 $\boldsymbol{X}$(即 $\|\boldsymbol{X}-\boldsymbol{X}^*\|<\varepsilon$)，都有 $f(\boldsymbol{X})\geqslant f(\boldsymbol{X}^*)$，则称 $\boldsymbol{X}^*$ 为 $f(\boldsymbol{X})$ 在 Ω 上的局部极小点，称 $f(\boldsymbol{X}^*)$ 为局部极小值。

若对于所有 $\boldsymbol{X}\neq\boldsymbol{X}^*$ 且与 $\boldsymbol{X}^*$ 的距离小于 ε 的 $\boldsymbol{X}\in\Omega$，都有 $f(\boldsymbol{X})>f(\boldsymbol{X}^*)$，则称 $\boldsymbol{X}^*$ 为 $f(\boldsymbol{X})$ 在 Ω 上的严格局部极小点，称 $f(\boldsymbol{X}^*)$ 为严格局部极小值。

定义 2-2　全局极小值　设 $f(\boldsymbol{X})$ 为定义在 n 维欧氏空间 E_n 中某一可行域 $\Omega=\{\boldsymbol{X}|g_i(\boldsymbol{X})\geqslant 0, i=1,2,\cdots,n\}$ 上的 n 元实函数。若存在 $\boldsymbol{X}^*\in\Omega$，对于所有 $\boldsymbol{X}\in\Omega$ 都有 $f(\boldsymbol{X})\geqslant f(\boldsymbol{X}^*)$，则称 $\boldsymbol{X}^*$ 为 $f(\boldsymbol{X})$ 在 Ω 上的全局极小点，称 $f(\boldsymbol{X}^*)$ 为全局极小值。若对于所有 $\boldsymbol{X}\in\Omega$ 且 $\boldsymbol{X}\neq\boldsymbol{X}^*$，都有 $f(\boldsymbol{X})>f(\boldsymbol{X}^*)$，则称 $\boldsymbol{X}^*$ 为 $f(\boldsymbol{X})$ 在 Ω 上的严格全局极小点，称 $f(\boldsymbol{X}^*)$ 为严格全局极小值。

注 2-1：如果将上述定义中不等号反向，可以得到极大点和极大值的相应定义。

定义 2-3　凸函数　函数 $f(x)$ 称为可行域 Ω 上的凸函数，当且仅当 $\forall x_1, x_2\in\Omega$，有

$$f(\lambda x_1+(1-\lambda)x_2)\leqslant\lambda f(x_1)+(1-\lambda)f(x_2),\quad\forall\lambda\in(0,1)$$

定义 2-4　凸规划问题　对于任意一个求极小值的一般规划问题

$$\begin{cases}\min f(\boldsymbol{X})\\ \text{s. t. } g_i(\boldsymbol{X})\geqslant 0, i=1,2,\cdots,n\\ \qquad h_j(\boldsymbol{X})=0, j=1,2,\cdots,m\end{cases}$$

如果目标函数 $f(\boldsymbol{X})$ 和不等式约束函数 $g_i(\boldsymbol{X}), i=1,2,\cdots,n$ 都是凸函数，等式约束函数 $h_j(\boldsymbol{X}), j=1,2,\cdots,m$ 是仿射函数(即线性函数和常函数的和函数)，那么该问题称为凸规划问题。

在此，我们给出凸规划的一个基本性质：凸规划问题的局部极小点也是全局极小点。

2.2　Kuhn-Tucker 条件

Kuhn-Tucker 条件是确定某点为极值点的必要条件，主要用于求解带有不等式约束的极值问题，是非线性规划领域最重要的理论成果之一。接下来，首先介绍带有不等式约束的极值问题的几个概念，然后深入介绍 Kuhn-Tucker 条件的原理和应用。

(1) **起作用约束**　设 $\boldsymbol{X}$ 是问题(2-1)的一个可行解，即 $\boldsymbol{X}$ 满足该问题的所有约束条件 $g_i(\boldsymbol{X})\geqslant 0, i=1,2,\cdots,n$。其中，任意一个约束条件可分为两种情况：$g_i(\boldsymbol{X})>0$ 和 $g_i(\boldsymbol{X})=0$。记集合 $I=\{i|g_i(\boldsymbol{X})=0, i=1,2,\cdots,n\}$ 为可行解 $\boldsymbol{X}$ 的起作用约束的下标集合。对于任意 $i\in I$，由于约束 $g_i(\boldsymbol{X})\geqslant 0$ 对可行解 $\boldsymbol{X}$ 的微小变动起到了限制作用，因此该约束称为可行解 $\boldsymbol{X}$ 的起作用约束；相反地，约束 $g_i(\boldsymbol{X})\geqslant 0, i\notin I$ 称为不起作用约束(或无效约束)。

(2) **可行方向** 设 $\boldsymbol{X}$ 是非线性规划问题(2-1)的一个可行解，即 $\boldsymbol{X}\in\Omega$。如果存在一个正实数 $\delta>0$，使得可行解 $\boldsymbol{X}$ 沿方向 $\boldsymbol{P}$ 移动任意步长 $\lambda\in[0,\delta]$后仍然位于可行域 Ω 内，即

$$g_i(\boldsymbol{X}+\lambda\boldsymbol{P})\geqslant 0, i=1,2\cdots,n$$

则称方向 $\boldsymbol{P}$ 为可行解 $\boldsymbol{X}$ 的一个可行方向。

假设函数 g_i 是连续可微的，根据可行方向的定义，下面分别分析起作用约束和不起作用约束两种情形。首先分析起作用约束，根据泰勒公式，将函数 $g_i(\boldsymbol{X}+\lambda\boldsymbol{P})$在可行解 $\boldsymbol{X}$ 处展开，得到

$$g_i(\boldsymbol{X}+\lambda\boldsymbol{P})=g_i(\boldsymbol{X})+\lambda\nabla g_i(\boldsymbol{X})^{\mathrm{T}}\boldsymbol{P}+O(\|\lambda\boldsymbol{P}\|), i\in I$$

其中，$O(\|\lambda\boldsymbol{P}\|)$是关于$\|\lambda\boldsymbol{P}\|$的二阶无穷小量。因为 $g_i(\boldsymbol{X})=0$，如果方向 $\boldsymbol{P}$ 满足

$$\lambda\nabla g_i(\boldsymbol{X})^{\mathrm{T}}\boldsymbol{P}>0, i\in I \tag{2-2}$$

当 λ 足够小时，能够保证不等式 $g_i(\boldsymbol{X}+\lambda\boldsymbol{P})>0$ 成立。

对于不起作用约束情形，即 $g_i(\boldsymbol{X})>0, i\notin I$。当 λ 足够小时，由于函数 g_i 是连续的，所有不等式 $g_i(\boldsymbol{X}+\lambda\boldsymbol{P})\geqslant 0, i\notin I$ 恒成立。

综上所述，只要方向 $\boldsymbol{P}$ 满足不等式条件(2-2)，则方向 $\boldsymbol{P}$ 为可行解 $\boldsymbol{X}$ 的一个可行方向。

(3) **下降方向** 设 $\boldsymbol{X}$ 是非线性规划问题(2-1)的一个可行解，即 $\boldsymbol{X}\in\Omega$。如果存在一个正实数 $\delta>0$，当可行解 $\boldsymbol{X}$ 沿方向 $\boldsymbol{P}$ 移动任意步长 $\lambda\in[0,\delta]$后，均有

$$f(\boldsymbol{X}+\lambda\boldsymbol{P})<f(\boldsymbol{X})$$

那么，称方向 $\boldsymbol{P}$ 为可行解 $\boldsymbol{X}$ 的一个下降方向。

由泰勒一阶展开式，得到

$$f(\boldsymbol{X}+\lambda\boldsymbol{P})=f(\boldsymbol{X})+\lambda\nabla f(\boldsymbol{X})^{\mathrm{T}}\boldsymbol{P}+O(\|\lambda\boldsymbol{P}\|)$$

如果方向 $\boldsymbol{P}$ 满足不等式条件

$$\nabla f(\boldsymbol{X})^{\mathrm{T}}\boldsymbol{P}<0$$

当 λ 足够小时，能够保证 $f(\boldsymbol{X}+\lambda\boldsymbol{P})<f(\boldsymbol{X})$成立，即方向 $\boldsymbol{P}$ 为可行解 $\boldsymbol{X}$ 的一个下降方向。

(4) **可行下降方向** 如果可行解 $\boldsymbol{X}$ 的一个方向 $\boldsymbol{P}$ 既是可行方向，又是下降方向，就称方向 $\boldsymbol{P}$ 为可行解 $\boldsymbol{X}$ 的一个可行下降方向。结合可行方向和下降方向的概念，可以得到可行下降方向的判断方法。如果方向 $\boldsymbol{P}$ 同时满足不等式条件：

$$\begin{cases}\nabla f(\boldsymbol{X})^{\mathrm{T}}\boldsymbol{P}<0\\ \nabla g_i(\boldsymbol{X})^{\mathrm{T}}\boldsymbol{P}>0, i\in I\end{cases}$$

那么，方向 $\boldsymbol{P}$ 是可行解 $\boldsymbol{X}$ 的一个可行下降方向。

如果方向 $\boldsymbol{P}$ 为可行解 $\boldsymbol{X}$ 的一个可行下降方向，那么沿可行下降方向 $\boldsymbol{P}$ 搜索，总能找到比可行解 $\boldsymbol{X}$ 对应的目标函数更小的可行解，这表示可行解 $\boldsymbol{X}$ 不是局部极小点。反之，如果可行解 $\boldsymbol{X}$ 是局部极小点，那么可行解 $\boldsymbol{X}$ 不存在可行下降方向。由此得到局部极小点的一个判断方法，具体见定理 2.1。

定理 2.1 如果可行解 $\boldsymbol{X}^*$ 是非线性规划问题(2-1)的一个局部极小点，$f(\boldsymbol{X})$在 $\boldsymbol{X}^*$ 处可微，且 $g_i(\boldsymbol{X}), i\in I$ 在 $\boldsymbol{X}^*$ 处可微，$g_i(\boldsymbol{X}), i\notin I$ 在 $\boldsymbol{X}^*$ 处连续，则在 $\boldsymbol{X}^*$ 处不存在可行下降方向当且仅当不存在方向 $\boldsymbol{P}$ 同时满足不等式条件：

$$\begin{cases}\nabla f(\boldsymbol{X})^{\mathrm{T}}\boldsymbol{P}<0\\ \nabla g_i(\boldsymbol{X})^{\mathrm{T}}\boldsymbol{P}>0, i\in I\end{cases}$$

其中，集合 $I=\{i\mid g_i(\boldsymbol{X})=0, i=1,2,\cdots,n\}$。

介绍了上面的几个相关概念后，为了便于理解 Kuhn-Tucker 条件，下面给出 Gordan 引理和 Fritz John 定理，随后推导 Kuhn-Tucker 条件。

（1）**Gordan 引理**　设 $\boldsymbol{A}_1,\boldsymbol{A}_2,\cdots,\boldsymbol{A}_n$ 是 n 个 k 维向量，不存在向量 $\boldsymbol{P}$ 使得

$$\boldsymbol{A}_i^{\mathrm{T}}\boldsymbol{P}<0, i=1,2,\cdots,n$$

成立的充要条件如下：存在不全为零的非负实数 $\mu_1,\mu_2,\cdots,\mu_n$，使得

$$\sum_{i=1}^{n}\mu_i\boldsymbol{A}_i=0$$

Gordan 引理的几何理解如下：如果不存在使得 $\boldsymbol{A}_i^{\mathrm{T}}\boldsymbol{P}$ 全小于 0 的向量 $\boldsymbol{P}$，那么 $\boldsymbol{A}_1$，$\boldsymbol{A}_2,\cdots,\boldsymbol{A}_n$ 不同时处于过原点的任何超平面的同一侧。因此，我们总可以放大或缩小各向量的长度使得变化后的向量之和为零向量。

（2）**Fritz John 定理**　设 $\boldsymbol{X}^*$ 是非线性规划问题(2-1)的局部极小点，目标函数 $f(\boldsymbol{X})$ 和约束函数 $g_i(\boldsymbol{X}), i=1,2,\cdots,n$ 在 $\boldsymbol{X}^*$ 处有连续一阶偏导，则存在不全为零的非负实数 μ_0，$\mu_1,\cdots,\mu_n$，使得

$$\begin{cases}\mu_0\nabla f(\boldsymbol{X}^*)-\sum_{i=1}^{n}\mu_i\nabla g_i(\boldsymbol{X}^*)=0\\ \mu_i g_i(\boldsymbol{X}^*)=0, i=1,2,\cdots,n\\ \mu_i\geqslant 0, i=0,1,\cdots,n\end{cases}\tag{2-3}$$

证：设 $\boldsymbol{X}^*$ 是非线性规划问题(2-1)的局部极小点，根据定理 2.1，在 $\boldsymbol{X}^*$ 处不存在可行下降方向 $\boldsymbol{P}$，同时满足：

$$\begin{cases}\nabla f(\boldsymbol{X}^*)^{\mathrm{T}}\boldsymbol{P}<0\\ -\nabla g_i(\boldsymbol{X}^*)\boldsymbol{P}<0, i\in I\end{cases}$$

将 $\nabla f(\boldsymbol{X}^*)$ 和 $-\nabla g_i(\boldsymbol{X}^*)$ 看作 Gordan 引理中的向量 $\boldsymbol{A}_i$，存在不全为零的非负实数 $\mu_0\geqslant 0$，$\mu_i\geqslant 0, i=1,2,\cdots,n$，使得

$$\mu_0\nabla f(\boldsymbol{X}^*)-\sum_{i\in I}\mu_i\nabla g_i(\boldsymbol{X}^*)=0$$

当 $i\notin I$ 时，所对应的约束为不起作用约束。令 $\mu_i=0, i\notin I$，得到

$$\mu_0\nabla f(\boldsymbol{X}^*)-\sum_{i=1}^{n}\mu_i\nabla g_i(\boldsymbol{X}^*)=0$$

综上所述，Fritz John 定理得证。

Fritz John 定理给出了非线性规划问题局部极小点的必要条件，即(2-3)式。该条件也称为 Fritz John 条件。在 Fritz John 条件中，如果 $\mu_0=0$，目标函数的梯度 $\nabla f(\boldsymbol{X}^*)$ 从(2-3)式中被移除，得到 $\sum_{i=1}^{n}\mu_i\nabla g_i(\boldsymbol{X}^*)=0$。这表示在局部极小点 $\boldsymbol{X}^*$，起作用约束的梯度线性相关，此时 Fritz John 条件失效，因为此时不存在非零的 u_i，使得所有约束的梯度的线性组合等于零向量。为了保证 $\mu_0>0$，学者们附加了起作用约束的梯度线性无关的前提条件，得到 Kuhn-Tucker 条件[8]。

定理 2.2　设 $\boldsymbol{X}^*$ 是非线性规划问题(2-1)的局部极小点，目标函数 $f(\boldsymbol{X})$ 和约束函数 $g_i(\boldsymbol{X}), i=1,2,\cdots,n$ 在 $\boldsymbol{X}^*$ 处有连续一阶偏导，且在 $\boldsymbol{X}^*$ 处所有起作用约束梯度线性无关，则一定存在不全为零的实数 $\mu_1,\mu_2,\cdots,\mu_n$，使得

$$\begin{cases}\nabla f(\boldsymbol{X}^*) - \sum_{i=1}^{n}\mu_i \nabla g_i(\boldsymbol{X}^*) = 0 \\ \mu_i g_i(\boldsymbol{X}^*) = 0, i = 1,2,\cdots,n \\ \mu_i \geqslant 0, i = 1,2,\cdots,n\end{cases} \tag{2-4}$$

证：由 Fritz John 定理，存在不全为零的非负实数 $\mu_0', \mu_1', \cdots, \mu_n'$ 使得 Fritz John 条件(2-3)式成立。又因为在 $\boldsymbol{X}^*$ 处所有起作用约束梯度线性无关，故 $\mu_0 > 0$。对 Fritz John 条件(2-3)式两段都除以 μ_0，并令 $\mu_i = \mu_i'/\mu_0, i = 1,2,\cdots,n$，即可得到(2-4)式。

(2-4)式被称为 Kuhn-Tucker 条件，简称为 K-T 条件，满足 K-T 条件的点被称为 K-T 点。其中，$\mu_1, \mu_2, \cdots, \mu_n$ 被称为广义拉格朗日乘子。K-T 条件是某点为极小点的必要条件，即如果某点为非线性规划问题的极小点，且此处起作用约束的梯度线性无关，那么该点必须满足 K-T 条件。但是 K-T 条件并不是某点为极小点的充分条件，这表明满足 K-T 条件的点不一定是非线性规划问题的极小点。

定理 2.3 对于凸规划问题来说，K-T 条件是极小点存在的充要条件。根据凸规划问题性质，K-T 点是凸规划问题的全局极小点。

例 2-2 用 Kuhn-Tucker 条件解非线性规划问题：

$$\begin{cases}\max & f(x) = (x-3)^2 \\ \text{s.t.} & 1 \leqslant x \leqslant 4\end{cases}$$

解：首先将原问题写成(2-1)的标准形式。具体来说，第一，将极大化问题转化为极小化问题，即目标函数两段乘以“-1”得到 $f_1(x)$；第二，标准化约束条件，即通过移项操作将 $1 \leqslant x$ 标准化为 $x-1 \geqslant 0$；同理，得到 $4-x \geqslant 0$；为了便于讨论，令 $g_1 = x-1, g_2 = 4-x$。标准化后，得到如下非线性规划问题：

$$\begin{cases}\min & f_1(x) = -(x-3)^2 \\ \text{s.t.} & g_1 = x-1 \geqslant 0 \\ & g_2 = 4-x \geqslant 0\end{cases}$$

各函数的梯度为 $\nabla f_1(x) = -2(x-3), \nabla g_1(x) = 1, \nabla g_2(x) = -1$。设 K-T 点为 x^*，两个约束的广义拉格朗日乘子分别为 μ_1 和 μ_2，则该问题的 K-T 条件如下：

$$\begin{cases}-2(x^*-3) - \mu_1 + \mu_2 = 0 \\ \mu_1(x^*-1) = 0 \\ \mu_2(4-x^*) = 0 \\ \mu_1 \geqslant 0, \mu_2 \geqslant 0\end{cases}$$

为了求解该方程组，需要分别考虑如下几种情况：

(1) 当 $\mu_1 > 0, \mu_2 > 0$ 时，方程组无解；

(2) 当 $\mu_1 > 0, \mu_2 = 0$ 时，方程组的解为 $x^* = 1$，此时 $f_1(x^*) = -4$；

(3) 当 $\mu_1 = 0, \mu_2 = 0$ 时，方程组的解为 $x^* = 3$，此时 $f_1(x^*) = 0$；

(4) 当 $\mu_1 = 0, \mu_2 > 0$ 时，方程组的解为 $x^* = 4$，此时 $f_1(x^*) = -1$。

由此，得到 3 个 K-T 点，其中 $x^* = 1$ 为极小点，标准化问题的极小值为 $f_1(x^*) = -4$。进一步，原问题的极大点为 $x^* = 1$，极大值为 $f(1) = 4$。

2.3　牛　顿　法

牛顿法(Newton's method)是一种求解无约束非线性规划问题的迭代方法,其基本思想为:在极小点附近用二阶泰勒展开式近似代替目标函数 $f(\boldsymbol{X})$,从而求出目标函数 $f(\boldsymbol{X})$ 极小点的近似值。

设一个 n 元实函数 $f(\boldsymbol{X})$ 二阶连续可微,求函数 $f(\boldsymbol{X})$ 的极小点。任意取一个点 X_k,在该点附近取函数 $f(\boldsymbol{X})$ 的二阶泰勒展开式逼近

$$f(\boldsymbol{X}) \approx f(X_k) + \nabla f(X_k)^{\mathrm{T}}(\boldsymbol{X} - X_k) + \frac{1}{2}(\boldsymbol{X} - X_k)^{\mathrm{T}}\, \nabla^2 f(X_k)(\boldsymbol{X} - X_k)$$

该近似函数的极小点应满足一阶条件

$$\nabla f(X_k) + \nabla^2 f(X_k)(\boldsymbol{X} - X_k) = 0$$

假设 $\nabla^2 f(X_k)$ 的逆矩阵存在,可得

$$\boldsymbol{X} = X_k - [\nabla^2 f(X_k)]^{-1}\, \nabla f(X_k) \tag{2-5}$$

由于(2-5)式是由函数 $f(\boldsymbol{X})$ 的二阶泰勒展开式推导而出,所以(2-5)式求得的解是目标函数 $f(\boldsymbol{X})$ 极小值的近似解。(2-5)式可以看作一个步长为 1,搜索方向为 $-[\nabla^2 f(X_k)]^{-1}\, \nabla f(X_k)$ 的迭代公式,具体如下:

$$X_{k+1} = X_k - [\nabla^2 f(X_k)]^{-1}\, \nabla f(X_k) \tag{2-6}$$

根据迭代公式(2-6),可以逐步逼近 n 元实函数 $f(\boldsymbol{X})$ 的极小值。其中,搜索方向 $-[\nabla^2 f(X_k)]^{-1}\, \nabla f(X_k)$ 称为牛顿方向。下面给出牛顿法的计算步骤。

步骤 1　给定初始点 X_1,精度 $\delta > 0$,令 $k=1$;

步骤 2　计算梯度 $\nabla f(X_k)$,并判断目标函数是否在 X_k 处收敛:若 $|\nabla f(X_k)| < \delta$,则目标函数收敛,停止迭代,输出近似极小点 X_k,否则,转步骤 3;

步骤 3　计算牛顿方向 $-[\nabla^2 f(X_k)]^{-1}\, \nabla f(X_k)$,并根据(2-6)式计算 X_{k+1},令 $k=k+1$,返回步骤 2。

例 2-3　取初始点 $x_1=1$,精度 $\delta=0.01$,用牛顿法求下述函数的极小点

$$f(x) = \int_0^x \arctan t\, \mathrm{d}t$$

解:令 $k=1$,计算 $\nabla f(x) = \arctan x$,因为 $|\nabla f(x_1)| = |\nabla f(1)| = 0.7854 > \delta$,所以继续迭代。计算 $\nabla^2 f(x) = \dfrac{1}{1+x^2}$ 和牛顿方向 $-\dfrac{\nabla f(x)}{\nabla^2 f(x)} = -(1+x^2)\arctan x$。根据公式(2-6)得到

$$x_2 = x_1 - \frac{\nabla f(x_1)}{\nabla^2 f(x_1)} = -0.5708$$

令 $k=2$。同理,由于 $|\nabla f(x_2)| > \delta$,继续迭代,并得到

$$x_3 = x_2 - \frac{\nabla f(x_2)}{\nabla^2 f(x_2)} = 0.1169$$

$$x_4 = x_3 - \frac{\nabla f(x_3)}{\nabla^2 f(x_3)} = -0.00106$$

由于 $|\nabla f(x_4)| = 5.6180\mathrm{e}-07 < \delta$,因此停止迭代,输出近似极小值 $x^* = -0.00106$。

通过例 2-3 发现，用牛顿法通过 3 次迭代已经非常接近本例的最优解 $x^*=0$。值得注意的是，牛顿法初始点的选择非常重要，需要充分接近最优解，否则可能导致算法不收敛。下面我们用一个例题来说明初始点选择的重要性。

例 2-4 用牛顿法求下述函数的极小点和极小值：$f(x)=7x-\ln(x)$。

解：由于 $f(x)=7x-\ln(x)$ 是定义在实数集上的凸函数，因此可以通过求解方程 $\nabla f(x)=0$，得到极小点为 $x^*=\frac{1}{7}\approx 0.142857143$。

根据牛顿法，首先计算梯度 $\nabla f(x)=7-\frac{1}{x}$ 和 $\nabla^2 f(x)=\frac{1}{x^2}$，在 x 处的牛顿下降方向为 $-[\nabla^2 f(x)]^{-1}\nabla f(x)=x-7x^2$。

下面分别选取不同的初始点产生迭代序列，结果如表 2-1 所示。从表 2-1 可知：当初始点为 $x_1=1$ 时，序列不收敛。当初始点为 $x_1=0.1$ 时，序列在第 6 次迭代时收敛于极小点 0.142857143。当初始点为 $x_1=0.01$ 时，序列在第 10 次迭代时收敛于极小点。由此可见：初始点不仅影响算法的收敛速度，还关系到是否收敛于最优解，甚至决定了算法是否收敛。

表 2-1

k	x_1	是否收敛	极小值点	迭代次数
1	1	否	—	—
2	0.1	是	0.142857143	6
3	0.01	是	0.142857143	10

注 2-2：Matlab 代码见附录。

牛顿法的优点在于收敛速度快。因为牛顿法不仅使用目标函数的一阶偏导数，还进一步利用了目标函数的二阶偏导数。梯度变化信息的引入使得该方法能更全面地确定合适的搜索方向，从而加快收敛速度。然而，该方法有如下缺点。

(1) 对目标函数有较严格的要求。目标函数必须二阶连续可微且 Hessian 矩阵可逆。

(2) 计算复杂度高。计算过程中除需要计算梯度以外，还需要计算目标函数的 Hessian 矩阵，计算量和存储量均很大，尤其是当问题的维度较高时。

(3) 搜索步长固定为 1。

因此，不少学者提出了更实用的共轭梯度法、变尺度法、广义牛顿法等。由于篇幅限制，下面仅简单介绍广义牛顿法(generalized Newton method，GNM)。

广义牛顿法，又称为阻尼牛顿法，主要改进牛顿法中搜索步长恒为 1 的不足。相比于牛顿法，广义牛顿法选取使得目标函数 $f(\boldsymbol{X})$ 下降最快的步长。广义牛顿法的迭代公式为

$$\begin{cases} P_k=-[\nabla^2 f(X_k)]^{-1}\nabla f(X_k) \\ \lambda_k=\arg\min\limits_{\lambda} f(X_k+\lambda P_k) \\ x_{k+1}=X_k+\lambda_k P_k \end{cases} \tag{2-7}$$

其中，P_k 表示搜索方向，λ_k 表示步长，X_{k+1} 表示更新规则。为了确保每一步都是朝向最优解的方向移动，我们通常选择使得函数值减少最多的步长。常见的策略是通过上述一维搜索来确定。由于广义牛顿法的算法步骤与牛顿法的算法步骤相似，只需要将迭代公式(2-6)替换为迭代公式(2-7)即可，因此不再赘述。

本章小结

非线性规划是一种求解目标函数或约束条件中有一个或几个非线性函数的最优化问题的方法，是数学规划理论的一个重要分支。本章主要介绍了非线性规划模型和求解方法。对于有不等式约束且可微分的优化问题，可用 Kuhn-Tucker 条件求解析解。对于无约束可微分的优化问题可用一阶条件求解析解，也可用牛顿法求数值解。本章提供了相应案例说明牛顿法的计算过程，以及初始点的选择对该求解结果的影响。

习题

即练即测

习题 2-1　某厂向用户提供发动机，合同规定第一、二、三季度末分别交货 40 台、60 台、80 台。每季度的生产费用为 $f(x)=ax+bx^2$（元），其中 x 是该季生产的台数。若交货后有剩余，可用于下季度交货，但需支付存储费，每台每季度 c 元。

已知每季度最大生产能力为 100 台，第一季度开始时无存货，问工厂应如何安排生产计划，才能既满足合同又使总费用最低？请对以上问题建立非线性规划模型。

习题 2-2　用 K-T 条件解非线性规划问题

$$\begin{cases}\min & f(x)=(x-4)^2 \\ \text{s.t.} & 1 \leqslant x \leqslant 6\end{cases}$$

习题 2-3　利用 K-T 条件求下面问题的极小值点。

$$\begin{cases}\min & x_1^2+x_2^2-2x_1-\dfrac{5}{2}x_2+\dfrac{41}{16} \\ \text{s.t.} & 2x_1+x_2 \leqslant 2 \\ & x_1 \geqslant 0, x_2 \geqslant 0\end{cases}$$

参考文献

[1]　Kuhn H W，Tucker A W. Nonlinear Programming[M]. Proceedings of 2nd Berkeley Symposium Berkeley Symposium on Mathematical Statistics and Probability. Berkeley：University of California Press，1951：481-492.

[2]　Karush W. Minima of Functions of Several Variables with Inequalities as Side Constraints[D]. Master's thesis，Department of Mathematics，University of Chicago，Chicago，IL，USA，1939.

[3]　Li X，Lo H K. Energy minimization in dynamic train scheduling and control for metro rail operations[J]. Transportation Research Part B，2014，70：269-284.

[4]　Li Y，Li X，Zhang S. Optimal pricing of customised bus services and ride-sharing based on a competitive game model[J]. Omega，2021，103：102413.

[5]　Wang J，Wang K，Li X，Zhao R. Suppliers' trade credit strategies with transparent credit ratings：Null，exclusive，and nonchalant provision[J]. European Journal of Operational Research，2022，297(1)：

153-163.

[6] Zhu Q, Huang S, Wang G, Moghaddam S K, Lu Y, Yan Y. Dynamic reconfiguration optimization of intelligent manufacturing system with human-robot collaboration based on digital twin[J]. Journal of Manufacturing Systems, 2022, 65: 330-338.

[7] Boyd S P, Vandenberghe L. Convex optimization[M]. Cambridge University Press, 2004.

第 3 章

整数规划

整数规划是一种线性规划模型,其中部分或全部决策变量的取值限制为整数。整数规划的历史可以追溯到 20 世纪 50 年代,当时 Dantzig 发现可以引入 0-1 变量来描述优化模型中的固定费用和变量上界等。在 1955 年,美国数学家 Kuhn 在解决指派问题(assignment problem)时提出了一种简单而高效的求解方法,即匈牙利法。1958 年,IBM(国际商业机器公司)的高级副总裁 Gomory[1] 提出了求解整数规划(integer programming,IP)问题的割平面法,奠定了整数规划的理论基础,此后整数规划作为一个独立的研究分支受到人们的广泛关注。1960 年,Land 和 Doig[2] 提出了分支定界法(branch and bound method),大幅度提高了整数规划问题的求解效率。目前,整数规划已经成为运筹学领域中最广泛应用的优化方法之一,学者们提出了很多高效的求解方法。特别是近年来,随着整数规划算法的不断发展和推广,整数规划已经在交通运输[3,4]、物流供应链、生产制造和能源等领域取得了巨大的成功。

本章重点介绍整数线性规划及求解整数规划问题的分支定界法、割平面法,0-1 整数规划模型及隐式枚举法,指派问题及求解方法——匈牙利法等。

3.1 整数规划问题的提出

前两章讨论过的线性规划问题的一个共同特点是:最优解的取值是实数。然而,在许多实际问题中,决策者要求最优解必须是整数,例如调度公交车的数量、配备的员工人数、机器的台数、生产产品的件数等。那么,我们能否将得到的非整数最优解"舍入化整"呢?

答案是否定的。原因在于:

(1) 非整数最优解化为整数后可能不再是可行解。当我们将非整数解的某些变量值舍入为整数时,可能会破坏约束条件,使新的解不再满足原始问题的所有约束条件。

(2) 即使是可行解,也有可能不再是其整数可行解范围内的最优解。整数线性规划问题的整数可行解空间通常包含多个整数解,而不仅仅是一个。直接"舍入化整"非整数解可能会使我们跳过更优的整数解,因为整数线性规划问题通常具有多个局部最优解。

因此,我们有必要研究最优解必须是整数的线性规划问题,即整数线性规划问题。解决这类问题需要特殊的算法和技巧,以在整数可行解空间中有效搜索,找到满足整数要求的最优解。

我们先通过下面的例子来解答为什么求解整数线性规划不能直接"舍入化整"。

例 3-1 已知某物流公司同时承担运输 A、B 两种货物的任务,其中货物 A 每件重量为

50千克，体积为20立方米；货物B每件重量为40千克，体积为50立方米。已知该物流公司运输货物A的利润为400元/件，货物B的利润为200元/件，且运输车辆的最大载重为240千克，最大可容纳体积为130立方米(如表3-1所示)。试问：运输车分别运输多少货物A和货物B才能使公司的利润最大？

表 3-1

货物	体积/(立方米)	重量/(千克)	利润
A	20	50	400
B	50	40	200
车辆限制	130	240	

解 设 x_1 和 x_2 分别为A、B两种货物的运输数量。由上述问题描述可知 x_1 和 x_2 都必须是非负整数，该问题的整数线性规划模型如下：

$$\begin{cases} \max \quad z = 400x_1 + 200x_2 & ① \\ \text{s.t.} \quad 20x_1 + 50x_2 \leqslant 130 & ② \\ \qquad 50x_1 + 40x_2 \leqslant 240 & ③ \\ \qquad x_1, x_2 \geqslant 0 & ④ \\ \qquad x_1, x_2 \text{ 为整数} & ⑤ \end{cases} \tag{3-1}$$

式(3-1)和一般线性规划问题的区别是条件⑤。在不考虑条件⑤的情况下，称①～④为原整数规划问题的**松弛问题**(slack problem)。结合前面所学的图解法、单纯形法等，可以得到该松弛问题的最优解为

$$x_1 = 4.8, \quad x_2 = 0, \quad z = 1920$$

此时，x_1 是运输货物A的件数，但取值并不是整数，显然不符合条件⑤的要求。

为了得到满足条件⑤的整数最优解，我们来验证"舍入化整"的方法是否可行。首先，如果采用"向上取整"的方法，可以将(4.8,0)化为(5,0)，此时对于条件③来说，$50\times5+40\times0=250>240$，所以(5,0)并不是可行解。其次，如果采用"向下取整"的方法，可以将(4.8,0)化为(4,0)，此时是可行解，但不是最优解。因为当 $x_1=4, x_2=0$ 时，目标函数值 $z=1600$，而当 $x_1=4, x_2=1$(该问题的一个可行解)时，目标函数值 $z=1800>1600$。

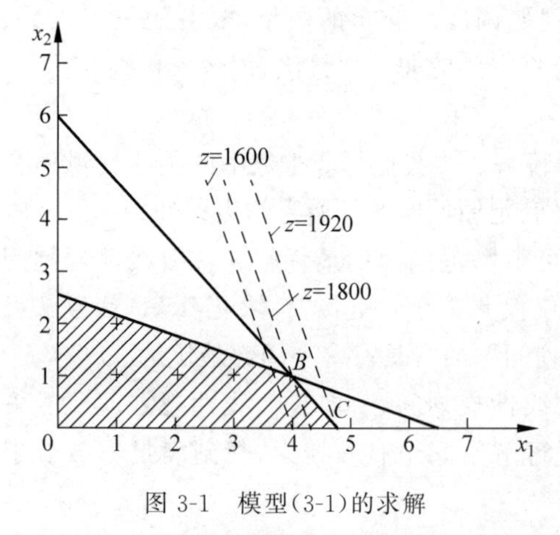

图 3-1 模型(3-1)的求解

在图3-1中，阴影部分的"+"号表示可行的整数解，即整数线性规划问题的可行域是其松弛问题可行域中的整数点集。该问题的非整数最优解在 C 点达到，"向上取整"得到的(5,0)不在可行域内，而 C 又不满足整数约束条件⑤。为了满足要求，目标函数 z 的等值线必须向原点(即向可行域的左边方向)平行移动，直到第一次遇到带"+"号的 B 点为止。此时，z 的等值线由 $z=1920$ 变为 $z=1800$。

3.2 整数规划问题的一般形式

我们将部分或全部决策变量必须取整数的规划问题称为整数规划问题。若整数规划问题的松弛问题是一个线性规划，则称该整数规划问题为整数线性规划(Integer Linear Programming,ILP)问题，其数学模型的一般形式为

$$\begin{cases}\max(\text{或 }\min)\ z=\sum_{j=1}^{n}c_jx_j \\ \text{s.t.}\ \ \sum_{j=1}^{n}a_{ij}x_j\leqslant(=,\geqslant)b_i, i=1,2,\cdots,m \\ \qquad x_j\geqslant 0, j=1,2,\cdots,n \\ \qquad x_1,x_2,\cdots,x_n\ \text{中部分或全部取整数}\end{cases}$$

本章的讨论范围是整数线性规划。如无特别指出，后面提到的整数规划都是指整数线性规划。整数线性规划问题可以分为下列几种：

(1) 纯整数线性规划(pure integer linear programming)，即全部决策变量都必须取整数值的整数线性规划；

(2) 混合整数线性规划(mixed integer linear programming)，即决策变量中有一部分必须取整数而另一部分可以不取整数的整数线性规划；

(3) 0-1型整数线性规划(zero-one integer linear programming)，即决策变量只能取值0或1的整数线性规划。

3.3 整数线性规划算法

本节介绍整数线性规划常用的求解方法和涉及的常用算法。

3.3.1 分支定界法

通常，若整数规划问题的可行域是有界的，那么其可行域内整数解的个数也是有限的，对这些整数可行解进行枚举，在理论上一定能找到该整数规划问题的最优解。以上思路对求解小规模问题是可行的，但现实生活中的问题规模往往比较大，模型涉及的可行域中整数可行解的数量也十分庞大，此时仍采用枚举法求解效率十分低下。1960年，Land和Doig[2]提出了分支定界法，该方法是一种隐枚举法或部分枚举法，能够大幅度提高求解整数规划问题的效率。同时，由于该方法便于计算机求解，至今仍然是求解整数规划最重要的方法之一。许多商业优化求解器(如CPLEX、BARON等)的整数规划模块都是基于分支定界法搭建的。下面以极大化问题为例介绍分支定界法的求解思路。

通常情况下，求解整数规划问题(A)的松弛问题(B)后得到的最优解并不满足整数约束，不妨设 $x_i=\bar{b}_i$ 为非整数，用 $\lfloor\bar{b}_i\rfloor$ 表示 $\bar{b}_i$ 向下取整，$\lceil\bar{b}_i\rceil$ 表示 $\bar{b}_i$ 向上取整。此时，我们可以构造出两个约束条件：$x_i\leqslant\lfloor\bar{b}_i\rfloor$ 和 $x_i\geqslant\lceil\bar{b}_i\rceil$。将这两个约束条件分别并入上述松弛问

题(B)中,从而形成两个分支,即两个后继问题(B_1 和 B_2)。此时,原松弛问题(B)可行域中满足$\lfloor \bar{b}_i \rfloor < x_i < \lceil \bar{b}_i \rceil$的一部分解在后续的求解过程中被遗弃,而被遗弃部分中并不包含整数规划问题(A)的任何可行解。因此,两个后继问题(B_1 和 B_2)的可行域中仍然包含整数规划问题(A)的所有可行解。然后求解后继问题(B_1 和 B_2),其中最大的目标函数值就是整数规划问题(A)最优值的一个"上界"。依照上述思路,每个后继问题都可以再产生自己的分支(即自己的后继问题,如 B_{11}、B_{12} 和 B_{21}、B_{22}),再次求解这些分支并得到最优目标函数值,若得到的最优目标函数值比原"上界"小,则再次更新整数规划问题(A)的"上界"。显然,分支过程会不断为整数规划问题(A)增加约束,逐渐缩小问题(A)的可行域和最优目标函数值,进而缩小该问题(A)的"上界"。

所谓"定界",是指在分支的过程中,若某个后继问题恰好获得了整数规划问题的一个可行解,那么,该整数可行解的目标函数值就是整数规划问题(A)最优值的一个"下界",可作为衡量其他分支的一个依据。因为整数规划问题的可行域是其松弛问题可行域的一个子集,前者的最优值不会优于(大于)后者,所以对于松弛问题最优目标函数值小于或等于上述"下界"的后继问题,在算法的后续计算过程中应当被舍弃,这样可以减少求解过程中的计算量。当然,如果在后续的分支过程中出现了更好的"下界"(即整数可行解的目标函数值更大时),则可以用它来取代原来的下界,进一步提高求解的效率。可以想象,定界的过程能够逐渐提高整数规划问题(A)的"下界"。

综上所述,松弛问题的最优值是整数规划问题最优值 z^* 的上界 $\bar{z}$,而整数规划问题中任意一个可行解的目标函数值则是 z^* 的一个下界 $\underline{z}$。分支定界法的核心思想是在"分支"的过程不断降低 $\bar{z}$,在"定界"的过程不断提高 $\underline{z}$,当上界和下界相等时(即 $\bar{z}=\underline{z}$)计算过程结束,得到整数规划问题的最优目标函数值 $z^*=\bar{z}=\underline{z}$。

下面,通过一个例子说明分支定界法的基本思想和一般步骤。

例 3-2 求解以下整数规划问题:

$$\begin{cases} \max & z=40x_1+90x_2 \\ \text{s.t.} & 9x_1+7x_2 \leqslant 56 \\ & 7x_1+20x_2 \leqslant 70 \\ & x_1, x_2 \geqslant 0 \\ & x_1, x_2 \text{ 为整数} \end{cases}$$

解:记所求的整数规划问题为 A,它的松弛问题为 B。先求解问题 B,如图 3-2 所示。得到问题 B 的最优解为

$$x_1=4.81, \quad x_2=1.82, \quad z_0=356$$

即图 3-2 中的 M 点,显然 M 点不满足整数约束要求,但问题 B 的最优值 $z_0=356$ 可以作为问题 A 的上界,即 $\bar{z}=z_0=356$。另外,通过观察法容易得到 $x_1=0$ 和 $x_2=0$ 是问题 A 的一个可行解,其对应的目标函数值 $z'=0$ 可以作为问题 A 的下界,即 $\underline{z}=z'=0$。因此,问题 A 的最优值 z^* 的取值范围是 $0 \leqslant z^* \leqslant 356$。

由于 $x_1=4.81$ 和 $x_2=1.82$ 都不满足整数约束要求,不妨先选 $x_1=4.81$ 进行"分支",此时可以通过分别增加约束条件

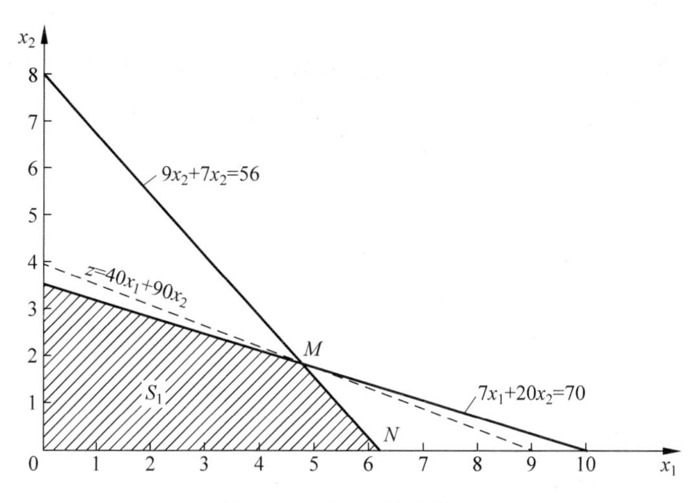

图 3-2 问题 B 的最优解

$$x_1 \leqslant 4 \text{ 和 } x_1 \geqslant 5$$

将问题 B 分为两个后继问题 B_1 和 B_2，如下所示。

$$B_1:\begin{cases}\max & z=40x_1+90x_2 \\ \text{s.t.} & 9x_1+7x_2 \leqslant 56 \\ & 7x_1+20x_2 \leqslant 70 \\ & x_1 \leqslant 4 \\ & x_1, x_2 \geqslant 0\end{cases} \quad B_2:\begin{cases}\max & z=40x_1+90x_2 \\ \text{s.t.} & 9x_1+7x_2 \leqslant 56 \\ & 7x_1+20x_2 \leqslant 70 \\ & x_1 \geqslant 5 \\ & x_1, x_2 \geqslant 0\end{cases}$$

分别求解问题 B_1 和 B_2，如图 3-3 所示，容易得到最优解和最优目标函数值如下。

$$B_1: x_1=4, \quad x_2=2.10, \quad z_1=349$$
$$B_2: x_1=5, \quad x_2=1.57, \quad z_2=341$$

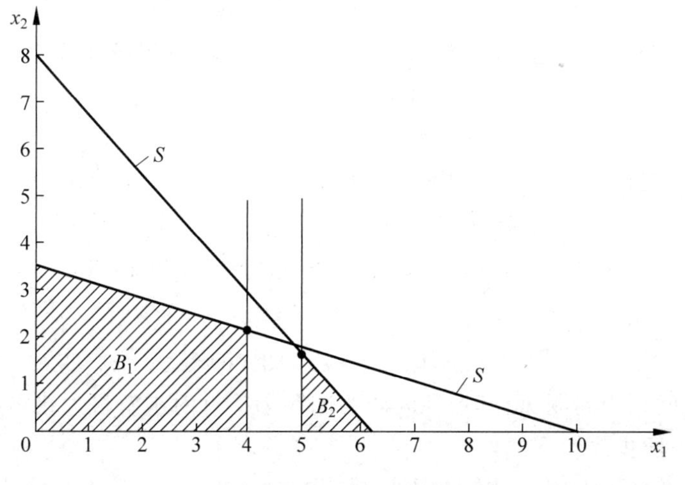

图 3-3 问题 B 的分解

此时仍然没有得到整数最优解，因 $z_1 \geqslant z_2$，更新上界 $\bar{z}=349$，再次对 B_1 和 B_2“分支”。不妨先分解问题 $B_1(z_1 \geqslant z_2)$，通过分别增加约束条件

$$x_2 \leqslant 2 \text{ 和 } x_2 \geqslant 3$$

将问题 B_1 分为两个后继问题 B_{11} 和 B_{12} 并求解，如图 3-4 所示，得到它们的最优解如下：

$$B_{11}: x_1 = 4.00, \quad x_2 = 2.00, \quad z_{11} = 340$$

$$B_{12}: x_1 = 1.42, \quad x_2 = 3.00, \quad z_{12} = 327$$

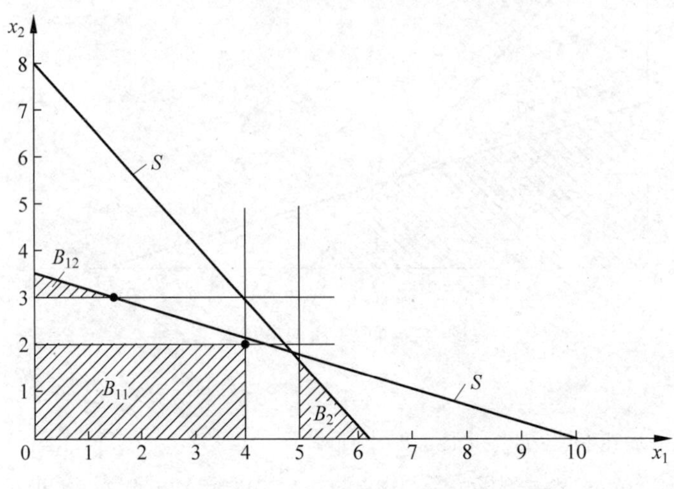

图 3-4 问题 B_1 的分解

此时 B_{11} 的解满足整数条件，即 $x_1 = 4.00$ 和 $x_2 = 2.00$ 是一个整数可行解，因此可以更新问题 A 的下界，即 $\underline{z} = 340$。又因当前三个分支（B_{11}、B_{12} 和 B_2）的最优目标函数值（z_{11}、z_{12} 和 z_2）中的最大值为 $z_2 = 341$，问题 A 的上界更新为 $\bar{z} = 341$。因此，问题 A 的最优解一定在 $340 \leqslant z^* \leqslant 341$ 之间取得。

由于 B_{12} 的最优目标函数值 $z_{12} = 327 < 340$，故舍去 B_{12}，再对问题 B_2 分支，可以通过分别增加约束条件

$$x_2 \leqslant 1 \text{ 和 } x_2 \geqslant 2$$

将问题 B_2 分为两个后继问题 B_{21} 和 B_{22}，求解 B_{21} 和 B_{22}，得到最优解分别如下：

$$B_{21}: x_1 = 5.44, \quad x_2 = 1.00, \quad z_{21} = 308$$

$$B_{22}: \text{无可行解}$$

显然，先舍去 B_{22}，又因为 $z_{21} < 340$，故舍去 B_{21}。

至此，如图 3-5 所示，四个分支（B_{11}、B_{12} 和 B_{21}、B_{22}）中的三个（B_{12}、B_{21}、B_{22}）已被舍去，B_{11} 的最优解为整数，最优目标函数为 340，更新上界 $\bar{z} = 340$，此时 $\underline{z} = \bar{z} = 340$，故该问题的最优值 $z^* = 340$，最优解为

$$x_1 = 4.00, \quad x_2 = 2.00。$$

记整数规划问题为问题 A，其松弛问题为问题 B。针对求解极大化整数规划问题的分支定界法，总结一般步骤如下：

(1) 求解问题 B，此时可能得到如下情况：

① 问题 B 无可行解，则问题 A 也无可行解，停止计算；

② 问题 B 的最优解符合问题 A 的整数约束，则它就是问题 A 的最优解，停止计算；

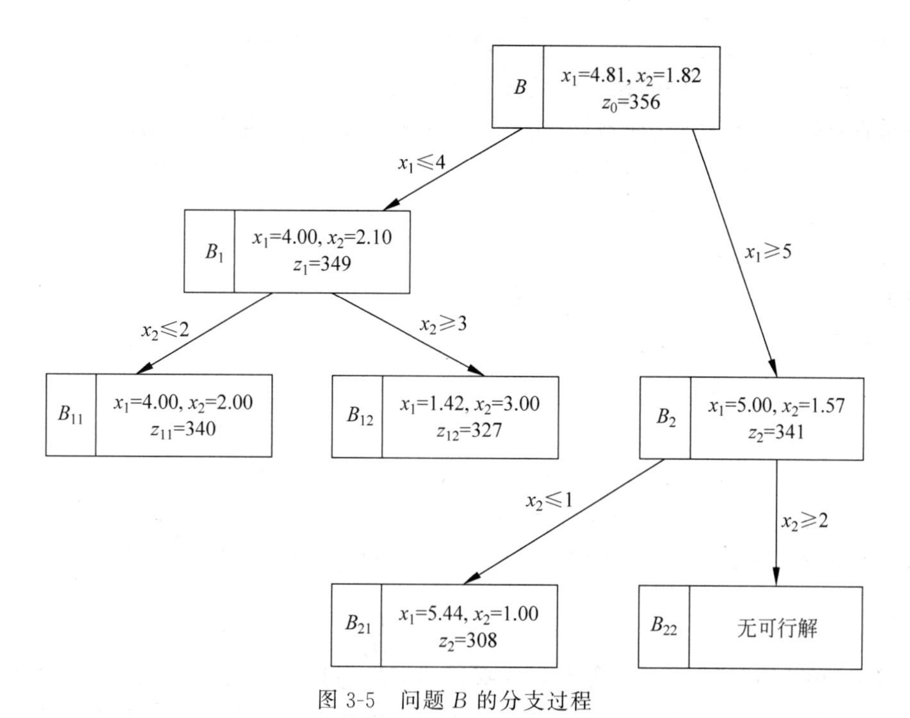

图 3-5　问题 B 的分支过程

③ 问题 B 的最优解存在，但不符合问题 A 的整数约束，记它的最优值为上界 $\bar{z}$。

(2) 用观察法找到问题 A 的一个整数可行解，求其目标函数值，记为下界 $\underline{z}$，以 z^* 表示问题 A 的最优目标函数值，则有 $\underline{z} \leqslant z^* \leqslant \bar{z}$。

(3) 迭代计算

步骤 1　对于问题 B，任选一个不符合整数约束的变量进行分支。不妨选择 $x_j = \bar{b}_j$，对问题 B 分别增加以下两个约束条件中的一个：

$$x_j \leqslant \lfloor \bar{b}_j \rfloor \text{和} \ x_j \geqslant \lceil \bar{b}_j \rceil$$

形成两个后继问题(B_1 和 B_2)。求解这两个后继问题，以每个后继问题为一个分支，标记最优解与最优值。在所有后继问题中，以最大的最优值作为新的上界 $\bar{z}$；以满足整数约束的最优解所对应的最优值作为新的下界 $\underline{z}$，若无则不更新。

步骤 2　去掉最优值小于等于下界 $\underline{z}$ 的分支，即在后续的计算中不再考虑。若分支的最优值大于下界 $\underline{z}$ 且不满足整数约束条件，则重复步骤 1，直到 $\underline{z} = \bar{z}$ 为止，此时对应的解为问题 A 的最优解 z^*。

实践表明，分支定界法可以求解纯整数规划问题和混合整数规划问题，其求解效率远高于枚举法，但当问题规模过大时，分支定界法的计算量也相当大。

3.3.2　割平面法

与分支定界法类似，割平面法也是将整数线性规划问题的求解转化为一系列线性规划问题的求解过程。具体求解思路如下：首先不考虑整数约束，求解对应的线性规划问题。

如果得到了一个非整数的最优解，那么在此非整数解的基础上增加新的约束条件，然后重新求解。新增加的约束条件的作用是割去松弛问题的可行域的一部分非整数解，包括原来已经得到的非整数最优解，从而保留下所有整数解，因此称这些新增加的约束条件为割平面。通过多次切割，最终会在被切割后的可行域上找到一个坐标均为整数的顶点，这个顶点就是所求问题的整数最优解。被切割后的松弛问题与原整数规划问题具有相同的最优解。下面通过示例来详细说明。

例 3-3 用割平面法求解如下整数规划问题：

$$\begin{cases} \max \quad z = x_1 + x_2 & (3\text{-}2) \\ \text{s.t.} \quad -x_1 + x_2 \leqslant 1 & (3\text{-}2a) \\ \qquad 3x_1 + x_2 \leqslant 4 & (3\text{-}2b) \\ \qquad x_1, x_2 \geqslant 0 & (3\text{-}2c) \\ \qquad x_1, x_2 \text{ 为整数} & (3\text{-}2d) \end{cases}$$

解：若不考虑整数约束条件(3-2d)，可以求出其对应的松弛问题的最优解为

$$x_1 = \frac{3}{4}, \quad x_2 = \frac{7}{4}, \quad \max z = \frac{5}{2}$$

在图 3-6 中为点 A，但不符合整数约束条件。容易想到，如果能找到如图 3-7 中类似 CD 的直线对可行域 R 进行切割，割掉三角形 ACD，那么整数可行解 C 点将成为新的可行域的一个顶点。若求解松弛问题后得到的最优解恰好在点 C 上，则得到原问题的最优解。因此，割平面法的关键点在于如何构造类似于 CD 的"割平面"。下面以本例说明具体实现方法。

在原问题约束条件(3-2a) 和(3-2b)中增加非负松弛变量 x_3 和 x_4，使其变成等式约束

$$-x_1 + x_2 + x_3 = 1 \tag{3-3}$$

$$3x_1 + x_2 + x_4 = 4 \tag{3-4}$$

在不考虑整数约束条件(3-2d)的情况下，用单纯形法求解，见表 3-2。

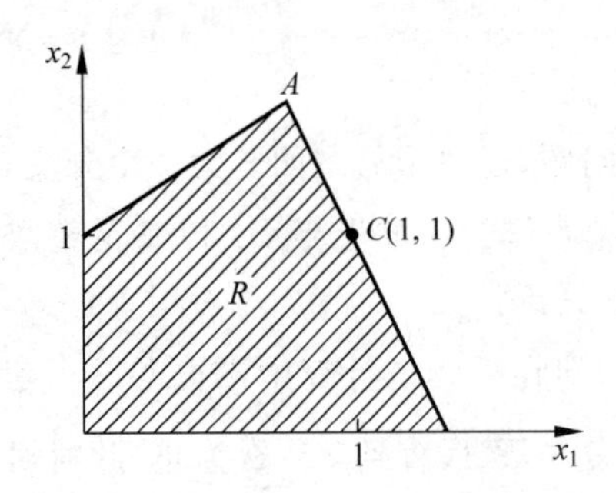

图 3-6 模型(3-2)松弛问题的最优解

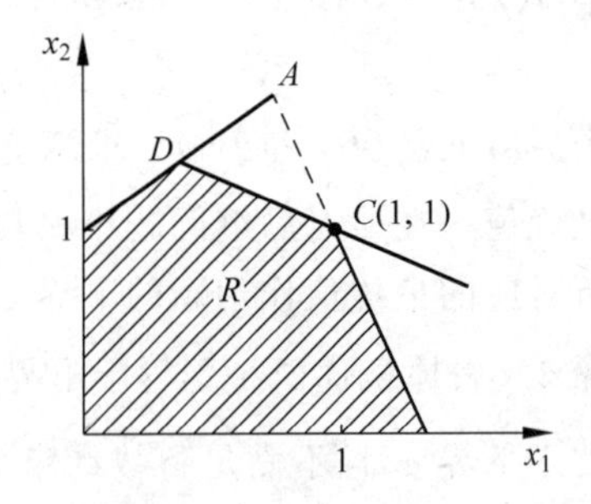

图 3-7 可行域切割示例

表 3-2

	c_j			1	1	0	0
	$\boldsymbol{C_B}$	$\boldsymbol{X_B}$	$\boldsymbol{b}$	x_1	x_2	x_3	x_4
初始表	0	x_3	1	−1	1	1	0
	0	x_4	4	3	1	0	1
	σ_j		0	1	1	0	0

续表

	c_j			1	1	0	0
	$\boldsymbol{C_B}$	$\boldsymbol{X_B}$	$\boldsymbol{b}$	x_1	x_2	x_3	x_4
最终表	1	x_1	3/4	1	0	$-1/4$	1/4
	1	x_2	7/4	0	1	3/4	1/4
	σ_j		$-5/2$	0	0	$-1/2$	$-1/2$

得到非整数最优解为

$$x_1=\frac{3}{4},\quad x_2=\frac{7}{4},\quad x_3=x_4=0,\quad \max z=\frac{5}{2}$$

该解并不满足整数约束的要求，考虑其中的非整数变量，可以从最终表中得到如下关系：

$$\begin{cases} x_1-\dfrac{1}{4}x_3+\dfrac{1}{4}x_4=\dfrac{3}{4} \\ x_2+\dfrac{3}{4}x_3+\dfrac{1}{4}x_4=\dfrac{7}{4} \end{cases}$$

将上式的系数和常数项分解成整数和非负真分数(小于 1 的分数)两部分之和，如下：

$$\begin{cases} (1+0)x_1+\left(-1+\dfrac{3}{4}\right)x_3+\dfrac{1}{4}x_4=0+\dfrac{3}{4} \\ x_2+\dfrac{3}{4}x_3+\dfrac{1}{4}x_4=1+\dfrac{3}{4} \end{cases}$$

然后将整数部分移至等式左边，将分数部分移至等式右边，得到

$$\begin{cases} x_1-x_3=\dfrac{3}{4}-\left(\dfrac{3}{4}x_3+\dfrac{1}{4}x_4\right) \\ x_2-1=\dfrac{3}{4}-\left(\dfrac{3}{4}x_3+\dfrac{1}{4}x_4\right) \end{cases}$$

现考虑整数条件(3-2d)，要求 x_1 和 x_2 都是非负整数，于是由条件(3-3)和(3-4)可知 x_3 和 x_4 也都是非负整数。在上式中，等式左边是整数，因此等式右边也应该是整数。然而，等式右边括号内是正数且常数项是真分数，所以等式右边必是非正数。以第一个方程为例，有

$$\frac{3}{4}-\left(\frac{3}{4}x_3+\frac{1}{4}x_4\right)\leqslant 0 \Leftrightarrow -3x_3-x_4\leqslant -3, \tag{3-5}$$

至此已经得到了一个切割方程(又称切割约束条件)，可将它作为新增加的约束条件。首先，引入松弛变量 x_5，得到等式

$$-3x_3-x_4+x_5=-3$$

再将此约束方程增加到表 3-2 的最终表中，得到表 3-3 如下。

表　3-3

c_j			1	1	0	0	0
$\boldsymbol{C_B}$	$\boldsymbol{X_B}$	$\boldsymbol{b}$	x_1	x_2	x_3	x_4	x_5
1	x_1	3/4	1	0	$-1/4$	1/4	0
1	x_2	7/4	0	1	3/4	1/4	0
0	x_5	-3	0	0	-3	-1	1
c_j-z_j		$-5/2$	0	0	$-1/2$	$-1/2$	0

根据对偶单纯形法，将 x_5 作为换出变量，x_3 作为换入变量进行迭代，得到表 3-4。

表 3-4

c_j			1	1	0	0	0
C_B	X_B	b	x_1	x_2	x_3	x_4	x_5
1	x_1	1	1	0	0	1/3	−1/12
1	x_2	1	0	1	0	0	1/4
0	x_3	1	0	0	1	1/3	−1/3
c_j-z_j		−2	0	0	0	−1/3	−1/6

由于此时的 x_1 和 x_2 都是整数，故求解结束，且最优解为 $x_1^*=1, x_2^*=1, \max z^*=2$。

值得注意的是：对于新得到的约束条件 $-3x_3-x_4\leqslant-3$，如用 x_1 和 x_2 表示，由式(3-3)和式(3-4)可得 $3(1+x_1-x_2)+(4-3x_1-x_2)\geqslant3$，即 $x_2\leqslant1$，这相当于在平面内增加一个割平面。

在整数规划问题中找出一个切割方程的步骤总结如下：

(1) 令 x_i 是松弛问题最优解中取分数值的一个基变量，由单纯形表的最终表得到：

$$x_i+\sum_{k\in K}a_{ik}x_k=b_i \tag{3-6}$$

其中 K 是非基变量角标的集合。

(2) 将 b_i 和 a_{ik} 都分解成整数部分 N 和非负真分数 f 之和，即

$$b_i=N_i+f_i,\quad 其中\ 0\leqslant f_i<1 \tag{3-7}$$

$$a_{ik}=N_{ik}+f_{ik},\quad 其中\ 0\leqslant f_{ik}<1 \tag{3-8}$$

而 N 表示不超过 b 的最大整数。例如，若 $b=2.59$，则 $N=2, f=0.59$；若 $b=-0.59$，则 $N=-1, f=0.41$。代入式(3-6)，可得

$$x_i+\sum_{k\in K}N_{ik}x_k-N_i=f_i-\sum_{k\in K}f_{ik}x_k \tag{3-9}$$

(3) 根据整数约束条件，(3-9)式中左边是整数，右边是小于 1 的数。因此得到一个切割方程：

$$f_i-\sum_{k\in K}f_{ik}x_k\leqslant0 \tag{3-10}$$

由(3-6)至(3-10)式可知：首先切割方程(3-10)真正进行了切割，至少把非整数最优解切割了；其次没有切割掉任何整数解，因为任意整数解都满足式(3-10)。

以上便是割平面法，该方法自 Gomory 于 1958 年提出后[1]，引起人们的广泛关注，至今还在不断发展和改进。另外，在用割平面法解整数规划问题时，常会遇到收敛很慢的情形，因此在实际使用时，人们经常将割平面法和分支定界法配合使用。

3.4 0-1 型规划问题

0-1 型整数规划问题是整数规划中的特殊情形，它的变量仅取值 0 或 1，称为 0-1 变量或称二进制变量。如果将 x_i 取值为 0 或 1 这个条件表示为

$$x_i\leqslant1,\quad x_i\geqslant0,\quad x_i\ 为整数$$

则 0-1 型整数规划问题退化为一般整数规划问题。本节先介绍一个引入 0-1 变量的实际问

题，再介绍 0-1 型整数规划问题的解法。

例 3-4　某共享汽车公司拟在城市的东、西、南三区建立营业点。假设有 8 个备选位置 $A_i, i=1,2,\cdots,8$ 可供选择，要求如下：1)东区，A_1, A_2, A_3, A_4 四个点中至多选两个；2)西区，A_5, A_6 两个点中至少选一个；3)南区，A_7, A_8 两个点中至少选一个。选用营业点 A_i 的投资费用为 b_i 元，每年可获利润为 c_i 元。如果投资总额不能超过 B 元，应该选择哪些营业点可使年利润最大？

解　引入 0-1 变量 $A_i, i=1,2,\cdots,8$，定义

$$x_i=\begin{cases}1, & \text{如果 } A_i \text{ 营业点被选用}\\0, & \text{如果 } A_i \text{ 营业点未被选用}\end{cases}$$

则该问题可表示为如下 0-1 整数规划模型：

$$\begin{cases}\max \quad z=\sum_{i=1}^{8}c_ix_i\\ \text{s.t.} \quad \sum_{i=1}^{8}b_ix_i\leqslant B\\ \qquad x_1+x_2+x_3+x_4\leqslant 2\\ \qquad x_5+x_6\geqslant 1\\ \qquad x_7+x_8\geqslant 1\\ \qquad x_i\in\{0,1\}, i=1,2,\cdots,8\end{cases} \tag{3-11}$$

例 3-5　在例 3-1 中，关于体积的限制为

$$20x_1+50x_2\leqslant 130 \tag{3-12}$$

假设运输过程分为公路和水路两种方式，上面的条件是公路运输时的限制条件，而船运过程中关于体积的限制条件为

$$40x_1+70x_2\leqslant 450 \tag{3-13}$$

引入 0-1 变量 y，令

$$y=\begin{cases}0, & \text{如果采取公路运输方式}\\1, & \text{如果采取水路运输方式}\end{cases}$$

于是(3-12)式和(3-13)式可由下述条件(3-14)和(3-15)来代替

$$20x_1+50x_2\leqslant 130+yM \tag{3-14}$$

$$40x_1+70x_2\leqslant 450+(1-y)M \tag{3-15}$$

其中，M 是充分大的正数。可以验证，当 $y=0$ 时，(3-14)式退化成(3-12)式，此时(3-15)式显然成立。当 $y=1$ 时，(3-15)式退化成(3-13)式，此时(3-14)式显然成立。引入的 0-1 变量 y 未出现在目标函数内，可认为在目标函数中 y 的系数为 0。

注 3-1：假设有 m 个互相排斥的约束条件 $a_{i1}x_1+a_{i2}x_2+\cdots+a_{in}x_n\leqslant b_i, i=1,2,\cdots,m$。为了保证这 m 个约束条件只有一个起作用，可引入 m 个 0-1 变量 $y_i, i=1,2,\cdots,m$ 和 $m+1$ 个约束条件

$$a_{i1}x_1+a_{i2}x_2+\cdots+a_{in}x_n\leqslant b_i+y_iM, i=1,2,\cdots,m \tag{3-16}$$

$$y_1+y_2+\cdots+y_m=m-1 \tag{3-17}$$

根据(3-17)式，$y_1, y_2, \cdots, y_m$ 中只有一个取值为 0。不妨设 $y_1=0$，代入(3-16)式，则只有约

束条件 $a_{11}x_1+a_{12}x_2+\cdots+a_{1n}x_n\leqslant b_1$ 起作用,其他约束条件都显然成立。

与整数规划问题一样,求解 0-1 型整数规划最容易想到的方法是枚举法,即针对 n 个决策变量的每一种 0 或 1 的取值组合(共 2^n 个组合),检验其可行性并计算目标函数值,以求得最优解。当决策变量个数 n 较大时,枚举法的计算效率很低,因此需要设计一些方法,只检查决策变量的部分组合就能得到最优解,这样的方法称为隐枚举法。下面举例介绍一种求解 0-1 型整数规划的隐枚举法。

例 3-6 用隐枚举法求解下列 0-1 型整数规划问题

$$\begin{cases}\max\quad z=3x_1-2x_2+5x_3 & ①\\ \text{s.t.}\quad x_1+2x_2-x_3\leqslant 2 & ②\\ \qquad x_1+4x_2+x_3\leqslant 4 & ③\\ \qquad x_1+x_2\leqslant 3 & ④\\ \qquad 4x_1+x_3\leqslant 6 & ⑤\\ \qquad x_1,x_2,x_3\in\{0,1\} & ⑥\end{cases}\tag{3-18}$$

解:先通过观察法找一个可行解,容易看出 $(x_1,x_2,x_3)=(1,0,0)$ 符合条件②～⑤,算出相应的目标函数值 $z=3$。对于极大化问题,我们希望 $z\geqslant3$,于是在式②之前增加一个约束条件:

$$3x_1-2x_2+5x_3\geqslant 3 \qquad ◎$$

增加的这个约束条件称为过滤条件。这样,原同题的线性约束条件就变成 5 个。用全部枚举的方法,3 个变量共有 $2^3=8$ 个解,原来 4 个约束条件,共需 32 次运算。现在由于增加了过滤条件◎,按下述方法进行,可减少运算次数。将 5 个约束条件按◎、②～⑤顺序排好(见表 3-5),对每个解依次代入约束条件左侧求出数值,判断是否适合不等式条件,如某一条件不适合,则该行以下各条件就不必再检查,从而减少了运算次数(本例共 24 次运算)。计算过程如表 3-5 所示。

最终求得最优解 $(x_1,x_2,x_3)=(1,0,1)$,$\max z=8$。

注 3-2:在计算过程中,过滤条件应该不断调整,以减少计算量。例如,当检查解(0,0,1)时,因目标函数值 $z=5(>3)$,所以应将过滤条件换成

$$3x_1-2x_2+5x_3\geqslant 5$$

表 3-5

点	条件					是否可行? 是(√)否(×)	目标函数值
	◎	①	②	③	④		
(0,0,0)	0					×	
(0,0,1)	5	−1	1	0	1	√	5
(0,1,0)	−2					×	
(0,1,1)	3	1	5			×	
(1,0,0)	3	1	1	1	0	√	3
(1,0,1)	8	0	2	1	1	√	8
(1,1,0)	1					×	
(1,1,1)	6	2	6			×	

注 3-3:在执行隐枚举法过程中,重新排列 x_i 的顺序使目标函数中 x_i 的系数是递增

的。在例3-6中，改写 $z=-2x_2+3x_1+5x_3$，对变量 (x_2,x_1,x_3) 按下述顺序取值：(0,0,0)，(0,0,1)，(0,1,0)，(0,1,1)，(1,0,0)，(1,0,1)，(1,1,0)，(1,1,1)，这样极大值容易比较早地被发现，通过改进过滤条件就可以进一步降低计算量，在例3-6中增加过滤条件◎，问题转化为

$$\begin{cases} \max & z=-2x_2+3x_1+5x_3 \\ \text{s.t.} & -2x_2+3x_1+5x_3 \geqslant 3 \quad ◎ \\ & 2x_2+x_1-x_3 \leqslant 2 \quad ① \\ & 4x_2+x_1+x_3 \leqslant 4 \quad ② \\ & x_2+x_1 \leqslant 3 \quad ③ \\ & 4x_1+x_3 \leqslant 6。 \quad ④ \end{cases} \tag{3-19}$$

求解时按下述步骤进行(见表3-6)。

表 3-6(a)

点 (x_2,x_1,x_3)	条件					是否满足条件	z 值
	◎	①	②	③	④		
(0,0,0)	0					×	
(0,0,1)	5	−1	1	0	1	√	5

表 3-6(b)

点 (x_2,x_1,x_3)	条件					是否满足条件	z 值
	◎′	①	②	③	④		
(0,1,0)	3					×	
(0,1,1)	8	0	2	1	1	√	8

表 3-6(c)

点 (x_2,x_1,x_3)	条件					是否满足条件	z 值
	◎″	①	②	③	④		
(1,0,0)	2					×	
(1,0,1)	3					×	
(1,1,0)	1					×	
(1,1,1)	6					×	

改进过滤条件，用

$$-2x_2+3x_1+5x_3 \geqslant 5 \qquad ◎'$$

代替式◎，继续进行。再改进过滤条件，用

$$-2x_2+3x_1+5x_3 \geqslant 8 \qquad ◎''$$

代替式◎′，再继续进行。至此，z 值已不能改进，即得到最优解，但计算过程已简化，共经过16次运算。

3.5 指派问题

在现实生活中，有各种形式的指派问题。例如，若干项运输任务需要分配给多家运输

公司来完成；若干项合同需要选择多家投标公司来承包；若干班级需要安排在多间教室里上课等。诸如此类问题，基本需求是在满足特定指派要求下，使指派方案的总体效果最佳。

3.5.1 指派问题模型

指派问题的标准形式是：已知第 i 个员工做第 j 件任务的成本为 c_{ij}，其中 $i,j=1,2,\cdots,n$，要求确定员工和任务之间一一对应的指派方案，使完成 n 件任务的总成本最低。一般称矩阵 $\boldsymbol{C}=(c_{ij})_{n\times n}$ 为指派问题的系数矩阵。在系数矩阵 $\boldsymbol{C}$ 中，第 i 行各元素表示第 i 个员工完成各任务的成本，第 j 列各元素表示第 j 件任务由各员工完成所需的成本。

为了建立标准指派问题的数学模型，引入 n^2 个 0-1 变量：

$$x_{ij}=\begin{cases}1, & \text{若指派第 } i \text{ 个员工做第 } j \text{ 件任务,}\\ 0, & \text{若不指派第 } i \text{ 个员工做第 } j \text{ 件任务,}\end{cases} \quad i,j=1,2,\cdots,n$$

这样，指派问题的数学模型可写为

$$\begin{cases}\min \quad z=\sum_{i=1}^{n}\sum_{j=1}^{n}c_{ij}x_{ij} & (3\text{-}20)\\ \text{s.t.} \quad \sum_{i=1}^{n}x_{ij}=1, j=1,2,\cdots,n & (3\text{-}20\text{a})\\ \quad \sum_{j=1}^{n}x_{ij}=1, i=1,2,\cdots,n & (3\text{-}20\text{b})\\ \quad x_{ij}\in\{0,1\}, i,j=1,2,\cdots,n & (3\text{-}20\text{c})\end{cases}$$

在该模型中，约束条件(3-20a)表示每件任务有且只有一个人去完成，约束条件(3-20b)表示每个员工必须且只做一件任务。

对于指派问题的每一个可行解，可用解矩阵 $\boldsymbol{X}=(x_{ij})_{n\times n}$ 来表示。其中，矩阵每列都有且只有一个元素取值为 1，其他取值为 0，以满足约束条件(3-20a)；矩阵每行都有且只有一个元素取值为 1，其他取值为 0，以满足约束条件(3-20b)。指派问题共有 $n!$ 个可行解。

例 3-7 某公司提出 5 项运输需求，收到 5 家物流企业的报价。已知物流企业 $A_i, i=1,2,\cdots,5$ 对需求 $B_j, j=1,2,\cdots,5$ 的运费报价为 c_{ij} 万元，见表 3-7。试问，该公司应当如何分配运输任务能使总运费最低？

表 3-7

	B_1	B_2	B_3	B_4	B_5
A_1	3	8	7	6	13
A_2	7	10	15	13	11
A_3	5	10	12	8	7
A_4	6	7	13	6	11
A_5	7	9	12	10	6

解：这是一个标准的指派问题。设 0-1 变量为

$$x_{ij}=\begin{cases}1, & \text{如果 } A_i \text{ 承担运输需求 } B_j \\ 0, & \text{如果 } A_i \text{ 不承担运输需求 } B_j\end{cases} \quad i,j=1,2,\cdots,5$$

则该问题的数学模型为

$$\begin{cases}\min & z=3x_{11}+8x_{12}+\cdots+10x_{54}+6x_{55} \\ \text{s.t.} & \sum_{i=1}^{5}x_{ij}=1, j=1,2,\cdots,5 \\ & \sum_{j=1}^{5}x_{ij}=1, i=1,2,\cdots,5 \\ & x_{ij}\in\{0,1\}, i,j=1,2,\cdots,5\end{cases} \tag{3-21}$$

我们将在 3.5.2 节中将运用匈牙利法对该问题进行求解。

3.5.2 匈牙利法

指派问题既是一类特殊的整数规划问题，又是一类特殊的 0-1 型整数规划问题，存在多种求解算法。1955 年，Kuhn 利用匈牙利数学家 Konig 证明的关于矩阵中独立零元素的定理，提出了求解指派问题的一种有效算法，称为匈牙利法。

匈牙利法利用了指派问题最优解的以下性质：若从指派问题系数矩阵 $\boldsymbol{C}=(c_{ij})_{n\times n}$ 的某行（或某列）各元素分别减去一个常数 k，得到一个新的矩阵 $\boldsymbol{C}'=(c'_{ij})_{n\times n}$，则以 $\boldsymbol{C}'$ 和 $\boldsymbol{C}$ 为系数矩阵的两个指派问题具有相同的最优解。事实上，系数矩阵的这种变化并不影响约束条件，只使目标函数值减少了常数 k，所以最优解无变化。

下面结合例 3-7 具体讲述匈牙利解法的计算步骤。

步骤 1　变换系数矩阵。先对各行元素分别减去本行中最小元素得到 $\boldsymbol{C}'$，再对 $\boldsymbol{C}'$ 各列元素分别减去本列中最小元素得到 $\boldsymbol{C}''$。此时，系数矩阵 $\boldsymbol{C}''$ 中每行及每列至少有 1 个零元素，同时不出现负元素。

例如：例 3-7 指派问题的系数矩阵为

$$\boldsymbol{C}=\begin{bmatrix}3 & 8 & 7 & 6 & 13 \\ 7 & 10 & 15 & 13 & 11 \\ 5 & 10 & 12 & 8 & 7 \\ 6 & 7 & 13 & 6 & 11 \\ 7 & 9 & 12 & 10 & 6\end{bmatrix}$$

先对各行元素分别减去本行的最小元素，然后对各列也如此，即

$$\boldsymbol{C}'=\begin{bmatrix}0 & 5 & 4 & 3 & 10 \\ 0 & 3 & 8 & 6 & 4 \\ 0 & 5 & 7 & 3 & 2 \\ 0 & 1 & 7 & 0 & 5 \\ 1 & 3 & 6 & 4 & 0\end{bmatrix}\rightarrow\begin{bmatrix}0 & 4 & 0 & 3 & 10 \\ 0 & 2 & 4 & 6 & 4 \\ 0 & 4 & 3 & 3 & 2 \\ 0 & 0 & 3 & 0 & 5 \\ 1 & 2 & 2 & 4 & 0\end{bmatrix}=\boldsymbol{C}''$$

此时，$\boldsymbol{C}''$ 中各行和各列都已出现零元素。

步骤 2　在变换后的系数矩阵中确定独立零元素。若独立零元素等于 n 个，则已得到最优解，理由是对于系数矩阵非负的指派问题来说，若能在系数矩阵中找到 n 个位于不同

行和不同列的零元素，则对应的指派方案总费用为零，从而一定是最优的。在选择零元素时，当同一行或列上有多个零元素时，如选择其中一个，则其余的零元素就不能再被选择。所以，关键并不在于有多少个零元素，而要看它们是否恰当地分布在不同行和不同列上。

确定独立零元素的方法：在只有一个零元素的行(或列)中加圈(标记为○)，表示此人只能做该任务(或该任务只能由此人来做)，同时把位于同列(或同行)的其他零元素划去(标记为 Ø)，这表示此任务已不能再由其他人来做(或此人已不能做其他任务)。如此反复进行，直至系数矩阵中所有零元素都被划去为止。在此过程中，如遇到在所有的行和列中零元素都不止一个时，可任选其中一个零元素加圈，同时划去同行和同列中其他零元素。当过程结束时，被画圈的零元素即是独立零元素。

如独立零元素有 n 个，表示已得到最优指派方案，令独立零元素位置上的变量取 1，其他变量取 0，即得出最优解。然而，如果独立零元素个数少于 n，则表示还不能确定最优指派方案。此时，需要确定能覆盖所有零元素的最少直线数目的直线集合。按以下方法进行：

(1) 对没有○的行打"√"；

(2) 在已打"√"的行中，对 ø 所在列打"√"；

(3) 在已打"√"的列中，对○所在行打"√"；

(4) 重复(2)和(3)，直到再也不能找到可以打"√"的行或列为止；

(5) 对没有打"√"的行画一条横线，对打"√"的列画一条竖线，得到覆盖所有零元素的最少直线集合。

例如：上述问题为了确定 $\boldsymbol{C}''$ 中的独立零元素个数，对 C'' 中的零元素加圈，即有

$$\boldsymbol{C}''=\begin{bmatrix} \emptyset & 4 & ⓪ & 3 & 10 \\ ⓪ & 2 & 4 & 6 & 4 \\ \emptyset & 4 & 3 & 3 & 2 \\ \emptyset & ⓪ & 3 & \emptyset & 5 \\ 1 & 2 & 2 & 4 & ⓪ \end{bmatrix}$$

由于只有 4 个独立零元素，少于系数矩阵阶数 $n=5$，故需要确定能覆盖所有零元素的最少直线的集合。采用上述(1)～(5)的步骤的方法，找到覆盖所有零元素的最少直线集合。

步骤 3 继续变换系数矩阵。在未被直线覆盖的元素中找出一个最小元素。对未被直线覆盖的元素所在行或列中各元素都减去这一最小元素。这样，在未被直线覆盖的元素中势必会出现零元素，但同时却又使已经被直线覆盖的元素中出现负元素。为了消除负元素，对它们所在列中各元素都加上这一最小元素。返回步骤 2。

为了使 $\boldsymbol{C}''$ 中未被直线覆盖的元素中出现零元素，将第二行和第三行中各元素都减去未被直线覆盖的元素中的最小元素 2。但这样一来，第一列中出现了负元素。为了消除负元素，再对第一列各元素分别加上 2，即

$$\boldsymbol{C}'\rightarrow\begin{bmatrix} 0 & 4 & 0 & 3 & 10 \\ -2 & 0 & 2 & 4 & 2 \\ -2 & 2 & 1 & 1 & 0 \\ 0 & 0 & 3 & 0 & 5 \\ -1 & 2 & 2 & 4 & 0 \end{bmatrix}\rightarrow\begin{bmatrix} 2 & 4 & 0 & 3 & 10 \\ 0 & 0 & 2 & 4 & 2 \\ 0 & 2 & 1 & 1 & 0 \\ 2 & 0 & 3 & 0 & 5 \\ 1 & 2 & 2 & 4 & 0 \end{bmatrix}=\boldsymbol{C}''$$

返回步骤 2，对 $\boldsymbol{C}''$ 加圈：

$$\boldsymbol{C}''=\begin{bmatrix} 2 & 4 & \circledcirc & 3 & 10 \\ \emptyset & \circledcirc & 2 & 4 & 2 \\ \circledcirc & 2 & 1 & 1 & \emptyset \\ 2 & \emptyset & 3 & \circledcirc & 5 \\ 1 & 2 & 2 & 4 & \circledcirc \end{bmatrix}$$

$\boldsymbol{C}''$ 中已有 5 个独立零元素，故可确定例 3-6 指派问题的最优指派方案为

$$\boldsymbol{X}^*=\begin{bmatrix} 0 & 0 & 1 & 0 & 0 \\ 0 & 1 & 0 & 0 & 0 \\ 1 & 0 & 0 & 0 & 0 \\ 0 & 0 & 0 & 1 & 0 \\ 0 & 0 & 0 & 0 & 1 \end{bmatrix}$$

即让 A_1 运输 B_3 的物品，A_2 运输 B_2 的物品，A_3 运输 B_1 的物品，A_4 运输 B_4 的物品，A_5 运输 B_5 的物品，这样安排能使总的运输费用最少，为 7＋10＋5＋6＋6＝34(万元)。

3.5.3 非标准形式的指派问题

在实践中，经常会遇到各种非标准形式的指派问题，需要先将它们转化为标准形式，然后再用匈牙利法求解。以下是一些常见情况的处理方式。

(1) 极大化指派问题：假设系数矩阵 $\boldsymbol{C}$ 的最大元素为 m。令矩阵 $\boldsymbol{B}=\boldsymbol{m}-\boldsymbol{C}$，然后将 $\boldsymbol{B}$ 作为系数矩阵的极小化指派问题来解决，这将与使用 $\boldsymbol{C}$ 作为系数矩阵的原极大化指派问题具有相同的最优解。

(2) 人员数和任务数不等的指派问题：如果人员数少于任务数，可以添加一些虚拟的人员。虚拟人员的任务费用系数可以设置为 0，因为这些费用实际上不会发生。如果人员数多于任务数，可以添加虚拟任务，并将各人员在这些虚拟任务上的费用系数同样设置为 0。

(3) 一个人可以做几件任务的指派问题：如果某些人员可以执行多个任务，可以将这些人员视为多个相同的"人员"，并为他们分配相同的费用系数以表示他们做同一件任务的成本相同。

(4) 某任务一定不能由某人员来做的指派问题：如果某个任务一定不能由某个特定人员来执行，可以将相应的费用系数设置为充分大的数 M，以确保这种分配不会发生。

例 3-8　在例 3-7 中，为了保证运输质量，经研究决定，舍弃物流企业 A_4 和 A_5，而让技术力量较强的 A_1、A_2 和 A_3 来运输。根据实际情况，允许每家物流企业承担一个或两个运输需求。求总费用最少的指派方案。

解　运输费用系数矩阵为

$$\begin{array}{c} \begin{matrix} B_1 & B_2 & B_3 & B_4 & B_5 \end{matrix} \\ \begin{bmatrix} 3 & 8 & 7 & 6 & 13 \\ 7 & 10 & 15 & 13 & 11 \\ 5 & 10 & 12 & 8 & 7 \end{bmatrix} \begin{matrix} A_1 \\ A_2 \\ A_3 \end{matrix} \end{array}$$

由于每家物流企业最多可以承担两个运输需求,因此把每家物流企业转化为相同的两家企业 A_i 和 A_i',$i=1,2,3$,系数矩阵变为

$$
\begin{array}{c}
\begin{matrix} B_1 & B_2 & B_3 & B_4 & B_5 \end{matrix} \\
\begin{bmatrix}
3 & 8 & 7 & 6 & 13 \\
3 & 8 & 7 & 6 & 13 \\
7 & 10 & 15 & 13 & 11 \\
7 & 10 & 15 & 13 & 11 \\
5 & 10 & 12 & 8 & 7 \\
5 & 10 & 12 & 8 & 7
\end{bmatrix}
\begin{matrix} A_1 \\ A_1' \\ A_2 \\ A_2' \\ A_3 \\ A_3' \end{matrix}
\end{array}
$$

上面的系数矩阵有 6 行 5 列,为了使"人员"和"任务"数目相同,引入一件虚拟任务 B_6,使之成为标准指派问题,系数矩阵为

$$
\begin{array}{c}
\begin{matrix} B_1 & B_2 & B_3 & B_4 & B_5 & B_6 \end{matrix} \\
\begin{bmatrix}
3 & 8 & 7 & 6 & 13 & 0 \\
3 & 8 & 7 & 6 & 13 & 0 \\
7 & 10 & 15 & 13 & 11 & 0 \\
7 & 10 & 15 & 13 & 11 & 0 \\
5 & 10 & 12 & 8 & 7 & 0 \\
5 & 10 & 12 & 8 & 7 & 0
\end{bmatrix}
\begin{matrix} A_1 \\ A_1' \\ A_2 \\ A_2' \\ A_3 \\ A_3' \end{matrix}
\end{array}
$$

利用 3.5.2 节中的匈牙利法求解该指派问题,可得最优指派方案为 A_1 运输需求 B_1 和 B_3,A_2 运输需求 B_2,A_3 运输需求 B_4 和 B_5,总运输费用为 $3+7+10+8+7=35$(万元)。

本章小结

整数规划是一类要求问题中的全部或一部分变量为整数的数学规划模型,在交通运输、物流供应链、生产制造和能源等领域都得到了广泛的应用和推广,是运筹学领域最广泛应用的优化方法之一。本章主要介绍了整数规划问题的一般形式、整数线性规划常用的求解算法、0-1 型规划问题、指派问题。同时,本章提供相应案例阐明各个问题的求解方法与思路。

习题

即练即测

习题 3-1 用分支定界法求解下列整数规划问题

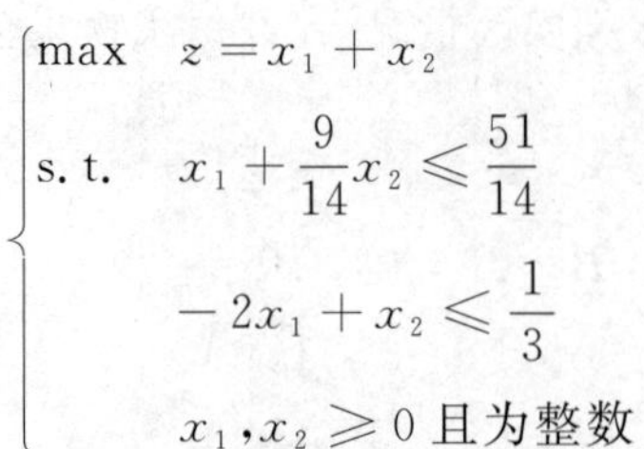

$$
\begin{cases}
\max \quad z = x_1 + x_2 \\
\text{s.t.} \quad x_1 + \dfrac{9}{14}x_2 \leqslant \dfrac{51}{14} \\
\qquad\; -2x_1 + x_2 \leqslant \dfrac{1}{3} \\
\qquad\; x_1, x_2 \geqslant 0 \text{ 且为整数}
\end{cases}
$$

习题 3-2 用割平面法求解下列整数规划问题

$$\begin{cases}\max & z=7x_1+9x_2\\ \text{s.t.} & -x_1+3x_2\leqslant 6\\ & 7x_1+x_2\leqslant 35\\ & x_1,x_2\geqslant 0\text{ 且为整数}\end{cases}$$

习题 3-3　解下列 0-1 规划问题

$$\begin{cases}\min & z=4x_1+3x_2+2x_3\\ \text{s.t.} & 2x_1-5x_2+3x_3\leqslant 4\\ & 4x_1+x_2+3x_3\geqslant 3\\ & x_2+x_3\geqslant 1\\ & x_1,x_2,x_3\in\{0,1\}\end{cases}$$

习题 3-4　有甲、乙、丙、丁四人和 A、B、C、D、E 五项任务。每人完成各项任务时间如下表所示。由于任务数多于人数，故规定(a)其中有一人可兼完成两项任务，其余三人每人完成一项；(b)甲或丙之中有一人完成两项任务，乙、丁各完成一项；(c)每人完成一项任务，其中 A 和 B 必须完成，C、D、E 中可以有一项不完成。试分别确定总花费时间为最少的指派方案。

	A	B	C	D	E
甲	25	29	31	42	37
乙	39	38	26	20	33
丙	34	27	28	40	32
丁	24	42	36	23	45

参考文献

[1]　Gomory R E. Outline of an algorithm for integer solutions to linear programs[J]. Bulletin of the American Mathematical Society, 1958, 64: 275-278.

[2]　Land A H, Doig A G. An automatic method of solving discrete programming problems [J]. Econometrica, 1960, 28(3): 497-520.

[3]　Li X, Shou B, Dan R. Train rescheduling with stochastic recovery time: A new track-backup approach [J]. IEEE Transactions on Systems, Man, and Cybernetics-Part A, 2014, 44(9): 1216-1233.

[4]　Yang X, Li X, Ning B, Tang T. An optimization method for train scheduling with minimum energy consumption and travel time in metro rail system[J]. Transportmetrica B: Transport Dynamics, 2015, 3(2): 79-98.

第 4 章

随机规划

在传统的优化问题中，模型中各个参数通常被假定为固定的数值，如固定的资源价格等。在这类模型中，参数都是确定的，因此我们将其称为确定性优化问题。前三章中，线性规划、非线性规划与整数规划都属于确定性优化问题。然而，在现实生活中，模型中的某些参数值往往不是确定的，许多问题的参数会在一定范围内取值。此外，在某些情况下，微小的参数变化可能会导致最优解发生显著变化。早在 1955 年，线性规划的创始人 George Dantzig 在研究航班调度问题时就发现，航班需求通常服从某种分布[1]。以最简单的分类方式来看，航班需求可以分为高需求、中等需求与低需求三种情况。通过历史数据，可以获得三种需求情况的概率分布。然而，如果在模型中仅考虑一种需求情况，可能会导致航空公司的利益受损。因此，为了解决上述问题，衍生出了一个新的研究领域——随机规划。

随机规划（stochastic programming，SP）是一种处理随机环境下数学规划问题的方法。通常情况下，一个随机规划模型可以表示为

$$\begin{cases} \min & f(x,\xi) \\ \text{s.t.} & g(x,\xi) \leqslant 0 \\ & x \geqslant 0 \end{cases}$$

其中，ξ 是一个随机变量，用于表示不确定参数。随机规划模型的核心问题在于如何利用随机参数的概率分布信息[2]，将随机规划模型转化为确定性优化模型并求解。根据随机性处理方法的不同，随机规划模型可以分为以下两类。

(1) 期望值模型：在期望约束下，使目标函数的期望值达到最优。期望值模型可以表示为

$$\begin{cases} \min & E[f(x,\xi)] \\ \text{s.t.} & E[g(x,\xi)] \leqslant 0 \\ & x \geqslant 0 \end{cases}$$

(2) 机会约束规划模型：允许约束条件在一定程度上不成立，但要确保满足约束条件的概率不低于预定的置信水平。机会约束规划模型可以表示为

$$\begin{cases} \min & \bar{f} \\ \text{s.t.} & \Pr\{f(x,\xi) \leqslant \bar{f}\} \geqslant \beta \\ & \Pr\{g(x,\xi) \leqslant 0\} \geqslant \alpha \\ & x \geqslant 0 \end{cases}$$

其中，$\bar{f}$ 是一个用于将目标函数转化为约束的辅助决策变量，α 和 β 是决策者预先给定的置信水平。

本章主要关注期望值模型与机会约束规划模型，介绍随机规划相关的基础概念、建模方法以及求解算法。首先，通过一个案例引出随机规划问题。

例 4-1　每逢节假日，城市各大交通枢纽都会面临出行人数激增的问题。为了快速疏散激增的客流，交通枢纽往往会综合调配其周边车辆以满足激增的出站需求。假设交通枢纽具有定点班车满足日常乘客出站需求；当需求激增时，有两种车型可供调配，一种是出租车，一种是网约车，该枢纽需要根据预计的高峰期乘客数量综合安排各车型的调配数量，在满足乘客需求的情况下使得调配总成本最小。

设高峰期乘客数将达到 D 人次，其中部分乘客可通过预约模式选择期望乘坐的交通工具，通过预约数据可知预约乘坐出租车与网约车的乘客数分别为 D_1 与 D_2，依据服务标准，出租车与网约车的最低预约服务满足率(指在一定时间范围内，成功预约服务的客户数量占总预约服务客户数量的比率)分别为 w_1 与 w_2。根据历史数据，乘客乘坐出租车与网约车时通常不会满座，其对应的平均落座率分别为 u_1 与 u_2，同时，出租车与网约车的最大载客人数分别为 q_1 与 q_2，而对应定点班车的最大载客人数为 q_0。出租车与网约车可供调配的车辆存在上限，分别为 N_1 与 N_2。调用定点班车的单位成本为 c_0，调用出租车与网约车的成本分别 c_1 与 c_2。

现设定点班车、出租车与网约车的调用量分别为 x_0, x_1, x_2，为了满足高峰期激增客流需求并且极小化运输中心调配成本，需要求解以下模型：

$$
\begin{cases}
\min \quad \sum_{i=0}^{2} c_i x_i \\
\text{s. t.} \quad x_i \leqslant N_i, i=1,2 & ① \\
\quad\quad \dfrac{q_i \mu_i x_i}{D_i} \geqslant w_i, i=1,2 & ② \\
\quad\quad q_0 x_0 + \sum_{i=1}^{2} q_i \mu_i x_i \geqslant D & ③ \\
\quad\quad x_i \geqslant 0, i=0,1,2。
\end{cases}
\tag{4-1}
$$

其中，模型(4-1)中的约束①指调用出租车、网约车的数量不高于各自可供调配的车辆数上限；约束②表示对于预约乘客，预约服务满足率应不低于规定的最小预约服务满足率；约束③表示定点班车、出租车与网约车服务的乘客数应当不低于预测高峰期的乘客人数。

现设出租车与网约车的最低预约满足率均为 80%，期望乘坐出租车的乘客数为 400 人，期望乘坐网约车的乘客数为 200 人，出租车数量上限为 220 辆，网约车数量上限为 120 辆，出租车与网约车的最大载客数均为 4 人，而定点班车的最大载客人数为 40。出租车与网约车的平均落座率均为 50%，调用定点班车、出租车与网约车的成本分别为 80 元、5 元和 8 元，假设预测到高峰期乘客人数达到 4000 人次，则该问题的模型为

$$
\begin{cases}
\min & 80x_0+5x_1+8x_2 \\
\text{s. t.} & \dfrac{0.5\times 4x_1}{400}\geqslant 0.8 \\
& \dfrac{0.5\times 4x_2}{200}\geqslant 0.8 \\
& 40x_0+0.5\times 4x_1+0.5\times 4x_2\geqslant 4000 \\
& x_1\leqslant 220 \\
& x_2\leqslant 120 \\
& x_0,x_1,x_2\geqslant 0
\end{cases}
\tag{4-2}
$$

此时，该问题的最优解为调用定点班车 88 辆，调用出租车 160 辆，调用网约车 80 辆，最终成本为 8480 元。

然而，在实际情况下，高峰期出行需求往往都存在不确定性，无法精准获得。一旦实际到站乘客人数出现波动，很可能导致确定性模型的最优解无法满足实际需要，导致乘客滞留，因此有必要考虑当模型参数为随机变量时的情形。假设到站客流为随机变量 ξ，同时假设调用每辆定点班车、出租车与网约车的成本也是一个随机变量，使用 η_0,η_1,η_2 表示。则确定性模型转化为

$$
\begin{cases}
\min & \eta_0x_0+\eta_1x_1+\eta_2x_2 \\
\text{s. t.} & \dfrac{0.5\times 4x_1}{400}\geqslant 0.8 \\
& \dfrac{0.5\times 4x_2}{200}\geqslant 0.8 \\
& 40x_0+0.5\times 4x_1+0.5\times 4x_2\geqslant \xi \\
& x_1\leqslant 220 \\
& x_2\leqslant 120 \\
& x_0,x_1,x_2\geqslant 0
\end{cases}
\tag{4-3}
$$

4.1 期望值模型

出于不同的管理目标和要求，处理随机变量排序（随机优化）的方法也不尽相同，其中最为常见的方法就是基于随机变量的平均值（数学期望）作为排序的依据。随机期望值模型（stochastic expected value model，SEVM）是在期望约束下，使目标函数的期望值达到最优的数学规划模型[3]。期望值模型是随机规划中最常见的形式，如期望费用极小化问题、期望效益极大化问题等。

首先考虑经典的随机期望值模型。一个报童每天从出版社订购报纸并确定所订购的报纸数量 x 份，每份购进价格为 c 元，零售价格为 a 元。如果报童没有卖完当天的报纸，则回收中心以极低的价格 b 元回收报纸。假设每天报纸的需求量为 ξ，若 $x>\xi$，则报纸的剩余量为 $x-\xi$，否则为 0。报童的收益为

$$f(x,\xi)=\begin{cases}(a-c)x, & \text{如果 } x\leqslant\xi\\ a\xi-cx+b(x-\xi), & \text{如果 } x>\xi\end{cases}$$

在实际生活中，报纸的需求量 ξ 通常是随机变量，因此给定订购报纸数量 x 后，收益函数 $f(x,\xi)$ 也是随机变量。既然不能准确预测出订购 x 份报纸的实际收益，一个自然的方法就是考虑最大化期望收益：

$$E[f(x,\xi)]=\int_0^x[ar-cx+b(x-r)]\,\mathrm{d}\Phi(r)+\int_x^{+\infty}(a-c)x\,\mathrm{d}\Phi(r)$$

其中，Φ 表示需求量 ξ 的分布函数。报童问题就是寻找最优的订购数量 x 使期望收益 $E[f(x,\xi)]$ 取得极大值，即

$$\begin{cases}\max & E[f(x,\xi)]\\ \text{s.t.} & x\geqslant 0 \text{ 且为整数}\end{cases}$$

一般地，在一些期望约束下，若决策者希望做出决策以获得最大收益，期望值模型可表示为如下形式：

$$\begin{cases}\max & E[f(\boldsymbol{x},\boldsymbol{\xi})]\\ \text{s.t.} & E[g_j(\boldsymbol{x},\boldsymbol{\xi})]\leqslant 0,\quad j=1,2,\cdots,n\end{cases}\tag{4-4}$$

其中，$\boldsymbol{x}$ 和 $\boldsymbol{\xi}$ 分别是决策向量和随机向量，$f(\boldsymbol{x},\boldsymbol{\xi})$ 为目标函数，$g_j(\boldsymbol{x},\boldsymbol{\xi})$，$j=1,2,\cdots,n$ 为一组随机约束函数。

凸性是优化理论中经常讨论的课题。在随机规划中，对期望值模型在凸性方面有如下结论。

定理 4.1[4]　对随机向量的每一个抽样取值 γ（又称实现值），若函数 $f(\boldsymbol{x},\gamma)$ 关于决策向量 $\boldsymbol{x}$ 是凹的，函数 $g_j(\boldsymbol{x},\gamma)$，$j=1,2,\cdots,n$ 关于决策向量 $\boldsymbol{x}$ 是凸的，则期望值模型(4-4)为凸规划。

证明：对每一实现值 γ，由假设条件，函数 $f(\boldsymbol{x},\gamma)$ 关于决策向量 $\boldsymbol{x}$ 是凹的，则对任意给定的解 $\boldsymbol{x}_1$ 与 $\boldsymbol{x}_2$，我们有

$$f(\lambda\boldsymbol{x}_1+(1-\lambda)\boldsymbol{x}_2,\gamma)\geqslant\lambda f(\boldsymbol{x}_1,\gamma)+(1-\lambda)f(\boldsymbol{x}_2,\gamma),\lambda\in[0,1]$$

由期望值的定义，有

$E[f(\lambda\boldsymbol{x}_1+(1-\lambda)\boldsymbol{x}_2,\boldsymbol{\xi})]\geqslant\lambda E[f(\boldsymbol{x}_1,\boldsymbol{\xi})]+(1-\lambda)E[f(\boldsymbol{x}_2,\boldsymbol{\xi})]$。同理可证明可行集的凸性。

下面通过例 4-2 具体介绍将随机规划问题转化为期望值模型的方法。

例 4-2　针对例 4-1 中的激增客流疏散问题，期望值模型如下：

$$\begin{cases}\min & E\left[\sum_{i=0}^{2}\eta_i x_i\right]\\ \text{s.t.} & \dfrac{0.5\times 4x_1}{400}\geqslant 0.8\\ & \dfrac{0.5\times 4x_2}{200}\geqslant 0.8\\ & 40x_0+0.5\times 4x_1+0.5\times 4x_2\geqslant E[\xi]\\ & x_1\leqslant 220\\ & x_2\leqslant 120\\ & x_0,x_1,x_2\geqslant 0\end{cases}$$

4.2 机会约束规划模型

1959 年,Charnes 与 Cooper 提出了一种消除参数不确定性的方法,称为机会约束规划模型[5]。机会约束规划模型的核心观点是:包含不确定参数的约束条件在一些情况下并不要求被百分百满足,而只需要在一定的概率下成立。换言之,机会约束的现实意义是,由于不确定性的存在,我们可以接受一部分约束的违背,只要这种"违背"的概率小于某一事先约定的置信水平。本章将介绍机会约束规划的一些基本理论,其中包括 Maximax 和 Minimax 两类模型,并对机会约束规划的确定等价形式进行讨论。

假设 $\boldsymbol{x}$ 是一个决策向量,$\boldsymbol{\xi}$ 是一个随机向量,$f(\boldsymbol{x},\boldsymbol{\xi})$是目标函数,$g_j(\boldsymbol{x},\boldsymbol{\xi}),j=1,2,\cdots,n$ 是随机约束函数。由于随机约束 $g_j(\boldsymbol{x},\boldsymbol{\xi})\leqslant 0,j=1,2,\cdots,n$ 没有给出一个确定的可行集,所以一种想法就是希望随机约束以一定的置信水平 α 成立。得到如下的机会约束:

$$\Pr\{g_j(\boldsymbol{x},\boldsymbol{\xi})\leqslant 0,j=1,2,\cdots,n\}\geqslant\alpha. \tag{4-5}$$

我们称这种类型的机会约束为联合机会约束。一个点 $\boldsymbol{x}$ 是可行的当且仅当事件 $\{\boldsymbol{\xi}\mid g_j(\boldsymbol{x},\boldsymbol{\xi})\leqslant 0,j=1,2,\cdots,n\}$的概率测度不小于 α,即违反约束条件的概率小于 $1-\alpha$。有时,机会约束可以表示为如下的形式:

$$\Pr\{g_j(\boldsymbol{x},\boldsymbol{\xi})\leqslant 0\}\geqslant\alpha_j,j=1,2,\cdots,n \tag{4-6}$$

更为一般的是下面的混合机会约束:

$$\begin{cases}\Pr\{g_j(\boldsymbol{x},\boldsymbol{\xi})\leqslant 0,j=1,2,\cdots,k_1\}\geqslant\alpha_1\\ \Pr\{g_j(\boldsymbol{x},\boldsymbol{\xi})\leqslant 0,j=k_1+1,k_1+2,\cdots,k_2\}\geqslant\alpha_2\\ \qquad\cdots\\ \Pr\{g_j(\boldsymbol{x},\boldsymbol{\xi})\leqslant 0,j=k_{t-1}+1,k_{t-1}+2,\cdots,n\}\geqslant\alpha_t\end{cases} \tag{4-7}$$

其中,$1\leqslant k_1<k_2<\cdots<k_{t-1}<\cdots<n$。

机会约束规划提出之后,许多研究者对其进行了研究。首先,我们介绍由 Liu[6] 给出的 Maximax 机会约束规划。在随机环境下,若决策者希望极大化目标函数的乐观值,则可以建立如下的机会约束规划:

$$\begin{cases}\max\quad \bar{f}\\ \text{s.t.}\quad \Pr\{f(\boldsymbol{x},\boldsymbol{\xi})\geqslant\bar{f}\}\geqslant\beta\\ \qquad\ \ \Pr\{g_j(\boldsymbol{x},\boldsymbol{\xi})\leqslant 0,j=1,2,\cdots,n\}\geqslant\alpha\end{cases} \tag{4-8}$$

其中,α 和 β 是决策者预先给定的置信水平。机会约束规划模型(4-8)称为 Maximax 模型的原因是其本质是

$$\begin{cases}\max\limits_{x}\ \max\limits_{\bar{f}}\quad \bar{f}\\ \text{s.t.}\quad \Pr\{f(\boldsymbol{x},\boldsymbol{\xi})\geqslant\bar{f}\}\geqslant\beta\\ \qquad\ \ \Pr\{g_j(\boldsymbol{x},\boldsymbol{\xi})\leqslant 0,j=1,2,\cdots,n\}\geqslant\alpha\end{cases}$$

其中,$\max\bar{f}$ 是目标函数 $f(\boldsymbol{x},\boldsymbol{\xi})$的 β 乐观值。

除了 Maximax 机会约束规划以外,在随机环境中,为了极大化目标函数的悲观值,

Liu[6]还提出了以下 Minimax 机会约束规划模型：

$$\begin{cases} \max\limits_{x} \min\limits_{\bar{f}} \bar{f} \\ \text{s.t.} \quad \Pr\{f(\boldsymbol{x},\boldsymbol{\xi}) \leqslant \bar{f}\} \geqslant \beta \\ \qquad \Pr\{g_j(\boldsymbol{x},\boldsymbol{\xi}) \leqslant 0, j=1,2,\cdots,n\} \geqslant \alpha \end{cases} \tag{4-9}$$

其中，α 和 β 为决策者事先给定的置水平，$\min \bar{f}$ 是目标函数 $f(\boldsymbol{x},\boldsymbol{\xi})$ 的 β 悲观值。

传统的处理机会约束规划的方法是把机会约束规划转化为它们各自的等价形式。但这只有在一些特殊情况下才能做到，对一些较复杂的问题通常很难做到这一点。让我们考虑下述形式的机会约束：

$$\Pr\{g(\boldsymbol{x},\boldsymbol{\xi}) \leqslant 0\} \geqslant \alpha \tag{4-10}$$

我们不难看出：

(1) 若定义 $g(\boldsymbol{x},\boldsymbol{\xi})=\bar{f}-f(\boldsymbol{x},\boldsymbol{\xi})$，则随机目标约束 $\Pr\{f(\boldsymbol{x},\boldsymbol{\xi})\geqslant\bar{f}\}\geqslant\beta$ 与形式(4-10)相吻合；

(2) 若定义 $g(\boldsymbol{x},\boldsymbol{\xi})=f(\boldsymbol{x},\boldsymbol{\xi})-\bar{f}$，则随机目标约束 $\Pr\{f(\boldsymbol{x},\boldsymbol{\xi})\leqslant\bar{f}\}\geqslant\beta$ 与形式(4-10)相吻合。

定理 4.2[4]　假设随机向量$\boldsymbol{\xi}$退化为一个随机变量ξ，其分布函数为 Φ。若函数 $g(\boldsymbol{x},\xi)$ 的形式为 $g(\boldsymbol{x},\xi)=h(\boldsymbol{x})-\xi$，则 $\Pr\{g(\boldsymbol{x},\xi)\leqslant 0\}\geqslant\alpha$ 当且仅当 $h(\boldsymbol{x})\leqslant K_\alpha$，其中 $K_\alpha=\sup\{K \mid K=\Phi^{-1}(1-\alpha)\}$。

证明：根据假设，我们可以把 $\Pr\{g(\boldsymbol{x},\xi)\leqslant 0\}\geqslant\alpha$ 表示为

$$\Pr\{h(\boldsymbol{x}) \leqslant \xi\} \geqslant \alpha \tag{4-11}$$

显然，对每一个给定的置信水平 $\alpha(0\leqslant\alpha\leqslant 1)$，必存在一个数 K_α（可能多个或∞），使得

$$\Pr\{K_\alpha \leqslant \xi\} = \alpha \tag{4-12}$$

若用一个较小的数代替 K_α，概率 $\Pr\{K_\alpha\leqslant\xi\}$ 将会增大。因此 $\Pr\{h(\boldsymbol{x})\leqslant\xi\}\geqslant\alpha$ 当且仅当 $h(\boldsymbol{x})\leqslant K_\alpha$。

注意到等式 $\Pr\{K_\alpha\leqslant\xi\}=1-\Phi(K_\alpha)$ 总是成立的，因此根据等式(4-12)有

$$K_\alpha = \Phi^{-1}(1-\alpha)$$

其中 Φ^{-1} 是 Φ 的逆函数。有时，等式(4-12)的解并不唯一，即函数 Φ^{-1} 可能是多值的。对于这种情况，我们将选择最大的那一个，即

$$K_\alpha = \sup\{K \mid K=\Phi^{-1}(1-\alpha)\} \tag{4-13}$$

这样(4-11)的确定等价形式为 $h(\boldsymbol{x})\leqslant K_\alpha$。定理证毕。

例如，考虑机会约束

$$\begin{cases} \Pr\{3x_1+4x_2 \leqslant \xi_1\} \geqslant 0.80 \\ \Pr\{x_1^2-x_k^3 \leqslant \xi_2\} \geqslant 0.90 \end{cases} \tag{4-14}$$

其中，点 ξ_1 服从指数分布 $EXP(2)$，其概率分布函数记为 Φ_1，ξ_2 服从正态分布 $N(2,1)$，其概率分布函数记为 Φ_2。则由定理 4.2 我们知道机会约束(4-14)等价于

$$\begin{cases} 3x_1+4x_2 \leqslant \Phi_1^{-1}(1-0.80)=0.446 \\ x_1^2-x_2^3 \leqslant \Phi_2^{-1}(1-0.90)=0.719 \end{cases}$$

定理 4.3[4] 假设随机向量$\boldsymbol{\xi}=(a_1,a_2,\cdots,a_n,b)$，函数$g(\boldsymbol{x},\boldsymbol{\xi})$的形式为$g(\boldsymbol{x},\boldsymbol{\xi})=a_1x_1+a_2x_2+\cdots+a_nx_n-b$。如果$a_i$和$b$是相互独立的服从正态分布的随机变量，那么$\Pr\{g(\boldsymbol{x},\boldsymbol{\xi})\leqslant 0\}\geqslant\alpha$当且仅当

$$\sum_{i=1}^{n}E[a_i]x_i+\Phi^{-1}(\alpha)\sqrt{\sum_{i=1}^{n}\mathrm{Var}[a_i]x_i^2+\mathrm{Var}[b]}\leqslant E[b] \tag{4-15}$$

其中Φ是标准正态分布函数。

证明：机会约束$\Pr\{g(\boldsymbol{x},\boldsymbol{\xi})\leqslant 0\}\geqslant\alpha$可以写成如下的形式：

$$\Pr\left\{\sum_{i=1}^{n}a_ix_i\leqslant b\right\}\geqslant\alpha \tag{4-16}$$

因为a_i和b是相互独立的服从正态分布的随机变量，所以函数

$$y(\boldsymbol{x})=\sum_{i=1}^{n}a_ix_i-b$$

也服从正态分布，且其期望值和方差为

$$E[y(\boldsymbol{x})]=\sum_{i=1}^{n}E[a_i]x_i-E[b]$$

$$\mathrm{Var}[y(\boldsymbol{x})]=\sum_{i=1}^{n}\mathrm{Var}[a_i]x_i^2+\mathrm{Var}[b]$$

我们注意到变量

$$\frac{\sum_{i=1}^{n}a_ix_i-b-\left(\sum_{i=1}^{n}E[a_i]x_i-E[b]\right)}{\sqrt{\sum_{i=1}^{n}\mathrm{Var}[a_i]x_i^2+\mathrm{Var}[b]}}$$

服从标准正态分布，而不等式$\sum_{i=1}^{n}a_ix_i\leqslant b$等价于

$$\frac{\sum_{i=1}^{n}a_ix_i-b-\left(\sum_{i=1}^{n}E[a_i]x_i-E[b]\right)}{\sqrt{\sum_{i=1}^{n}\mathrm{Var}[a_i]x_i^2+\mathrm{Var}[b]}}\leqslant-\frac{\sum_{i=1}^{n}E[a_i]x_i-E[b]}{\sqrt{\sum_{i=1}^{n}\mathrm{Var}[a_i]x_i^2+\mathrm{Var}[b]}}$$

因此，机会约束(4-16)等价于

$$\Pr\left\{\eta\leqslant-\frac{\sum_{i=1}^{n}E[a_i]x_i-E[b]}{\sqrt{\sum_{i=1}^{n}\mathrm{Var}[a_i]x_i^2+\mathrm{Var}[b]}}\right\}\geqslant\alpha \tag{4-17}$$

其中，η服从标准正态分布。因此机会约束(4-17)成立当且仅当

$$\Phi^{-1}(\alpha)\leqslant-\frac{\sum_{i=1}^{n}E[a_i]x_i-E[b]}{\sqrt{\sum_{i=1}^{n}\mathrm{Var}[a_i]x_i^2+\mathrm{Var}[b]}} \tag{4-18}$$

这就是机会约束(4-16)的等价形式。定理证毕。

例如，假设机会约束有如下形式：

$$\Pr\{a_1x_1+a_2x_2+a_3x_3\leqslant b\}\geqslant 95\% \tag{4-19}$$

其中 a_1,a_2,a_3 和 b 分别服从正态分布 $N(1,1)$，$N(2,1)$，$N(3,1)$ 和 $N(4,1)$。则由定理 4.3 和 $\Phi^{-1}(0.95)=1.645$，导出(4-19)的等价形式为

$$x_1+2x_2+3x_3+1.645\sqrt{x_1^2+x_2^2+x_3^2+1}\leqslant 4 \tag{4-20}$$

例 4-3　在例 4-1 激增客流疏散问题（4-3）中，假设 ξ 服从一个均值为 $\mu=4000$，方差为 $\sigma^2=900$ 的正态分布，令交通枢纽服务满意度为 95%，将不等式 $40z_0+0.5\times 4z_1+0.5\times 4z_2\geqslant\xi$ 转化为

$$\Pr\{40z_0+0.5\times 4z_1+0.5\times 4z_2\geqslant\boldsymbol{\xi}\}\geqslant 0.95$$

根据 ξ 服从 $N(4000,900)$，则 $z=\dfrac{\xi-4000}{30}\sim N(0,1)$，从而有

$$\Pr\left\{z\leqslant\frac{40z_0+0.5\times 4z_1+0.5\times 4z_2-4000}{30}\right\}\geqslant 0.95$$

因为标准正态分布的 95% 分位数值是 1.64，有

$$\frac{40z_0+0.5\times 4z_1+0.5\times 4z_2-4000}{30}\geqslant 1.64$$

从而得到机会约束规划确定性等价不等式为 $40z_0+0.5\times 4z_1+0.5\times 4z_2\geqslant 4049.2$。

接下来我们将对下面的特殊机会约束规划模型进行讨论，并给出一些基本性质，考虑模型

$$\min E[f(\boldsymbol{x},\boldsymbol{\xi})] \tag{4-21}$$

使其满足机会约束

$$\Pr\{g_j(\boldsymbol{x},\boldsymbol{\xi})\leqslant 0, j=1,2,\cdots,n\}\geqslant\alpha \tag{4-22}$$

其中 $\boldsymbol{x}$ 是一个决策向量，$\boldsymbol{\xi}$ 是一个随机向量，其联合概率密度函数为 $\phi(\boldsymbol{\xi})$。

下面我们定义一个新的函数

$$h(\boldsymbol{x},\boldsymbol{\xi})=\begin{cases}\alpha-1, & \text{若 } g_j(\boldsymbol{x},\boldsymbol{\xi})\leqslant 0, j=1,2,\cdots,n\\ \alpha, & \text{其他}\end{cases} \tag{4-23}$$

即对每个固定的决策变量 $\boldsymbol{x}$，$h(\boldsymbol{x},\boldsymbol{\xi})$ 在区域

$$\mathbf{Z}=\{g_j(\boldsymbol{x},\boldsymbol{\xi})\leqslant 0, j=1,2,\cdots,n\}$$

上为 $\alpha-1$。在其补集 $\mathbf{Z}^c$ 上为 α。由期望值定义，有

$$\begin{aligned}E[h(\boldsymbol{x},\boldsymbol{\xi})]&=\int h(\boldsymbol{x},t)\phi(t)\mathrm{d}t\\&=(\alpha-1)\int_{\mathbf{Z}}\phi(t)\mathrm{d}t+\alpha\int_{\mathbf{Z}^c}\phi(t)\mathrm{d}t\\&=(\alpha-1)\Pr\left\{\begin{matrix}g_j(\boldsymbol{x},t)\leqslant 0\\ j=1,2,\cdots,n\end{matrix}\right\}+\alpha\left[1-\Pr\left\{\begin{matrix}g_j(\boldsymbol{x},t)\leqslant 0\\ j=1,2,\cdots,n\end{matrix}\right\}\right]\\&=\alpha-\Pr\{g_j(\boldsymbol{x},t)\leqslant 0, j=1,2,\cdots,n\}.\end{aligned}$$

因此，$E[h(\boldsymbol{x},\boldsymbol{\xi})]\leqslant 0$ 当且仅当机会约束(4-22)成立。从而为期望值模型和机会约束规划提供了一种联系。综上所述，我们有如下定理。

定理 4.4[4] 假设 $\boldsymbol{x}$ 是一个决策向量，$\boldsymbol{\xi}$ 是一个随机向量，那么机会约束规划

$$\begin{cases}\max & E[f(\boldsymbol{x},\boldsymbol{\xi})] \\ \text{s.t.} & \Pr\{g_j(\boldsymbol{x},\boldsymbol{\xi}),j=1,2,\cdots,n\}\geqslant\alpha\end{cases}$$

等价于期望值模型

$$\begin{cases}\max & E[f(\boldsymbol{x},\boldsymbol{\xi})] \\ \text{s.t.} & E[h(\boldsymbol{x},\boldsymbol{\xi})]\leqslant 0\end{cases}$$

其中，函数 $h(\boldsymbol{x},\boldsymbol{\xi})$ 由(4-23)定义。

4.3 随机规划的求解

针对前面两节提出的期望值模型与机会约束规划模型，本节参考《不确定规划》[4]，展示使用混合智能算法求解随机规划的方法。

从数学观点来看，确定性优化问题和期望值模型并没有本质区别，只是后者存在多重积分。因此我们利用随机模拟、神经元网络和遗传算法结合而成的混合智能算法来求解期望值模型。

算法 4.1(混合智能算法-期望值模型)

步骤 1 通过随机模拟不确定函数 $E[f(\boldsymbol{x},\boldsymbol{\xi})]$ 与 $E[g_j(\boldsymbol{x},\boldsymbol{\xi})]\leqslant 0, j=1,2,\cdots,n$ 产生输入输出数据(即训练样本)。

步骤 2 根据产生的训练样本训练神经元网络以逼近不确定函数。

步骤 3 初始产生 pop_size 个染色体，并用神经元网络检验染色体的可行性。

步骤 4 对染色体进行交叉和变异运算，并用神经元网络检验后代的可行性。

步骤 5 通过神经元网络计算所有染色体的目标值。

步骤 6 根据目标值计算每个染色体的适应度。

步骤 7 通过旋转赌轮选择染色体。

步骤 8 重复步骤 4 至步骤 7，直到完成给定的循环次数。

步骤 9 找出最好的染色体作为优质解。

为了说明算法的有效性，我们给出了一个数值例子。给定遗传算法参数：种群规模为 30，交叉概率 $P_c=0.6$，变异概率 $P_m=0.2$。

例 4-4 考虑以下的期望值模型：

$$\begin{cases}\max & E\left[\sqrt{(x_1-\xi_1)^2+(x_2-\xi_2)^2+(x_3-\xi_3)^2}\right] \\ \text{s.t.} & x_1^2+x_2^2+x_3^3\leqslant 10\end{cases}$$

其中，ξ_1 服从均匀分布 $U(1,2)$，ξ_2 服从正态分布 $N(3,1)$，ξ_3 服从指数分布 EXP(4)。

为了求解此模型，首先通过随机模拟为不确定函数

$$U:(x_1,x_2,x_3)\rightarrow E\left[\sqrt{(x_1-\xi_1)^2+(x_2-\xi_2)^2+(x_3-\xi_3)^2}\right]$$

产生输入输出数据。然后，训练一个神经元网络(3 个输入神经元，5 个隐层神经元，1 个输出神经元)来逼近不确定函数 U。最后，把训练好的神经元网络嵌套在遗传算法中，从而形成混合智能算法。

通过运行混合智能算法(模拟 3000 代,2000 个训练样本,300 次遗传迭代),我们找到的最优解为 $\boldsymbol{x}=(1.1035,2.1693,2.0191)^{\mathrm{T}}$,其目标值为 3.56。

接下来我们讨论机会约束规划模型,我们知道传统求解机会约束规划的方法是将机会约束分别转化成其确定的等价形式,然后对等价的确定模型进行求解。但是,这种方法只适用于一些特殊的情形。类似地,我们将随机模拟、神经元网络和遗传算法结合在一起,设计出了混合智能算法去求解一般的机会约束规划模型。

算法 4.2(混合智能算法-机会约束规划模型)

步骤 1　用随机模拟技术为下列不确定函数产生输入输出数据,

$$U_1: \boldsymbol{x} \to \Pr\{g_j(\boldsymbol{x},\boldsymbol{\xi}) \leqslant 0, j=1,2,\cdots,n\}$$

$$U_2: \boldsymbol{x} \to \max\{\bar{f} \mid \Pr\{f(\boldsymbol{x},\boldsymbol{\xi}) \geqslant \bar{f}\} \geqslant \beta\}$$

步骤 2　根据产生的输入输出数据训练一个神经元网络逼近不确定函数。

步骤 3　初始化 pop_size 个染色体,并利用训练好的神经元网络检验染色体的可行性。

步骤 4　通过交叉和变异操作更新染色体,并利用训练好的神经元网络检验子代染色体的可行性。

步骤 5　利用训练好的神经元网络计算所有染色体的目标值。

步骤 6　根据目标值计算每个染色体的适应度。

步骤 7　通过旋转赌轮选择染色体。

步骤 8　重复步骤 4 到步骤 7 直到完成给定的循环次数。

步骤 9　给出最好的染色体作为最优解。

我们给出一个数值例子来说明混合智能算法的有效性,算法中所使用的参数为:种群规模为 30,交叉概率 $P_c=0.6$,变异概率 $P_m=0.2$。

例 4-5　让我们考虑下列具有 3 个决策变量和 9 个随机参数的 Maximax 机会约束规划模型

$$\begin{cases} \max & \bar{f} \\ \text{s.t.} & \Pr\{\xi_1 x_1+\xi_2 x_2+\xi_3 x_3 \geqslant \bar{f}\} \geqslant 0.90 \\ & \Pr\{\eta_1 x_1^2+\eta_2 x_2^2+\xi_3 x_3^2 \leqslant 8\} \geqslant 0.80 \\ & \Pr\{\tau_1 x_1^3+\tau_2 x_2^3+\tau_3 x_3^3 \leqslant 15\} \geqslant 0.85 \\ & x_1,x_2,x_3 \geqslant 0 \end{cases} \tag{4-24}$$

其中,随机变量 ξ_1,η_1 和 τ_1 分别服从均匀分布 $U(1,2)$,$U(2,3)$和 $U(3,4)$,随机变量 ξ_2,η_2 和 τ_2 分别服从正态分布 $N(1,1)$,$N(2,1)$和 $N(3,1)$,随机变量 ξ_3,η_3 和 τ_3 分别服从指数分布 EXP(1),EXP(2)和 EXP(3)。

我们利用随机模拟为下列不确定函数 $U_1: \boldsymbol{x} \to (U_1(\boldsymbol{x}),U_2(\boldsymbol{x}),U_3(\boldsymbol{x}))$产生输入输出数据,其中

$$U_1(\boldsymbol{x})=\max\{\bar{f} \mid \Pr\{\xi_1 x_1+\xi_2 x_2+\xi_3 x_3 \geqslant \bar{f}\} \geqslant 0.90\}$$

$$U_2(\boldsymbol{x})=\Pr\{\eta_1 x_1^2+\eta_2 x_2^2+\xi_3 x_3^2 \leqslant 8\}$$

$$U_3(\boldsymbol{x})=\Pr\{\tau_1 x_1^3+\tau_2 x_2^3+\tau_3 x_3^3 \leqslant 15\}$$

然后，我们训练一个神经元网络（包含3个输入神经元，15个隐层神经元，3个输出神经元）来逼近不确定函数U_1, U_2, U_3。最后，我们将训练好的神经元网络和遗传算法相结合，得到了混合智能算法。

通过执行混合智能算法（5000次循环模拟，3000个训练样本，3000次遗传迭代），我们得到了优质解

$$\boldsymbol{x}=(x_1^*, x_2^*, x_3^*)=(1.404, 0.468, 0.924)$$

其目标值$\bar{f}^*=2.21$。

本章小结

随机规划是对包含不确定性参数的优化问题进行建模的有效工具，它与确定性数学规划最大的不同在于其系数可能是随机变量，这使得随机规划比确定性数学规划更适合实际问题。随机规划在管理科学、运筹学、经济学等领域有着广泛的应用[7]。本章详细介绍了两种广泛使用的随机规划模型及其相关性质：期望值模型和机会约束规划模型。最后展示了使用混合智能算法求解随机规划的方法。

习题

即练即测

习题 4-1 设一家物流公司，要承包1号到5号共5种类型的仓库。已知所需仓库总面积为11（单位：千平方米），人力劳动时间上限为9（单位：千小时），机器使用时间上限为12（单位：千小时）。每个仓库的占地面积、所需人力劳动时间、所需机器使用时间以及单位利润如下表所示，其中c_i是随机利润系数。该物流公司需要做出仓库投资决策，以最大化总期望收益。根据已知信息建立仓库投资随机期望值模型，并计算最优投资组合。

仓库类型	1号仓	2号仓	3号仓	4号仓	5号仓
土地面积	0.25	0.40	0.30	0.30	0.40
所需人力劳动时间	1.7	2	1.5	4	3
所需机器使用时间	3	5	4	3	5
单位利润$c_i(\omega)$	$N(10,4)$	$N(21,6)$	$N(12,4)$	$N(12,6)$	$N(20,5)$

习题 4-2 某运输网络包含三个产地A、B、C和三个销地a、b、c，其销售关系与单位运价见下表。

	a	b	c
A	c_1	c_2	c_3
B	—	c_4	c_5
C	—	—	c_6

其中，三个产地的产量分别为 q_1, q_2, q_3；三个销地的需求量是随机变量，设为 ξ_1, ξ_2, ξ_3。根据上述条件建立机会约束规划模型，在三个销地的需求满足率分别大于 $\alpha_1, \alpha_2, \alpha_3$ 的条件下，最小化运输总费用。

习题 4-3　简述使用混合智能算法求解随机规划的主要思想。

参考文献

[1] Dantzig G B. Linear programming under uncertainty[J]. Management Science,1955,1(3-4):197-206.

[2] Birge J R,Louveaux F. Introduction to Stochastic Programming[M]. Springer Science & Business Media,2011.

[3] Li X,Wang X,Feng Z. Dynamic repositioning in bike-sharing systems with uncertain demand: An improved rolling horizon framework[J]. Omega,2024,126:103047.

[4] 刘宝碇,等.不确定规划及应用[M].北京:清华大学出版社,2003.

[5] Charnes A,Cooper W W. Chance-constrained programming[J]. Management Science,1959,6(1):73-79.

[6] Liu B. Uncertain programming[M]. In: Theory and Practice of Uncertain Programming. Heidelberg: Physica-Verlag HD,2002:349-363.

[7] Du J, Yu L, Li X. Fuzzy multi-objective chance-constrained programming model for hazardous materials transportation[J]. International Journal of General Systems,2016,45(3):286-310.

第 5 章

鲁棒优化

在运营管理领域,传统的优化模型通常需要完整的模型信息,包括确定参数的取值或随机参数的分布函数。然而,在实践中,不确定性或非精确性无处不在,确定参数可能遭受估计误差和数据噪声影响,而随机参数可能只有部分分布信息可用,如支撑、均值和方差。鲁棒优化是处理含有不确定参数的优化问题的一种方法。鲁棒优化的目的是求得这样一个解:对于可能出现的所有情况,约束条件均满足,并且使得最坏情况下的目标函数值最优[1]。早在 20 世纪 70 年代,一些学者就对一般的鲁棒优化模型进行了研究。如今,鲁棒优化模型已在库存管理、收益管理、项目管理、路径规划、设施选址等问题中得到了广泛应用。

鲁棒优化方法分为经典鲁棒优化方法和分布鲁棒优化方法。本章首先介绍经典鲁棒优化的相关概念与方法,进一步介绍分布鲁棒优化的相关概念与方法。

5.1 经典鲁棒优化

经典鲁棒优化方法处理参数不确定性的方式是把它限制在一个集合里,这一集合被称为不确定集合,考虑在这一不确定集合中的参数向量的最坏情况下问题的求解[2]。本节首先通过一个线性规划介绍鲁棒优化的基本理念,随后介绍鲁棒对等转换方法。

5.1.1 鲁棒线性规划

考虑如下的确定性线性规划问题:

$$\begin{cases}\min\limits_{x} & \boldsymbol{c}^{\mathrm{T}}\boldsymbol{x}+d \\ \text{s. t.} & \boldsymbol{a}^{\mathrm{T}}\boldsymbol{x}\leqslant b,\end{cases} \tag{5-1}$$

其中,$\boldsymbol{x}\in\mathbb{R}^n$ 是决策向量,$\boldsymbol{c}$,d,$\boldsymbol{a}$ 和 b 是参数。这些参数在实际问题中可能存在一定的不确定性,例如测量误差、外部干扰等。通常情况下,决策者选择用不确定参数的名义值来求解模型(5-1)。这是一种简单的决策方式,但当不确定参数偏离其名义值时,这种决策可能会产生很大问题。鲁棒优化的准则是做出“安全”的决策,以求解最差情况下的最优值,同时使得所有约束在不确定参数实现后仍然成立。这种建模理念产生了以下鲁棒线性规划模型:

$$\begin{cases}\min\limits_{x} \quad \sup\limits_{(c,d,a,b)\in U} \boldsymbol{c}^{\mathrm{T}}\boldsymbol{x}+d \\ \text{s.t.} \quad \boldsymbol{a}^{\mathrm{T}}\boldsymbol{x}\leqslant b,\end{cases} \tag{5-2}$$

其中,U 是参数$(\boldsymbol{c},d,\boldsymbol{a},b)$的不确定集合,表示包含所有可能取值的一组参数集合。在鲁棒优化中,通过考虑参数的不确定性,可以使得问题的解决方案更加可靠。模型(5-2)的目标是最小化最差情况下的目标值。

鲁棒优化的计算结果受限于不确定集合 U 的结构。不确定集合对鲁棒优化的结果具有显著影响,不确定集合越精细,模型复杂度越高,求解越困难。不确定集合越宽泛,所求出的最优解越保守,越不符合实际。如何选择一个适合的不确定集合一直是研究热点。下面基于不确定参数 $\boldsymbol{a}$ 介绍几类常见的不确定集合 U。

(1) 盒式不确定集合

盒式不确定集合是最简单的不确定集合,也被称作区间集合。对于向量 $\boldsymbol{a}$ 的每个分量 a_i,如果不确定参数 a_i 在一个以 $\bar{a}_i$ 为中心名义值,偏差为 $\Delta_i\geqslant 0$ 的区间范围内波动,即 $a_i\in[\bar{a}_i-\Delta_i,\bar{a}_i+\Delta_i]$,则不确定参数 $\boldsymbol{a}$ 属于盒式不确定集合

$$U_{\text{box}}=\{\boldsymbol{a}\in\mathbb{R}^n:\exists\xi \quad \text{s.t.}\ \boldsymbol{a}=\bar{\boldsymbol{a}}+\Delta\xi,\|\xi\|_\infty\leqslant 1\} \tag{5-3}$$

其中,$\bar{\boldsymbol{a}}$ 是名义值 $\bar{a}_i$ 的向量,Δ 是对角线为 Δ_i 的对角矩阵,$\|\xi\|_\infty:=\max_{i=1,2,\cdots,n}|\xi_i|$。

(2) 预算不确定集合

盒式不确定集 U_{box} 中的每个不确定参数包含从 $\bar{a}_i-\Delta_i$ 到 $\bar{a}_i+\Delta_i$ 的整个极端偏差范围。为了控制不确定集合的大小,可以增加一个约束,限制与名义值的偏差总量,即

$$U_{\text{budget}}=\{\boldsymbol{a}\in\mathbb{R}^n:\exists\xi \quad \text{s.t.}\ \boldsymbol{a}=\bar{\boldsymbol{a}}+\Delta\xi,\|\xi\|_\infty\leqslant 1,\|\xi\|_1\leqslant\Gamma\} \tag{5-4}$$

其中,参数 Γ 可以控制鲁棒约束保守度水平的大小。如果 $\Gamma=0$,则对于任意 i 有 $\xi_i=0$,此时不确定集合为单元素集合,即 $U_{\text{budget}}=\{\bar{\boldsymbol{a}}\}$。如果 $\Gamma=n$,则 $U_{\text{budget}}=U_{\text{box}}$。由于 $\|\xi\|_1:=\sum_{i=1}^{n}|\xi_i|$,因此预算不确定集合 U_{budget} 是∞范数球和半径为 Γ 的 1 范数球的交集。

(3) 椭球不确定集合

椭球不确定集合是一个由多个二次不等式组成的约束集合。以 0 为中心的 n 维椭球体可以表示为

$$U_{\text{ellip}}=\{\boldsymbol{a}\in\mathbb{R}^n:\boldsymbol{a}^{\mathrm{T}}\boldsymbol{Q}\boldsymbol{a}\leqslant 1\} \tag{5-5}$$

其中 $\boldsymbol{Q}\in\mathbb{R}^{n\times n}$ 是一个对称正定矩阵。椭球的形状由 $\boldsymbol{Q}$ 决定。如果 $\boldsymbol{Q}$ 是单位矩阵,则椭球是半径为 1 的标准欧几里得球。更一般地,令 $\boldsymbol{Q}=\mathbf{V}\boldsymbol{\Lambda}\mathbf{V}^{\mathrm{T}}$ 是 $\boldsymbol{Q}$ 的特征分解,其中 $\mathbf{V}$ 包含$\boldsymbol{Q}$ 的一组正交特征向量,$\boldsymbol{\Lambda}=\text{diag}(\lambda_1,\cdots,\lambda_n)$是具有正特征值的对角矩阵。于是,$\boldsymbol{a}^{\mathrm{T}}\boldsymbol{Q}\boldsymbol{a}=(\boldsymbol{a}^{\mathrm{T}}\mathbf{V}\boldsymbol{\Lambda}^{1/2})(\boldsymbol{\Lambda}^{1/2}\mathbf{V}^{\mathrm{T}}\boldsymbol{a})$。令 $\boldsymbol{u}=\boldsymbol{\Lambda}^{1/2}\mathbf{V}^{\mathrm{T}}\boldsymbol{a}$,则 $\boldsymbol{a}\in U_{\text{ellip}}\Leftrightarrow\boldsymbol{u}^{\mathrm{T}}\boldsymbol{u}\leqslant 1$。

(4) 多面体不确定集合

多面体不确定集合是指不确定参数的取值范围构成一个多面体(也称为凸多边形或多胞体)。这种集合通常用于表示不确定参数在某些线性约束下的所有可能值。以 0 为中心的 n 维多面体可以表示为

$$U_{\text{poly}}=\{\boldsymbol{a}\in\mathbb{R}^n:\boldsymbol{B}\boldsymbol{a}\leqslant\boldsymbol{e},\ \boldsymbol{a}\geqslant\boldsymbol{0}\} \tag{5-6}$$

其中,$\boldsymbol{B}\in\mathbb{R}^{m\times n}$ 是一个给定的矩阵,$\boldsymbol{e}\in\mathbb{R}^m$ 是一个给定的向量。

5.1.2 鲁棒对等转换

如何把已经构建好的鲁棒优化模型转化成一个在计算上可以直接求解的模型,直接影响优化时间和优化结果。其中的关键是建立相应的鲁棒对等模型,将原始问题转化为一个具有多项式计算复杂度的凸优化问题[3,4]。

具体地,我们考虑一个具有多面体不确定集合的鲁棒线性规划模型,即

$$\begin{cases}\min \quad \boldsymbol{c}^{\mathrm{T}}\boldsymbol{x}+d \\ \text{s.t.} \quad \boldsymbol{a}^{\mathrm{T}}\boldsymbol{x}\leqslant b, \quad \forall \boldsymbol{a}\in U:=\{\boldsymbol{a}\in\mathbb{R}^n:\boldsymbol{B}\boldsymbol{a}\leqslant\boldsymbol{e},\boldsymbol{a}\geqslant\boldsymbol{0}\}\end{cases} \tag{5-7}$$

根据线性规划对偶理论可以得到

$$\boldsymbol{a}^{\mathrm{T}}\boldsymbol{x}\leqslant b, \quad \forall \boldsymbol{a}\in U:=\{\boldsymbol{a}\in\mathbb{R}^n:\boldsymbol{B}\boldsymbol{a}\leqslant\boldsymbol{e},\boldsymbol{a}\geqslant\boldsymbol{0}\}$$

$$\Leftrightarrow \max_{\boldsymbol{a}:\boldsymbol{B}\boldsymbol{a}\leqslant\boldsymbol{e},\boldsymbol{a}\geqslant\boldsymbol{0}} \boldsymbol{a}^{\mathrm{T}}\boldsymbol{x}\leqslant b \tag{5-8a}$$

$$\Leftrightarrow \min_{\boldsymbol{y}:\boldsymbol{B}^{\mathrm{T}}\boldsymbol{y}\geqslant\boldsymbol{x},\boldsymbol{y}\geqslant\boldsymbol{0}} \boldsymbol{e}^{\mathrm{T}}\boldsymbol{y}\leqslant b \tag{5-8b}$$

$$\Leftrightarrow\begin{cases}\boldsymbol{e}^{\mathrm{T}}\boldsymbol{y}\leqslant b \\ \boldsymbol{B}^{\mathrm{T}}\boldsymbol{y}\geqslant\boldsymbol{x} \\ \boldsymbol{y}\geqslant\boldsymbol{0}\end{cases} \tag{5-8c}$$

其中,$\boldsymbol{y}$ 是对(5-8a)式进行对偶变换得到的对偶变量。根据(5-8a)式可以得到:如果一个实数 b 大于或等于一组实数($\boldsymbol{a}^{\mathrm{T}}\boldsymbol{x},\forall\boldsymbol{a}\in U$),那么应该满足 $b\geqslant\sup_{\boldsymbol{a}\in U}\boldsymbol{a}^{\mathrm{T}}\boldsymbol{x}$;此外,因为 U 是紧集,所以上确界是由 U 中的某个特定的 $\boldsymbol{a}$ 确定的。因此,可以将 sup 替换为 max,并得到(5-8a)式。因为不确定集合 U 是一个非空的多面体,所以对于任何 $\boldsymbol{x}$,(5-8a)式中的最大值是有限的;因此,(5-8a)式和(5-8b)式之间存在强对偶关系。最后,由于(5-8b)式中的最小值对于任意 $\boldsymbol{x}$ 都存在且小于或等于 b,则必定在对偶多面体中存在 $\boldsymbol{y}$ 使得对偶问题的目标值小于 b。因此,如果不确定集合是一个多面体,则鲁棒线性约束等价于有限组确定性的线性约束。

同理,若不确定参数 $\boldsymbol{a}$ 属于一个盒式不确定集合,则鲁棒线性约束可以对等转换为

$$\boldsymbol{a}^{\mathrm{T}}\boldsymbol{x}\leqslant b, \quad \forall\boldsymbol{a}\in U_{\mathrm{box}}$$

$$\Leftrightarrow \max_{\|\xi\|_\infty\leqslant 1}\{\bar{\boldsymbol{a}}^{\mathrm{T}}\boldsymbol{x}+\xi^{\mathrm{T}}(\boldsymbol{\Delta}\,\boldsymbol{x})\}\leqslant b \tag{5-9a}$$

$$\Leftrightarrow \bar{\boldsymbol{a}}^{\mathrm{T}}\boldsymbol{x}+\|\boldsymbol{\Delta}\boldsymbol{x}\|_1\leqslant b \tag{5-9b}$$

$$\Leftrightarrow \bar{\boldsymbol{a}}^{\mathrm{T}}\boldsymbol{x}+\sum_{i=1}^{n}|\Delta_i x_i|\leqslant b \tag{5-9c}$$

$$\Leftrightarrow\begin{cases}\bar{\boldsymbol{a}}^{\mathrm{T}}\boldsymbol{x}+\sum_{i=1}^{n}t_i\leqslant b \\ -t_i\leqslant\Delta_i x_i\leqslant t_i, \quad \forall i=1,2,\cdots,n\end{cases} \tag{5-9d}$$

其中,(5-9b)是(5-9a)式由∞范数和 1 范数彼此对偶的性质得到。约束(5-9d)使用辅助变量 t_j 替换(5-9c)中的绝对值函数。

若不确定参数 $\boldsymbol{a}$ 属于一个预算不确定集合,则鲁棒线性约束可以对等转换为:

$$\begin{aligned}&\boldsymbol{a}^{\mathrm{T}}\boldsymbol{x}\leqslant b,\quad \forall\boldsymbol{a}\in U_{\text{budget}}\\&\Leftrightarrow\bar{\boldsymbol{a}}^{\mathrm{T}}\boldsymbol{x}+\max_{\|\xi\|_{\infty}\leqslant 1,\|\xi\|_{1}\leqslant\Gamma}\{\xi^{\mathrm{T}}(\Delta\boldsymbol{x})\}\leqslant b\\&\Leftrightarrow\begin{cases}\bar{\boldsymbol{a}}^{\mathrm{T}}\boldsymbol{x}+\Gamma\theta+\sum\limits_{i=1}^{n}(y_i^{+}+y_i^{-})\leqslant b\\y_i^{+}-y_i^{-}+z_i^{+}-z_i^{-}=\Delta_i x_i,\forall i=1,2,\cdots,n\\\theta-z_i^{+}-z_i^{-}=0,\forall i=1,2,\cdots,n\\\theta\geqslant 0,y_i^{\pm}\geqslant 0,z_i^{\pm}\geqslant 0,\forall i=1,2,\cdots,n\end{cases}\end{aligned}$$

其中，θ，$y_i^{\pm}$ 和 $z_i^{\pm}$ 表示对偶变量。

若不确定参数 $\boldsymbol{a}$ 属于一个椭球不确定集合，则鲁棒线性约束可以对等转换为：

$$\begin{aligned}&\boldsymbol{a}^{\mathrm{T}}\boldsymbol{x}\leqslant b,\quad \forall\boldsymbol{a}\in U_{\text{ellip}}\\&\Leftrightarrow\bar{\boldsymbol{a}}^{\mathrm{T}}\boldsymbol{x}+\max_{\|\boldsymbol{u}\|_2\leqslant 1}\{\boldsymbol{u}^{\mathrm{T}}\boldsymbol{R}^{\mathrm{T}}\boldsymbol{x}\}\leqslant b\\&\Leftrightarrow\bar{\boldsymbol{a}}^{\mathrm{T}}\boldsymbol{x}+\|\boldsymbol{R}^{\mathrm{T}}\boldsymbol{x}\|_2\leqslant b\\&\Leftrightarrow\bar{\boldsymbol{a}}^{\mathrm{T}}\boldsymbol{x}+\sqrt{\boldsymbol{x}^{\mathrm{T}}\boldsymbol{Q}\boldsymbol{x}}\leqslant b,\end{aligned}$$

其中，$\boldsymbol{R}=\boldsymbol{V}\boldsymbol{\Lambda}^{-1/2}$。

5.2　分布鲁棒优化

用不确定集合处理参数的不确定性虽然可以解对于不确定集合内的任何参数均是可行的，解决了因参数估计不精确导致的解的失真性，但因忽视了参数 ξ 的随机性（ξ 是一个随机变量），导致获得的最优解过于保守，尤其在不确定集合很大的情况下更是如此[5,6]。为克服这一缺点，学者们提出了分布鲁棒优化方法。这一方法的建模思想是视 $\boldsymbol{\xi}$ 是一个随机向量，P 为 ξ 的未知真实分布，将参数的不确定集合 U 用刻画分布 P 特征的分布集合 Ψ 替换。分布鲁棒优化模型为

$$\min_{\boldsymbol{x}\in\boldsymbol{X}}\sup_{P\in\Psi}E_P[f(\boldsymbol{x},\boldsymbol{\xi})]\tag{5-10}$$

随机优化方法适用于决策者完全知晓不确定参数所服从的概率分布的情形，鲁棒优化方法则能在决策者对不确定参数所服从的概率分布一无所知的情形下，辅助其做出最保守的决策。相比之下，分布鲁棒优化方法具有以下优势：首先，相较于随机优化方法，分布鲁棒优化方法无需确定不确定参数的概率分布信息，只需利用样本数据构建包含潜在真实概率分布的非精确集合，避免了获取不确定参数真实概率分布的复杂分析过程；其次，相较于鲁棒优化方法，分布鲁棒优化方法不再追求在不确定环境下做出最保守的决策，而是通过挖掘样本数据中的不确定参数的概率分布特征，建立具有“柔性”的优化决策模型。

在分布鲁棒优化问题中，关键是构建分布 P 的非精确集合 Ψ。目前，主要有两类构建方法。

(1) 基于矩信息的方法。该方法通过限制不确定参数的概率分布的矩特性(如均值、方差以及更高阶矩)，可以有效地捕捉并管理由于分布不确定性带来的风险。根据已知的矩信息定义非精确集合，确保该集合包含所有符合已知矩信息的概率分布。例如：

$$\Psi=\{P: E_P[\xi]\leqslant \boldsymbol{m}, E_P[\xi^T\xi]\leqslant \boldsymbol{\Sigma},\cdots\}$$

其中,$\boldsymbol{m}$ 是均值向量,$\boldsymbol{\Sigma}$ 是协方差矩阵。

(2) 基于距离的方法。该方法旨在构建包含所有与标称分布 $\hat{P}$ 距离在 ε 以内的概率分布集合。构建这种非精确集合需要三个要素:标称分布,距离度量和集合的大小。

标称分布可以通过先验知识、专家经验或数据驱动的方法获得。在数据驱动的情况下,通常可以利用一组独立观测值构建基于样本的经验分布作为标称分布。例如,给定一组独立观测值 $\hat{\Xi}^N=\{\hat{\xi}^i: i=1,2,\cdots,N\}$,基于样本的经验分布 $\hat{P}^N$ 可以定义为

$$\hat{P}^N=\frac{1}{N}\sum_{i=1}^{N}\delta_{\hat{\xi}}^i$$

其中,$\delta_{\hat{\xi}}^i$ 表示第 i 个训练样本 $\hat{\xi}^i$ 的狄拉克点质量。

为了度量两个分布之间的距离,常用的距离度量包括 K-L 散度[7]、Wasserstein 距离[8]等。集合的大小由距离度量的阈值 ε 控制,这个阈值决定了非精确集合中分布与标称分布之间的最大允许距离。

例 5-1 假设 $\xi_1,\xi_2\cdots,\xi_l$ 是一组相互独立的随机变量,且其期望值都在区间 $[\mu^-,\mu^+]$ 内,即

$$\Psi(U,\mu^+,\mu^-):=\{P\in M_+(\mathbb{R}^l): P\{\xi\in U\}=1,\mu^-\leqslant E_P[\xi]\leqslant \mu^+\}$$

其中,$U\subseteq\mathbb{R}^l$ 是非精确集合中对所有概率分布 P 的支撑。$M_+(\mathbb{R}^l)$ 是 $\mathbb{R}^l$ 上的非负测度集。具有此非精确集合的分布鲁棒优化问题(5-10)在最坏情况下的概率分布上存在以下最大化问题:

$$\begin{cases}\max\limits_{P} & E_P[f(x,\xi)]\\ \text{s. t.} & P\in M_+(\mathbb{R}^l)\\ & P\{\xi\in U\}=1\\ & \mu^-\leqslant E_P[\xi]\leqslant\mu^+\end{cases}\tag{5-11}$$

上述最大化问题(5-11)是一个具有无限数量变量和有限数量约束的半无限规划问题,可以应用有限维空间中的凸对偶理论来得到鲁棒约束的对偶问题。

接下来,我们用一般的概率分布来描写最大化问题(5-11):

$$\begin{cases}\max\limits_{\mu} & \int_U f(\boldsymbol{x},\xi)\,\mathrm{d}\mu(\xi)\\ \text{s. t.} & \mu\in M_+(\mathbb{R}^l)\\ & \int_U \mathrm{d}\mu(\xi)=1\\ & \int_U \xi\mathrm{d}\mu(\xi)\leqslant\mu^+\\ & \int_U -\xi\mathrm{d}\mu(\xi)\leqslant-\mu^-\end{cases}\tag{5-12}$$

根据拉格朗日对偶理论,可以得到如下的鲁棒优化问题:

$$\begin{cases}\min\limits_{x,\lambda,\beta,\gamma} & \boldsymbol{\lambda}+\boldsymbol{\beta}^{\mathrm{T}}\mu^+ +\boldsymbol{\gamma}^{\mathrm{T}}\mu^-\\ \text{s. t.} & f(\boldsymbol{x},\boldsymbol{\xi})-\boldsymbol{\lambda}+(\boldsymbol{\gamma}-\boldsymbol{\beta})^{\mathrm{T}}\boldsymbol{\xi}\leqslant 0,\ \forall\ \boldsymbol{\xi}\in U\\ & \boldsymbol{x}\in \boldsymbol{X}\end{cases}\tag{5-13}$$

模型(5-13)是一个具有不确定参数 ξ 和不确定集合 U 的鲁棒优化问题。根据不确定集合 U 的结构，模型(5-13)可以对等转换为具有有限数量约束和有限数量变量的可计算处理形式。

本章小结

鲁棒优化通过在不确定参数的最坏情况下求解最优解，以应对运营管理中的参数不确定性，主要分为经典鲁棒优化和分布鲁棒优化。经典鲁棒优化利用盒式、预算、椭球和多面体等不确定集合确保模型在各种可能情况下的稳健性，通过鲁棒对等转换简化求解过程。分布鲁棒优化则进一步考虑了参数的随机性，通过构建包含潜在真实概率分布的非精确集合来提高模型的灵活性和实用性。这种方法既避免了获取真实概率分布的复杂性，又避免了过度保守性，使得优化决策更加灵活和实际。鲁棒优化方法在库存管理、收益管理、项目管理、路径规划、设施选址等领域得到了广泛应用，提供了应对不确定性的有效优化决策工具。

习题

即练即测

习题 5-1 描述鲁棒优化的基本原理。为什么在实际应用中需要使用鲁棒优化方法？

习题 5-2 考虑如下的线性优化问题

$$\begin{cases} \min & \boldsymbol{c}^{\mathrm{T}}\boldsymbol{x}+d \\ \text{s.t.} & \boldsymbol{a}^{\mathrm{T}}\boldsymbol{x}\leqslant b \end{cases}$$

假设参数 $\boldsymbol{a}$ 存在不确定性，属于多面体不确定集合 U，即 $\boldsymbol{a}^{\mathrm{T}}\boldsymbol{x}\leqslant b$，$\forall \boldsymbol{a}\in U=\{\boldsymbol{a}\in\mathbb{R}^n: \boldsymbol{Ba}\leqslant \boldsymbol{e}, \boldsymbol{a}\geqslant \boldsymbol{0}\}$。请写出此式的鲁棒对等约束。

参考文献

[1] Mulvey J M, Vanderbei R J, Zenios S A. Robust optimization of large-scale systems[J]. Operations research, 1995, 43(2): 264-281.

[2] Ben-Tal A, Nemirovski A. Robust optimization-methodology and applications[J]. Mathematical programming, 2002, 92: 453-480.

[3] Ben-Tal A, Boyd S, Nemirovski A. Extending scope of robust optimization: Comprehensive robust counterparts of uncertain problems[J]. Mathematical Programming, 2006, 107(1-2): 63-89.

[4] Ben-Tal A, El Ghaoui L, Nemirovski A. Robust Optimization[M]. Princeton University Press, New Jersey, 2009.

[5] Yang M, Ma H G, Li X, Shang CJ, Shen Q. Bus bridging for rail disruptions: A distributionally robust fuzzy optimization approach[J]. IEEE Transactions on Fuzzy Systems, 2023, 31(2): 500-510.

[6] Li X, An X, Zhang B. Minimizing passenger waiting time in the multi-route bus fleet allocation problem through distributionally robust optimization and reinforcement learning[J]. Computers and

Operations Research, 2024, 164: 106568.

[7] Kullback S, Leibler R A. On information and sufficiency[J]. The Annals of Mathematical Statistics, 1951, 22(1): 79-86.

[8] Esfahani P M, Kuhn D. Data-driven distributionally robust optimization using the Wasserstein metric: Performance guarantees and tractable reformulations[J]. Mathematical Programming, 2018, 171(1): 115-166.

第 6 章

遗传算法

现代管理科学研究与实践中存在着大量优化问题，人们在不断探索大型复杂优化问题的求解方法。20 世纪 60 年代，美国密西根大学 John Holland 教授借鉴生物界自然选择和遗传进化机制，提出了一种求解复杂优化问题的随机搜索算法——遗传算法(genetic algorithm，GA)[1]。自然界的生物在有限的食物和空间条件下生存斗争，经过“优胜劣汰，适者生存”的自然进化法则，逐步进化成对生存环境适应性强的物种。遗传算法对生物系统的自然选择和遗传现象进行计算机模拟，从任一初始种群出发，通过选择、交叉和变异等遗传操作，产生一群更适应环境的个体，这样一代一代不断繁衍进化，最终收敛到一群最适应环境的个体，从而得到问题的优质解。20 世纪 90 年代以来，随着计算机的普及和性能的提升，遗传算法得到不断的发展，已成为解决大型复杂优化问题的可靠工具。

6.1 遗传算法概述

自然界的生物有很强的繁殖能力，而在食物和空间有限的条件下，生物想要存活下去就必须进行生存斗争。生存斗争包括三个方面，即生物与无机环境的斗争、物种间斗争以及种内斗争，其中种内斗争与生物变异组合起来造成物种的变化进而演变成为“适者生存”。在生存斗争过程中，具有有利变异的个体更容易从竞争中获胜而生存下去，并将进化后的优良基因遗传给后代；相反，具有不利变异的个体则会在生存斗争中被淘汰。这与达尔文自然选择学说的主要内容一致，该学说表明，遗传和变异是决定生物进化的内在重要因素。生物遗传保证生物的性状不断地遗传到后代从而保持物种的特性，而生物变异能够改变生物的性状，使生物不断适应新的自然环境，进化出优异的物种。

遗传与变异是生物界普遍存在的现象。遗传是指子代从其亲代获得遗传信息从而继承其特性或性状的生命现象，变异是指亲代与子代，以及子代个体之间在性状上存在差异的现象。遗传保持了物种特性的稳定，使得物种世代相继繁衍；而变异使物种的特性有所改变，使之能够适应新的环境不断向前发展。生物的遗传和变异是由遗传物质控制的，在生物细胞中，染色体是遗传物质的主要载体，其基本组成是蛋白质和 DNA。基因是具有遗传效应的基本 DNA 单位，它能够控制蛋白质的合成从而对生命活动和遗传产生影响。基因在染色体上的固定位置称为基因座，对于染色体同一基因座上控制相对性状的不同形态的基因称为等位基因。在细胞分裂的过程中，细胞核里遗传物质经过复制再平均分配到两个新细胞中，这样就保证了新细胞与亲代细胞具有相同的遗传物质。在生物体通过有性生殖繁殖后代时，两个染色体通过交叉而重组，即两个染色体的某一相同位置处 DNA 被切断，其前后两串分别交叉组合而形成两个新的染色体。此外，在细胞进行复制的过程中会有较低的概率发生复制错误，导致DNA发生突变进而生成新的染色体。

生物进化是指生物在自然选择的压力下为适应新的生存环境而不断改良其品质的生命现象。生物进化的基本单位是种群，种群是生活在同一地点的同种生物的一群个体，每个个体对其生存环境都有不同的适应能力，我们称这种适应能力为个体的适应度(fitness)。现代生物进化理论的主体内容是达尔文的自然选择学说，自然选择学说认为不同生物在繁衍后代的过程中，生物的基因有可能发生突变而产生新的生物基因，并且变异后形成的基因也将继续遗传到下一代生物体中。当然，这种新的基因的增殖能力取决于它与环境的适应程度，根据适者生存的法则，适应生存环境的基因会逐渐增多，而不适应生存环境的基因会逐渐减少。通过这种自然的选择，物种将逐渐向适应生存环境的方向进化，从而产生出优良的物种。

遗传算法本质上是一种随机搜索算法，只不过算法在随机搜索的基础之上，通过模拟生物遗传进化机制加速了对解空间的搜索过程。在搜索过程中，遗传算法主要保持了两个重要能力，即"探索"与"开发"能力。通过"探索"，算法可以不断发现解空间内新的解，而利用"开发"可以在已找到的解附近进行细致的搜索，以进一步提升解的质量。一个好的遗传算法能够在"探索"与"开发"之间找到一个平衡点，过度探索而不利用已收集的信息通常很难接近最优解，而过度开发则会导致在某一个局部空间走得太远最终陷入局部最优。

遗传算法从代表问题的一组初始解开始，称为初始种群(population)。该种群是由一定数量的经过基因编码的个体(individual)组成，这些个体又称为染色体(chromosome)。染色体作为遗传物质的主要载体，由多个基因有序排列而形成，这些基因的组合方式决定了个体的外部表现。因此，在生成初始种群之前需要先进行染色体的编码。常见的编码方式有二进制编码、浮点数编码、符号编码等。在初始种群产生之后，采用优胜劣汰、适者生存的自然法则进行迭代运算，产生越来越好的解。具体来说，在每一代中根据适应度的大小选择个体，并通过一定概率的交叉和变异操作对解空间进行探索和开发，产生新一代种群。经过世代繁衍，后代种群比父代种群更加适应环境，最终末代种群中的最优个体很可能就是问题的优质解。图6-1展示了遗传算法的运算流程。

下面以一个简单的优化问题来描述遗传算法的具体操作过程。对于一个求函数极大值问题：

$$\begin{cases} \max \quad f(\boldsymbol{x}) & (6\text{-}1) \\ \text{s.t.} \quad \boldsymbol{x} \in F & (6\text{-}2) \\ \qquad\ \ F \subseteq U & (6\text{-}3) \end{cases}$$

其中，$f(\boldsymbol{x})$是该问题的目标函数，(6-2)和(6-3)式为约束条件，$\boldsymbol{x}=(x_1,x_2,\cdots,x_n)^{\mathrm{T}}$为决策变量，$U$为决策空间，$F$为可行解集合，是决策空间$U$的一个子集。在遗传算法中，首先将$n$维决策变量$\boldsymbol{x}$用$n$个记号组成的符号串$X$来表示：

$$X_1, X_2, \cdots, X_n$$

每一个符号串代表一条染色体，每一个X_i可看作染色体上的一个基因，它的所有可能取值为等位基因。通常情况下，染色体的长度n是固定的，但对于一些特定问题n也是可以变化的。根据基因X_i的取值类型不同，等位基因的取值既可以是某一范围内的实数，也可以是一组整数。最简单的一种形式就是等位基因由0和1两个值组成，相应的染色体采取二

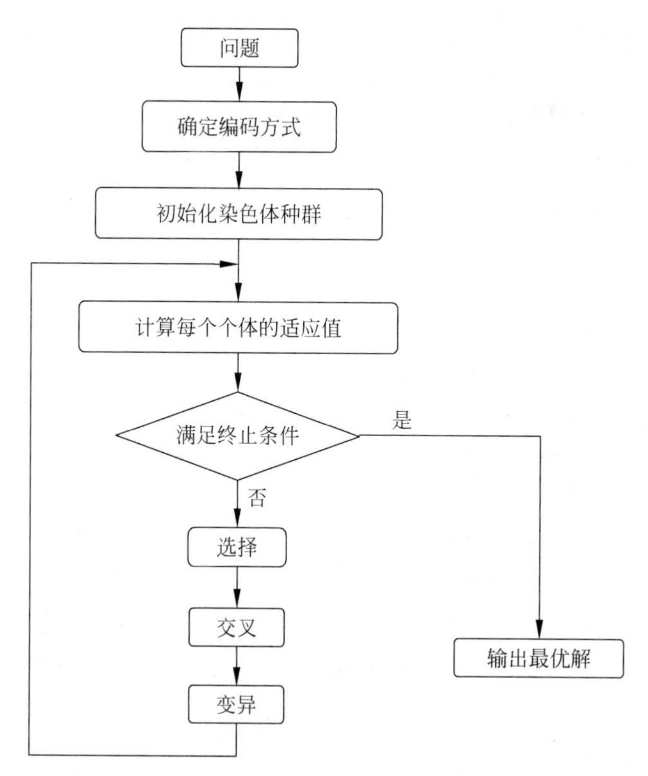

图 6-1 遗传算法的运算流程

进制编码方式。对于每个染色体 X，按照一定规则计算出其适应度，此适应度通常与目标函数 $f(\boldsymbol{x})$ 紧密相关，当个体 X 越接近最优解时，其适应度越高，反之适应度越低。

遗传算法在开始运算时，首先生成 pop_size 个染色体形成初始种群 $P(0)$，这里 pop_size 为种群规模的大小。在种群初始化之后，遗传算法利用选择操作，根据个体的适应度从当前种群中挑选出一部分具有优良性能的染色体，将其遗传到后代种群中。对于第 t 代种群 $P(t)$，经过一次迭代后，得到第 $t+1$ 代种群 $P(t+1)$。通过不断地遗传和进化，在每一代中按照优胜劣汰的规则将优异染色体保留到后代中，最终群体的平均适应度达到一个较高水平，种群中的最优个体也越来越接近问题的最优解。

种群的进化过程主要通过染色体的交叉和变异来实现。假设本节所考虑问题的决策变量是 6 维的 0-1 变量，若采用单点交叉方法来实现染色体交叉，则操作过程如下：

X1： 1 0 1 | 0 1 1 —交叉→ X1′： 1 0 1 | 0 0 1
X2： 1 1 1 | 0 0 1 X2′： 1 1 1 | 0 1 1

将父代染色体 X1 和 X2 的后三位基因交叉生成两条新的染色体 X1′和 X2′。

对于染色体 X1，采用基本位变异算子来描述变异过程，如下：

X1： 1 0 | 1 | 0 1 1 —变异→ X1′： 1 0 | 0 | 0 1 1

经过变异，染色体 X1 的第三个等位基因的基因值由 1 变为 0。需要说明的是，为了便于理解遗传算法的操作流程，这里所采取的编码方法、染色体结构以及交叉、变异操作，均为简单操作。但在求解实际问题时，我们往往需要根据问题特性和复杂程度精心设计编码方式和染色体结构，采用高效的遗传算子来保证遗传算法的求解效果。

遗传算法通过模拟自然界的进化规律来获得优质解，不依赖目标函数的梯度信息，其主要特点可概括为如下几个方面：

(1) 适用性广。遗传算法的运算对象不是决策变量本身，而是决策变量编码后形成的个体。这种对决策变量进行编码处理的方式，使得遗传算法能直接处理结构对象，如矩阵、序列、树、集合、图、表等。另外，对于一些没有数值只有代码符号的优化问题，遗传算法的编码处理方式也显示出其独特的优越性。因此，遗传算法广泛应用于求解各种类型的优化问题。

(2) 并行性强。一方面，遗传算法可以在几百甚至几千台计算机上并行计算。算法在各台计算机上独立运行时，可以不需要任何通信，等到运算结束再将结果进行比较，选取最佳的个体。若独立运行的算法之间有少量的信息交流，则会带来更好的结果。此外，遗传算法的并行计算对于并行系统没有限制和要求，因此无论是在并行机还是分布系统上都能保证较好的并行效率。

(3) 不依赖辅助信息。传统优化算法不仅需要利用目标函数值，还需要依靠函数的导数等信息才能进行搜索，因此在面对一些复杂问题时往往无法求解。遗传算法仅以适应度函数值作为搜索信息，基本上不依赖其他辅助信息，该特点使得遗传算法无需考虑目标函数和约束条件是否连续或可微，可用于解决具有复杂数学表示、难以或无法求导的函数优化问题。

(4) 采用概率搜索技术指导搜索方向。传统优化算法往往采用确定性规则来引导寻优过程，但这种搜索方法可能导致永远找不到最优解，限制了算法的应用范围。作为一种自适应概率搜索算法，遗传算法以概率的方式进行选择、交叉和变异，使搜索过程更加灵活，搜索空间更加宽泛。需要注意的是，采用概率搜索技术并不是对解空间盲目地搜索，概率只是被用来引导搜索朝着更优的解空间方向移动。

(5) 智能性。遗传算法具有自组织、自适应和自学习的能力。在编码方案、适应度函数以及遗传操作确定之后，遗传算法就可以利用进化过程中获得的信息自行组织搜索。在搜索过程中，适应度高的个体更能适应环境并产生更多适应环境的后代。

6.2 遗传算法流程

本节介绍遗传算法的运算流程及实现方式，包括染色体编码、适应度函数、遗传操作和参数设置。

6.2.1 染色体编码

我们已经知道，遗传算法并不直接对问题的解进行运算，而是对可行解的编码进行选择、交叉和变异操作。在遗传算法中，将所求解问题的可行解转换成遗传算法所能处理的形式，即由基因按一定结构所组成的染色体的过程，就称为编码。编码是遗传算法中的一个关键步骤，它决定了算法搜索的复杂度以及问题求解的精度。一个好的编码方式可以使交叉、变异操作更加简单，从而提高算法的执行效率；相反，一个差的编码方式可能导致交叉、变异操作难以实现。因此，给定一个具体问题，如何设计一种高效的编码方式是遗传算法的重点和难点之一。

由于遗传算法的广泛适用性，人们已经提出了多种的编码方式，以下是三种常见的编码方式：

(1) 二进制编码[2]。二进制编码使用由二进制符号 0 和 1 所组成的符号集来表达问题空间的参数。该方法简单易用，便于实现交叉和变异操作，并可以通过调整编码长度协调搜索效率和精度之间的关系。然而对于连续函数的优化问题，此方法非常容易陷入局部最优。

(2) 浮点数编码[3]。浮点数编码是指个体的每个基因值使用某范围内的一个浮点数来表示，编码长度一般等于决策变量的个数。在浮点数编码中，必须保证基因值在给定的区间限制范围内，同时交叉、变异等遗传算子也必须保证其运算结果所产生的新个体的基因值也在这个区间范围内。采用浮点数表达法不必进行数制转换，可直接在解的表现型上进行遗传操作，降低了计算的复杂性，适用于处理复杂的决策变量、约束条件以及组合优化问题。

(3) 符号编码。符号编码指个体染色体编码串中的基因值取自一个无数值含义、只有代码含义的符号集，如$\{A,B,C,\cdots\}$。对于使用符号编码方式的遗传算法，一般需要认真设计交叉、变异等遗传操作以满足问题的各种约束，这样才能提高算法的搜索性能。

6.2.2　适应度函数

遗传进化过程中，个体的适应度越高，其被遗传到下一代的概率越大；反之，个体适应度越低，被遗传到下一代的概率越小。换句话说，遗传算法基本上不依赖外部信息，仅利用适应度函数来进行优化搜索，因此适应度函数的选择非常重要，直接影响算法的收敛方向和收敛速度。适应度函数和目标函数直接关联，一般由目标函数转换而成。几种常见的适应度函数如下。

(1) 以问题的目标函数作为适应度函数。若目标函数为最大化问题，则适应度函数为

$$\mathrm{Fit}(x)=f(x)$$

若目标函数为最小化问题，则适应度函数为

$$\mathrm{Fit}(x)=\frac{1}{f(x)}$$

或者

$$\mathrm{Fit}(x)=-f(x)$$

这种适应度函数设计简单，但可能不满足适应度函数非负的要求。此外，当求解问题的目标函数值在分布上差异较大时，平均适应度不能准确反应种群的性能，制约了算法的效果。

(2) 利用“界限构造法”设计适应度函数。该方法可以满足适应度函数非负的要求，对于最大化问题，适应度函数为

$$\mathrm{Fit}(x)=\begin{cases}f(x)-f_{\min}, & 如果\ f(x)>f_{\min}\\ 0, & 其他\end{cases}$$

其中，$f_{\min}$ 是 $f(x)$的最小估计值。

对于最小化问题，适应度函数为

$$\text{Fit}(x)=\begin{cases}f_{\max}-f(x), & \text{如果 } f(x)<f_{\max}\\ 0, & \text{其他}\end{cases}$$

其中，$f_{\max}$ 是 $f(x)$的最大估计值。

(3) 利用“倒数法”设计适应度函数。对于最大化问题，适应度函数为

$$\text{Fit}(x)=\frac{1}{1+c-f(x)},\quad c\geqslant 0,\quad c-f(x)\geqslant 0$$

对于最小化问题，适应度函数为

$$\text{Fit}(x)=\frac{1}{1+c+f(x)},\quad c\geqslant 0,\quad c+f(x)\geqslant 0$$

其中，c 为目标函数界限的保守估计值。

在遗传进化初期很可能出现一些超常的个体，这些个体的竞争力太强会控制选择的过程，不利于算法的全局搜索。而在进化后期，可能会出现群体平均适应度接近最佳个体适应度的情况，即个体之间的竞争力没有明显差异，导致算法收敛缓慢且易陷入局部最优。为避免上述情况，通常需要对适应度函数做放缩调整，即尺度变换。常用的变换方法有以下几种：

(1) 线性变换。假设原适应度函数是 $\text{Fit}(x)$，变换后的适应度函数是 $\text{Fit}'(x)$，则变换形式为

$$\text{Fit}'(x)=a\text{Fit}(x)+b$$

其中参数 a 和 b 需要满足：线性变换前后群体适应度的平均值不变；变换后群体中最大的适应度函数值等于变换前最大适应度函数值的指定倍数。

(2) σ 截断变换。σ 截断变换的目的是保证尺度变换后适应度值非负，此方法主要是利用群体适应度值的标准方差对适应度函数做变换，其表示如下：

$$\text{Fit}'(x)=\text{Fit}(x)-(u-c\sigma)$$

其中，u 为均值，σ 标准差，c 为常数。

(3) 乘幂变换。变换形式为

$$\text{Fit}'(x)=\text{Fit}^{k}(x)$$

其中，幂指数 k 与所求解问题有关，通常需要通过一些试验来确定它的值。

(4) 指数变换。变换形式为

$$\text{Fit}'(x)=\mathrm{e}^{-a\text{Fit}(x)}$$

其中，a 为放缩系数，其值越大，个体间差异越小；反之，个体间差异越大。

6.2.3 遗传操作

遗传算法中的遗传操作是对生物基因遗传的模拟，其目的是通过对种群中的个体施加一定的操作，从而实现优胜劣汰，保证种群朝着更优的方向发展。对于优化问题而言，遗传操作就是使问题的解逐代改进和优化，逐渐逼近最优解。遗传操作主要包括选择、交叉和变异三个算子，三个算子各自对应一定的操作概率，达到一定概率后进行相应的操作。

选择算子

自然选择是遗传算法的主要灵感来源。在生物遗传进化过程中,对生存环境适应能力强的个体会有更多的机会获得食物和交配权,从而有更多的机会遗传到下一代。相反,适应能力弱的个体则会逐渐在进化过程中淘汰。模仿此过程,遗传算法中的选择操作就是在评估种群中个体适应度的基础上,以较高的概率将性能优良的个体直接遗传到下一代。目前,常用的选择算子有以下几种。

(1) **适应度比例方法** 适应度比例方法,又称为蒙特卡洛方法,是目前最常用的一种选择方法。其基本思想是个体被选中的概率与其适应度大小成正比。设种群大小为 N,若种群中个体 i 的适应度值为 Fit_i,则个体 i 被选取的概率 P_i 表示为

$$P_i=\frac{\mathrm{Fit}_i}{\sum_{n=1}^{N}\mathrm{Fit}_n},\quad i=1,2,\cdots,N$$

P_i 反映了个体 i 的适应度占整个群体适应度总和的比例,占比越大,个体被选中的概越高,反之则越低。

轮盘赌算子是最常用的一种适应度比例方法,其基本思想是按个体的选择概率产生一个轮盘,轮盘每个区的角度与个体的选择概率成比例。然后,产生一个随机数,它落入转盘的哪个区域就选择相应区域的个体。

(2) **基于排序的适应度分配方法** 基于排序的适应度分配方法是指在计算出种群中每个个体的适应度之后,依据适应度的大小将种群中的个体进行排序,然后将提前设计好的概率表按序分配给个体,作为个体的选择概率。在该选择方法中,个体的选择概率取决于在种群中的序位,和适应度的值没有直接关系,因此一定程度上克服了适应度比例计算的尺度问题和过早收敛问题。该方法的不足之处是需要事先确定概率分配表,而该表的设计通常无规律可循。

(3) **联赛选择方法** 联赛选择方法每次从群体中随机选择 n 个个体(称为联赛规模),比较 n 个个体的适应度大小并将适应度最高的个体遗传到下一代中。重复此操作过程,直到选择出的个体达到预先设定的数目为止。联赛选择法也是基于个体适应度大小关系进行选择的一种方法,它不需要对个体适应度进行算术运算,只需比较个体间的适应度大小,因此该方法思想简单易于操作。

(4) **精英策略** 在算法迭代运算过程中,交叉、变异等操作的随机性有可能破坏掉当前种群中的最优个体,这会导致整个种群的平均适应能力降低,将直接影响算法的运行效率和收敛效果。因此,我们希望当前群体中的最佳个体不进行交叉、变异操作,直接保留到下一代中,这就是精英策略的思想。精英策略的实施保证了某一代的最优解不被交叉、变异所破坏,提高了遗传算法的收敛性。但另一方面,该策略容易导致局部最优个体不易淘汰反而迅速增加,使算法陷入局部最优。因此,精英策略通常不单独使用,而是与其他选择操作结合。

(5) **分层选择法** 每一代的个体都要经过多轮选择,较低层次的评估速度较快,辨别力较弱,而存活到较高层次的个体则得到更严格的评估。这种方法的优点是,它通过使用更快的、选择性较低的评估来剔除大多数显示出很少或没有希望的个体,而只让那些在最初阶段存活下来的个体接受更严格的、计算成本更高的适配性评估,从而减少整体计算时间。

(6) **排挤方法** 在生物界中,当种群中的个体大量繁殖时,群体中个体之间的竞争压力会因争夺有限生存资源急速加剧,这会导致个体的寿命和出生率降低。排挤方法可以缓解这种情形,在此方法中,新生成的个体将代替或者排挤相似的父代个体,以维持群体的多样性。

交叉算子 在生物的自然进化过程中,生物遗传基因的重组起着核心作用。相应地,模仿生物进化过程,交叉操作在遗传算法中起着关键作用,它决定遗传算法的局部搜索能力,是区别遗传算法与其他优化算法的本质特征。所谓交叉操作,是指在种群中随机选取个体进行两两配对,然后对每对个体按照一定的交叉概率交换部分基因信息,从而形成两个新后代的过程。交叉算子的设计一般与所求解问题密切相关,同时与染色体的编码方式相互关联。原则上,交叉操作不要过多地破坏个体编码串中的优良性状,又能有效产生一些新的拥有优秀特性的个体。

交叉算子可分为二进制交叉和实值重组。二进制交叉主要包括单点交叉、两点交叉、多点交叉和均匀交叉等。实值重组包括离散重组和算数交叉。其中离散重组和单点交叉、多点交叉以及均匀交叉的操作过程类似。下面介绍几种常见的交叉算子:

(1) **单点交叉** 在个体编码串中随机选择一个位置作为交叉点,然后将两个个体在该点前或后的部分结构互换,生成两条新的后代个体。单点交叉是最简单也是最经典的交叉算子,对于选取交叉点位置具有一定内在含义的问题而言,单点交叉破坏个体优良性状或降低个体适应度的可能性最小。相比于多点交叉或均匀交叉,单点交叉因交叉力度大导致交叉混合的速度较慢。图 6-2 展示了一个单点交叉的示例。其中,交叉点设置在第三个和第四个基因座之间。交叉时,两个染色体交叉点后的部分进行互换,即个体 A 的第一到第三个基因与个体 B 的第四到第六个基因座组成一个新的个体 A′。同理,得到组合后的新个体 B′。

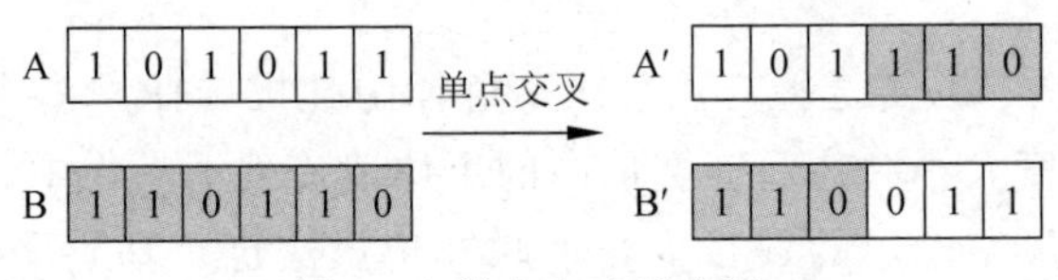

图 6-2 单点交叉示意图

(2) **两点交叉** 两点交叉与单点交叉类似,区别在于随机设置了两个交叉点。在执行两点交叉操作时,首先在个体编码串中随机选取两个交叉点,然后交换两个个体中两个交叉点之间的基因。两点交叉的示例如图 6-3,随机设定的两个交叉点分别在第二个基因座和第三个基因座之间、第四个基因座与第五个基因座之间。因此两个个体 A、B 的第二个基因座与第五个基因座之间的部分进行了互换,得到两个新个体 A′、B′。

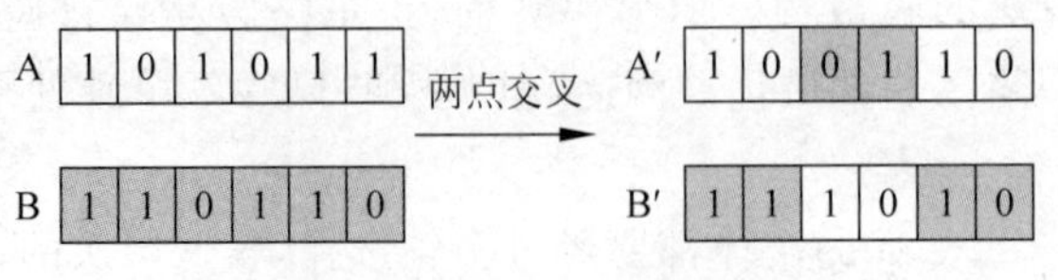

图 6-3 两点交叉示意图

(3) **多点交叉** 多点交叉是单点交叉和两点交叉的推广。多点交叉是指在个体编码串中随机选取多个交叉点，然后进行基因交换。使用多点交叉可以促进种群的多样性，有利于扩大解空间的搜索范围。不过在实际应用中，多点交叉使用的比较少，因为它有可能破坏一些好的基因组合模式，并且随着交叉点的增加，这种破坏的可能性也逐渐增大，这样就很难保证遗传算法的性能。

(4) **均匀交叉**　均匀交叉是指配对的个体编码串上的每个位置都以等概率进行交叉，以此组成新的个体编码串。均匀交叉可以通过一个随机产生的与个体编码串等长的 0-1 掩码来确定后代个体每个基因来自哪个父代个体。若给定父代个体 A 和 B(如图 6-4 所示)，随机生成的掩码样本((如图 6-5 所示)，其中 1 代表该基因座上的基因值继承父代个体 A 的值，0 代表该基因座上的值继承父代个体 B 的值)则两个父代进行均匀交叉后得到的子代个体如图 6-6 所示。

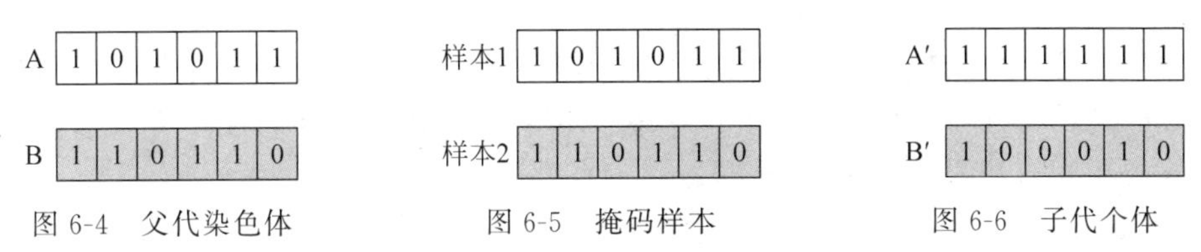

图 6-4　父代染色体　　图 6-5　掩码样本　　图 6-6　子代个体

(5) **算数交叉**　算数交叉的操作对象一般是由浮点数编码的个体。算数交叉指由两个个体的线性组合而产生出的新个体。假设在两个个体 x_1，x_2 之间进行算数交叉，则交叉后生成的两个新个体为

$$X_1 = ax_2 + (1-a)x_1$$
$$X_2 = ax_1 + (1-a)x_2$$

其中，a 既可以是一个确定的参数也可以是一个随着进化代数变化的变量。当 a 是一个参数时，所执行的交叉称为均匀算数交叉；当 a 是变量时，称为非均匀算数交叉。

变异算子　在遗传算法中，变异算子通过模拟生物遗传和进化过程中的变异环节对个体进行变异，虽然发生变异的可能性比较小，但也是产生新物种的一个不可忽视的原因。变异操作是指对种群中个体编码串上的基因值做改动，其基本步骤如下：

(1) 在群体中所有个体的编码串范围内随机地确定基因座；

(2) 以事先设定的变异概率 P_m 来对这些基因座的基因值进行变异。

遗传算法导入变异的目的有两个，一是使遗传算法具有局部的随机搜索能力，即当遗传算法通过交叉算子已经接近最优解时，利用变异算子的局部搜索能力可以加速向最优解收敛。显然，此种情况下的变异概率应取小值，否则接近最优解的染色体会因变异而遭到破坏。二是使遗传算法可维持群体多样性，以防止出现未成熟收敛现象，此时变异概率应取值较大。

通过变异不断在交叉算子产生的新个体的基础上进行微调，可增加种群的多样性，使遗传算法在由交叉算子决定的全局搜索能力的基础上还具有一定的局部搜索能力。下面介绍一些常用的变异算子：

(1) **基本位变异**　基本位变异指以一定变异概率随机指定个体编码串中的某一个或多个基因座上的值做变异。基本位变异是最简单的变异算子，它改变的只是个体编码串中的个别基因座的值，再加上变异的概率通常较小，其发挥的作用比较慢。

(2) **交换变异** 将交换突变应用于基于二进制或整数编码的染色体时，随机选择个体编码串上的两个基因并交换其基因值。此突变操作对个体进行了细微的调整，提高了局部搜索的精度，但通常情况下个体编码串绝对位置呈现的“模式”变化较大，所需要的计算就稍微复杂一些。

(3) **逆转变异** 逆转变异是在个体编码串中随机选择两个点，然后将两点之间的基因值以逆向排序插入原位置中。图 6-7 展示了一个二进制编码串的逆转操作。

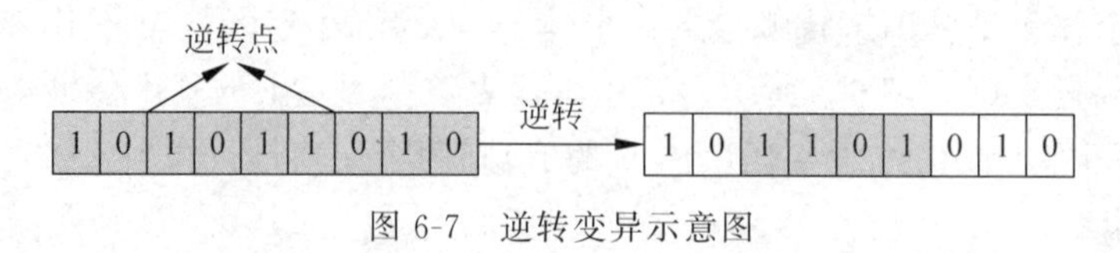

图 6-7 逆转变异示意图

逆转算子是一种特殊的变异算子，其真正目的不在变异，而是在实现基因的重新排序。需要注意的是，当我们使用逆转算子来实现个体编码传中的基因重新排序时，必须把基因座的位置与相应的基因值独立开，从而保证重新排序后的个体符合要求。

(4) **高斯变异** 在进行变异时用一个符合均值为 μ(μ 实际上等于要变异的值)、方差为 σ^2 的正态分布的一个随机数来替换原有基因值。也就是意味着以 μ 为期望，以 σ^2(任取)为方差的正态分布中的任意一个值替换掉此数值。高斯变异的局部搜索能力较好，但是引导个体跳出局部较优解的能力较弱，不利于全局收敛。

(5) **均匀变异** 均匀变异算子是用预先设定范围内均匀分布的随机数，以某一概率来替换个体编码串中各个基因座原有基因值。其具体操作过程是：依次指定个体编码串中的每个基因座为变异点，对每一变异点，以一定的变异概率用取值范围内的一个随机数来替换原有基因值。均匀变异算子比较适用于遗传算法的初期阶段，它可通过在解空间内灵活的移动增加种群的多样性。

(6) **非均匀变异** 均匀变异操作利用一定范围内均匀分布的随机数来替代原有基因值，使个体在搜索空间内自由移动。然而，它不能实现对某一重点区域的局部搜索。为了弥补这个不足，非均匀变异对原有的基因值做随机扰动，将扰动后的结果作为变异后的基因值。非均匀操作的重点是探索原个体附近范围内的解空间，以提高算法的局部搜索能力。

6.2.4 参数设置

在运行遗传算法之前，算法设计者需要指定一些运行参数，这些参数的选择对于遗传算法的成功与否有着很大的影响。遗传算法的关键运行参数主要有以下几个：

(1) **群体规模 N** 群体规模影响遗传优化的最终结果以及遗传算法的执行效率。当群体规模 N 太小时，遗传算法的优化性能一般不会太好。采用较大的群体规模可减少遗传算法陷入局部最优解的概率，但较大的群体规模意味着计算复杂度高。一般来说，N 取值在 10 到 160 之间。

(2) **交叉概率 P_c** 交叉概率控制着交叉操作被使用的频率。较大的交叉概率可增强遗传算法开辟新的搜索区域的能力，但高性能的解遭到破坏的可能性增大；若交叉概率太低，遗传算法搜索可能陷入迟钝状态。一般来说，P_c 取值在 0.5 到 0.8 之间。

（3）**变异概率** P_m　变异在遗传算法中属于辅助性的搜索操作，它的主要目的是维持解群体的多样性。一般低频度的变异可防止群体中重要、单一基因的丢失，高频度的变异将使遗传算法趋于纯粹的随机搜索。一般来说，P_m 取值在 0.05～0.2 之间。

（4）**最大进化代数** G　最大进化代数是表示遗传算法运行结束条件的一个参数，它表示遗传算法运行到指定的进化代数之后就停止运行，并将当前群体中的最佳个体作为所求问题的最优解输出，一般来说，建议 G 的取值范围是 100～1000。

遗传算法的终止条件也可以由某种判定准则来确定，判定标准是种群进化已经进入成熟阶段，不再有明显的进化趋势。比如，当种群连续多代的个体平均适应度的差异小于一个很小的值时，或者群体中所有个体适应度的方差小于一个很小的值时，通常认为种群进化可以终止了。

6.3　应用案例

遗传算法作为一类基于生物进化原理的全局优化技术，展现出了在解决复杂决策问题上的卓越潜力，广泛应用于各种现实场景。例如，针对公交调度管理，遗传算法能够在复杂的时空需求中找到优质的车辆分配和路线规划方案，以减少乘客等待时间，提高系统整体效率[4]。针对地铁节能管理，遗传算法能够在保持高效准时服务的同时，探索实现节能减排的列车运行策略[5]。针对危化品运输管理，遗传算法能够综合考量时间、成本与风险因素，设计出既安全又高效的运输路径[6]。

为了更好地理解遗传算法的原理，下面提供一个应用案例。考虑有 20 个物品，每个物品的重量 $w_i, i=1,2,\cdots,20$ 为 10、13、24、32、4、12、15、22、26、5.2、14、18、25、28、6.8、14、14、28、32、6.8，价值 v_i 为 3、4、9、15、2、4、6、8、10、2.5、5、7、10、12、3、3、5、10、10、2。假设一个背包的最大载重量为 92，问应该选择哪些物品放入背包，使得背包内物品的价值总量最大。设置 0-1 决策变量 $x_i \in \{0,1\}, i=1,2,\cdots,20$，如果物品 i 被选入背包，则 $x_i=1$，否则 $x_i=0$，则该问题的数学模型可以表示为

$$
\begin{cases}
\max & \sum_{i=1}^{20} v_i x_i \\
\text{s.t.} & \sum_{i=1}^{20} w_i x_i \leqslant 92 \\
 & x_i \in \{0,1\}, i=1,2,\cdots,20
\end{cases}
$$

我们采用遗传算法求解上述问题，算法参数设置为：群体规模 $N=100$，交叉概率 $P_c=0.8$，变异概率 $P_m=0.05$，最大进化代数 $G=200$。具体流程如下。

（1）编码：采用 0-1 编码的方式，随机生成 20 个 0 或 1 组成一个染色体。对于随机生成的染色体，如果其不满足背包最大载重量约束，我们按照以下方法对其进行修正：从左到右依次计算背包中 1-20 个物品的累积载重，如果第 i 个基因为 1 且累积到 i 点处的累积载重大于载重上限，那么将 i 点位基因修正为 0。

（2）适应度函数：每个染色体的适应度设置为其对应的背包内物品的价值总量，即

$$\mathrm{Fit}=\sum_{i=1}^{20} v_i x_i$$

这里的适应度值越大，表明染色体越优，反之越劣。

(3) 选择算子：采用轮盘赌算子来选择染色体，个体的适应度值越大，被选中的概率越高。

(4) 交叉算子：从区间[1,20]中随机产生两个整数 a_1 和 a_2，然后将两个父代染色体上位置 a_1 和 a_2 之间的基因进行交换，生成两个子代染色体。例如，$a_1=2$，$a_2=4$，则以下两个父代染色体

1 | 0 1 0 | 1 0 1 0 0 0 0 1 0 1 0 1 0 0 1 0

0 | 1 0 1 | 0 1 0 0 0 1 1 0 0 0 0 1 0 0 1 0

交叉后得到的子代染色体为

1 | 1 0 1 | 1 0 1 0 0 0 0 1 0 1 0 1 0 0 1 0

0 | 0 1 0 | 0 1 0 0 0 1 1 0 0 0 0 1 0 0 1 0

(5) 变异算子：对于一个染色体，随机选择其上的两个基因进行交换，得到一个新的染色体。例如，染色体

1 0 1 0 1 0 1 0 0 0 0 1 0 1 1 0 1 0 0 1 0

变异后得到以下染色体

1 0 1 0 1 0 1 0 1 0 0 1 0 0 0 1 0 0 1 0

具体的 Matlab 代码见附录。运行后，得到的最优解为(0 0 0 1 0 0 0 0 0 0 0 0 1 1 1 0 0 0 0 0)，即选择物品 4、13、14、15 放入背包，对应的总重量为 91.8，对应的价值总量为 40。

本章小结

遗传算法是一种通过模拟自然进化过程搜索最优解的方法，已被人们广泛地应用于组合优化、机器学习、信号处理、自适应控制和人工智能等领域。本章主要介绍了遗传算法的相关理论、运算流程及实现方式，并提供了相应的案例。

习题

即练即测

习题 6-1 请简述遗传算法的思想。

习题 6-2 遗传算法的主要特点有哪些？

习题 6-3 请画出遗传算法的流程图。

参考文献

[1] Holland J H. Adaptation in Natural and Artifical Systems[M]. U Michigan Press, Ann Arbor, 1975.

[2] Ma H, Li X. Closed-loop supply chain network design for hazadrdous products with uncertain demands and returns[J]. Applied Soft Computing, 2018, 62: 889-899.

[3] Ma H, Yang M, Li X. Integrated optimization of customized bus route and timetables with

consideration of holding control[J]. Computers & Industrial Engineering,2022,175: 108886.

[4] Li X, An X, Zhang B. Minimizing passenger waiting time in the multi-route bus fleet allocation problem through distributionally robust optimization and reinforcement learning[J]. Computers and Operations Research,2024,164: 106568.

[5] Li X,Pan Z, Ma H, Zhang B. Neural network-based subway regenerative energy optimization with variable headway constraints[J]. IEEE Transactions on Intelligent Transportation Systems, 2023, 24(9): 9698-9711.

[6] Hu H,Du J,Li X,Shang C J,Shen Q. Risk models for hazardous material transportation subject to weight variation considerations[J]. IEEE Transactions on Fuzzy Systems,2021,29(8): 2271-2281.

第7章

粒子群算法

受鸟类群体行为建模与仿真研究结果的启发,美国社会心理学家 J. Kennedy 和电气工程师 R. Eberhart 修正了生物学家 Frank Heppner 提出的鸟类模型[1],于 1995 年共同提出了粒子群算法(particle swarm optimization,PSO)。J. Kennedy 与 R. Eberhart 于 2001 年合著的《群体智能》将生物界群体智能的影响进一步扩大[2],随后关于粒子群优化算法的研究成果大量涌现,继而掀起了国内外的研究热潮[3-6]。粒子群算法易理解,易实现,参数少,对非线性、多峰问题均具有较强的全局搜索能力,因而在科学研究与工程实践中得到了广泛关注。目前,该算法已广泛应用于函数优化、神经网络训练、模式分类、模糊控制等领域。

7.1 粒子群算法概述

粒子群算法的核心思想是通过模拟鸟类在搜索空间中的运动和信息共享,来寻找复杂问题的优质解。鸟类在捕食过程中,鸟群成员不仅拥有已搜索的最佳位置的个体信息,还可以通过个体之间的信息共享获得其他成员发现的信息与飞行经历。这种信息共享机制使得它们的搜索行为同时受到个体信息和群体信息的引导。因此,即使在食物源零星分布并且不可预测的条件下,鸟群依然能快速搜索到食物。粒子群算法模仿鸟类捕食行为,将优化问题的搜索空间类比鸟类的飞行空间;将每只鸟抽象为一个无质量、无体积的粒子,并为每个粒子制定了与鸟类运动类似的简单行为规则,使整个粒子群的运动表现出与鸟类捕食相似的特性。优化问题所要搜索到的最优解等同于鸟类寻找的食物源。基于这独特的搜索机制,粒子群算法首先创建一个初始种群,在可行解空间和速度空间中随机初始化粒子的位置和速度,其中粒子的位置用来表示问题的可行解。然后,通过种群内部粒子间的合作与竞争,来求解优化问题[7]。

粒子群算法本质是一种随机群搜索算法,是一种新兴的智能优化技术。该算法能以较大概率收敛于全局最优解。实践证明,它适合在动态、多目标优化环境中寻优,与传统优化算法相比具有较快的计算速度和更好的全局搜索能力。以下四点为粒子群算法的优点。

(1) 粒子群算法是基于群智能理论的优化算法,通过群体中粒子间的合作与竞争产生的群体智能指导优化搜索。

(2) 粒子群算法与遗传算法都是随机初始化种群,使用适应度值来评价个体的优劣程度,并进行随机搜索。粒子群算法根据自己的速度来决定搜索,没有遗传算法中的交叉与变异操作,因此具有操作简单的优点。

(3) 由于每个粒子在算法结束时仍保持其个体极值,粒子群算法可以得到若干优质解,因此将粒子群算法用于调度和决策问题可以给出多种有意义的方案。

(4) 粒子群算法特有的记忆使其可以动态地追踪当前搜索情况并调整其搜索策略。另外，粒子群算法对种群的大小不敏感，即种群数目下降时算法性能依然良好。

7.2　粒子群算法种类

本节介绍四种粒子群优化算法，分别为基本粒子群算法、标准粒子群算法、压缩因子粒子群算法，以及离散粒子群算法。

7.2.1　基本粒子群算法

假设在一个 D 维的目标搜索空间中，有 N 个粒子组成一个群落，其中第 i 个粒子表示为一个 D 维的向量，记为

$$\boldsymbol{X}_i=(x_{i1},x_{i2},\cdots,x_{iD}),\quad i=1,2,\cdots,N \tag{7-1}$$

第 i 个粒子的“飞行速度”也是一个 D 维的向量，记为

$$\boldsymbol{V}_i=(v_{i1},v_{i2},\cdots,v_{iD}),\quad i=1,2,\cdots,N \tag{7-2}$$

第 i 个粒子迄今为止搜索到的最优位置，记为

$$\boldsymbol{p}_i=(p_{i1},p_{i2},\cdots,p_{iD}),\quad i=1,2,\cdots,N \tag{7-3}$$

整个粒子群迄今为止搜索到的最优位置，记为

$$\boldsymbol{g}_{\text{best}}=(g_1,g_2,\cdots,g_D) \tag{7-4}$$

在第 t 次迭代时，第 i 个粒子根据(7-5)式和(7-6)式更新自己的速度和位置：

$$v_{id}(t+1)=v_{id}(t)+c_1r_1(t)[p_{id}(t)-x_{id}(t)]+c_2r_2(t)[g_d(t)-x_{id}(t)],\quad d=1,2,\cdots,D \tag{7-5}$$

$$x_{id}(t+1)=x_{id}(t)+v_{id}(t+1),\quad d=1,2,\cdots,D \tag{7-6}$$

其中，c_1 和 c_2 为学习因子，也称加速常数；r_1 和 r_2 为[0,1]范围内的均匀随机数。(7-5)式右边由三部分组成：第一部分为“惯性”或“动量”部分，反映了粒子的运动“习惯”，代表粒子有维持自己先前速度的趋势；第二部分为“认知”部分，反映粒子对自身历史经验的记忆，代表粒子有向自身历史最优位置逼近的趋势；第三部分为“社会”部分，反映粒子间协同合作与知识共享的群体历史经验，代表粒子有向群体或邻域历史最优位置逼近的趋势。

7.2.2　标准粒子群算法

粒子群算法的相关研究中经常用到两个概念：一是“探索”能力，即粒子在一定程度上离开原先的搜索轨迹，向新的方向进行搜索，体现了一种向未知区域开拓的能力，代表算法的全局搜索能力；二是“开发”能力，即粒子在一定程度上继续在原有的搜索轨迹上做进一步搜索，主要指对探索过程中所搜索到的区域进行更进一步的搜索，代表算法的局部搜索能力。“探索”是偏离原来的寻优轨迹去寻找一个更好的解，而“开发”是利用一个好的解，继续原来的寻优轨迹去搜索更好的解，因此如何确定局部搜索能力和全局搜索能力的比

例，对问题的求解至关重要。1998 年，Shi 等提出了带有惯性权重的改进粒子群算法[8]，由于该算法能够保证较好的收敛效果，所以被默认为标准粒子群算法。其进化过程为

$$v_{id}(t+1)=wv_{id}(t)+c_1r_1(t)[p_{id}(t)-x_{id}(t)]+c_2r_2(t)[g_d(t)-x_{id}(t)] \quad (7\text{-}7)$$

$$x_{id}(t+1)=x_{id}(t)+v_{id}(t+1) \quad (7\text{-}8)$$

在式(7-7)中，右边第一部分表示粒子本身先前的速度，用于保证算法的全局收敛性能；第二、三部分则保证算法具有局部收敛能力。(7-7)中的惯性权重 w 表示在多大程度上保留原来的速度，若 w 较大，则全局收敛能力较强，局部收敛能力较弱；若 w 较小，则局部收敛能力较强，全局收敛能力较弱。当 $w=1$ 时，(7-7)式与(7-5)式等价，表明带惯性权重的粒子群算法是基本粒子群算法的扩展。

此外，在搜索过程中可以对 w 进行动态调整。在算法开始时，可给 w 赋予较大正值，随着搜索的进行，可以线性地使 w 逐渐减小，这样可以保证在算法开始时，各粒子能够以较大的速度步长在全局范围内探测到较好的区域；而在搜索后期，较小的 w 值则保证粒子能够在极值点周围做精细的搜索，从而使算法有较大的概率向全局最优解位置收敛。对 w 进行动态调整，可以权衡算法的全局搜索和局部搜索能力。目前，采用较多的动态惯性权重值是 Shi 等提出的线性递减权值策略[8]，其表达式如下：

$$w=w_{\max}-\frac{(w_{\max}-w_{\min})t}{T_{\max}} \quad (7\text{-}9)$$

其中，$T_{\max}$ 表示最大进化代数；$w_{\min}$ 表示最小惯性权重；$w_{\max}$ 表示最大惯性权重；t 表示当前迭代次数。在大多数的应用中，$w_{\max}=0.9$，$w_{\min}=0.4$。

7.2.3 压缩因子粒子群算法

学习因子 c_1 和 c_2 决定了粒子本身经验信息和其他粒子的经验信息对粒子运动轨迹的影响，反映了粒子群之间的信息交流。为了有效地控制粒子的飞行速度使算法达到全局搜索和局部搜索两者间的有效平衡，Clerc 等[9]提出利用压缩因子的 PSO 算法，该方法可以有效搜索不同的区域，并且能得到高质量的解。压缩因子法的速度更新公式为

$$v_{id}(t)=\lambda\{v_{id}(t)+c_1r_1(t)[p_{id}(t)-x_{id}(t)]+c_2r_2(t)[g_d(t)-x_{id}(t)]\} \quad (7\text{-}10)$$

其中，λ 为压缩因子

$$\lambda=\frac{2}{\left|2-\varphi-\sqrt{(\varphi^2-4\varphi)}\right|} \quad (7\text{-}11)$$

$$\varphi=c_1+c_2 \quad (7\text{-}12)$$

为了保证算法的顺利求解，c_1+c_2 必须大于 4。典型的取法为 $c_1=c_2=2.05$。此时 φ 为 4.1，压缩因子 λ 为 0.729，这在形式上就等效为 $c_1=c_2=1.49445$，$w=0.729$ 的标准 PSO 算法。

实验结果表明，与使用惯性权重的粒子群算法相比，使用具有压缩因子的粒子群算法具有更快的收敛速度。

7.2.4 离散粒子群算法

PSO 算法最初用于解决连续优化问题，然而实际工程应用中问题是离散的，变量是有

限的,因而需要将基本 PSO 算法在二进制空间进行扩展。

Kennedy 和 Eberhart 率先提出了一种离散二进制版的 PSO 算法[10]。他们将离散问题空间映射到连续粒子运动空间,并适当修改粒子群算法来求解,在计算上仍保留经典粒子群算法“速度—位置”更新运算规则。粒子在状态空间的取值和变化只限于 0 和 1 两个值,而速度的每一维 v_{id} 代表 x_{ij} 取值为 1 的概率。因此,其位置更新等式表示如下:

$$v_{id}=v_{id}+\varphi(p_{id}-x_{id})+\varphi(g_d-x_{id}) \tag{7-13}$$

$$x_{id}=\begin{cases}1, & r<s(v_{id})\\ 0, & \text{其他}\end{cases} \tag{7-14}$$

$$s(v_{id})=\frac{1}{1+\exp(-v_{id})} \tag{7-15}$$

其中 x_{id} 表示粒子第 d 维的位置,v_{id} 表示粒子第 d 维位置的变化率,其值越大,粒子的位置 x_{id} 选 1 的概率越大,φ 是常数,为学习因子,p_{id} 和 g_d 分别表示粒子的局部最优位置和全局最优位置。x_{id},p_{id},g_d 均为 0-1 变量,v_{id} 因为表示的是概率,则其值在[0,1]内取得。r 是从均匀分布 $U(0,1)$中产生的随机数。

7.3 粒子群算法流程

粒子群算法基于“种群”和“进化”的概念,通过个体间的协作与竞争,实现复杂空间优质解的搜索[11],其流程如下。

(1) 初始化粒子群,包括群体规模 N,每个粒子的位置 x_i 和速度 v_i。

(2) 计算每个粒子的适应度值 fit(i)。适应度值与目标函数相关,这里设适应度值越小越好。

(3) 对每个粒子,用它的适应度值 fit(i)和个体极值比较。如果 fit(i)小于个体极值,则用 fit(i)更新个体极值。

(4) 对每个粒子,用它的适应度值 fit(i)和全局极值比较。如果 fit(i)小于全局极值,则用 fit(i)更新全局极值。

(5) 更新粒子的速度 $\boldsymbol{V}_i$ 和位置 $\boldsymbol{X}_i$。

(6) 进行边界条件处理。

(7) 判断算法是否满足迭代次数或适应度值不再变化。若是,则结束算法并输出优化结果;否则,返回步骤(2)。

粒子群算法流程图如图 7-1 所示。

在粒子群优化算法中,控制参数的选择能够影响算法的性能和效率。如何选择合适的参数使算法性能达到最佳,是一个复杂的问题。在实际的优化问题中,通常根据使用者的经验选取控制参数。粒子群算法的控制参数主要包括:粒子种群规模 N、惯性权重 w、加速常数 c_1 和 c_2、最大速度 $v_{\max}$、停止准则、邻域结构的设定、边界条件处理策略等,下面给出控制参数的具体解释。

(1) **粒子种群规模 N** 粒子种群规模的选择视具体问题而定,一般设置粒子数为 20~50。对于大部分的问题,10 个粒子已经可以取得很好的结果;不过对于比较难或者特定类型的

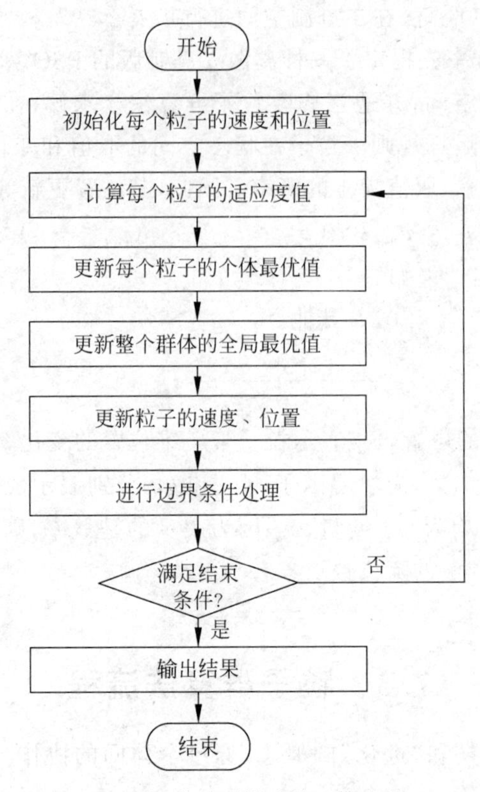

图 7-1 粒子群算法的运算流程

问题,粒子的数量可以取到100至200。此外,粒子数目越大,算法搜索的空间范围越大,更容易发现全局最优解,但算法运行的时间也越长。

(2) **惯性权重 w** 惯性权重 w 是标准粒子群算法中非常重要的控制参数,可以用来控制算法的开发和探索能力。惯性权重的大小表示了对粒子当前速度继承的多少。当惯性权重值较大时,全局寻优能力较强,局部寻优能力较弱;当惯性权重值较小时,全局寻优能力较弱,局部寻优能力较强。惯性权重的选择通常有两种:固定权重和时变权重。固定权重就是选择常数作为惯性权重值,在进化过程中其值保持不变,一般取值范围在[0.8,1.2];时变权重则是设定某一变化区间,在进化过程中按照某种方式逐步减小惯性权重。固定的惯性权重可以使粒子保持相同的探索和开发能力,而时变权重可以使粒子在进化的不同阶段拥有不同的探索和开发能力。

(3) **加速常数 c_1 和 c_2** 加速常数 c_1 和 c_2 分别调节向 p_{best} 和 g_{best} 飞行的最大步长,它们分别决定粒子个体经验和群体经验对粒子运行轨迹的影响,反映粒子群之间的信息交流。如果 $c_1=c_2=0$,则粒子将以当前的飞行速度飞到边界,此时粒子仅能搜索有限的区域。如果 $c_1=0$,则为"社会"模型,粒子缺乏认知能力只有群体经验,它的收敛速度较快但易陷入局部最优;如果 $c_2=0$,则为"认知"模型,没有社会的共享信息,个体之间没有信息交互,因此找到最优解的概率较小。因此一般设置 $c_1=c_2$,通常取 $c_1=c_2=1.5$。此时,个体经验和群体经验拥有同样重要的影响力。

(4) **粒子的最大速度 $v_{\max}$** 粒子速度在空间中的每一维上都有一个最大速度限制值

v_{max} 用来对粒子的速度进行钳制，使速度控制在范围$[-v_{max}, v_{max}]$内，这决定了问题空间搜索的力度。v_{max} 是一个非常重要的参数，如果该值太大，则粒子们也许会飞过优秀区域；而如果该值太小，则粒子们可能无法对局部最优区域以外的区域进行充分的探测，它们可能会陷入局部最优。研究者指出，设定 v_{max} 和调整惯性权重的作用是等效的。一般每个维度的最大速度设定为同一限制值 v_{max}，而不再对每个维度的最大速度进行细致的选择和调节。

（5）**停止准则**　最大迭代次数、计算精度或最优解的最大停滞步数 Δt（或可以接受的满意解）通常认为是停止准则，即算法的终止条件。根据具体的优化问题，停止准则的设定需同时兼顾算法的求解时间、优化质量和搜索效率等多方面性能。

（6）**邻域结构的设定**　全局粒子群算法将整个群体作为粒子的邻域，具有收敛速度快的优点，但有时算法会陷入局部最优。局部粒子群算法将位置相近的个体作为粒子的邻域，收敛速度较慢，不易陷入局部最优值。实际应用中，可先采用全局粒子群算法寻找最优解的方向，即得到大致的结果，然后采用局部粒子群算法在最优点附近进行精细搜索。

（7）**边界条件处理**　当某一维或若干维的位置或速度超过设定值时，采用边界条件处理策略可将粒子的位置限制在可行搜索空间内，这样能避免种群的膨胀与发散，也能避免粒子大范围地盲目搜索，从而提高搜索效率。具体的方法有很多，例如设置最大位置限制 x_{max} 和最大速度限制 v_{max}。当超过最大位置或最大速度时，在设定范围内随机产生一个数值代替，或者将其设置为最大值，即边界吸收。

7.4 应用案例

粒子群算法作为一种基于群体智能的优化算法，具有全局寻优能力强、通用性强、简单易实现等多方面的优势，在实际问题中得到了广泛应用。例如，在机械设计中，粒子群算法可以用于优化机械结构的设计参数，以找到满足特定性能指标的最优设计方案[12]。在机器人路径规划问题中，粒子群算法可以在复杂环境中找到从起点到终点的最优路径[13]。在电力系统中，粒子群算法能够优化各发电机的输出功率分配方案，找到最优的经济调度策略，满足电力需求的同时实现经济效益的最大化[14]。

为了更好理解粒子群算法的原理，下面提供一个应用案例。在范围为(0,0)到(100,100)的矩形区域内，散布着 30 个连锁超市，各个连锁超市的坐标及需求量见表 7-1。要求在该 30 个超市坐标中选择 5 个位置建立配送中心。已知各配送中心容量不限，每个超市只由一个配送中心负责配送，使得 5 个配送中心到所有超市的总配送物流量(距离×需求量)最小，其中配送中心到超市的距离为直线距离。

表　7-1

序号	坐标	需求量	序号	坐标	需求量	序号	坐标	需求量
1	(5,12)	10	4	(53,19)	10	7	(10,69)	10
2	(33,3)	10	5	(70,94)	40	8	(56,4)	20
3	(35,21)	40	6	(27,44)	30	9	(16,81)	40

续表

序号	坐标	需求量	序号	坐标	需求量	序号	坐标	需求量
10	(68,76)	30	17	(54,72)	20	24	(69,16)	20
11	(82,95)	30	18	(11,40)	10	25	(53,64)	30
12	(21,42)	40	19	(12,67)	20	26	(62,45)	30
13	(95,83)	30	20	(47,49)	30	27	(78,26)	30
14	(92,81)	20	21	(56,34)	70	28	(46,38)	20
15	(45,60)	20	22	(86,26)	20	29	(37,58)	50
16	(66,59)	30	23	(17,42)	10	30	(60,27)	30

利用标准粒子群算法求解上述问题，算法中的参数设置为：粒子个数 $N=50$，最大迭代次数 $T=200$，学习因子 $c_1=c_2=1.5$，惯性权重 $w=0.8$。具体步骤如下：

(1) 初始化粒子群：创建一群粒子，每个粒子代表配送中心的一个选址方案。每个粒子的初始位置是从 30 个超市中随机选择 5 个索引，每个粒子的初始速度设置为零。

(2) 根据(7-7)式更新每个粒子的速度，进而根据(7-8)式更新每个粒子的位置。如果新的位置索引超出有效范围(即大于 30)，使用取模运算对其位置进行处理。例如某粒子的当前索引为 25，更新后的速度为 6，那么新位置为 31，超出了有效范围，则将其位置重设为 $\text{mod}(31-1,\ 30)+1=1$。

(3) 对每个粒子计算其当前的位置所对应的总配送物流量，判断是否替换粒子个体最优位置和最优值以及粒子群全局最优位置和最优值。

(4) 重复上述过程，直到达到预设的迭代次数，则结束搜索过程。

具体的 Matlab 代码见附录。通过运行算法可得到配送中心的选址结果及其分配任务，见图 7-2。可以看到，超市 9、11、12、15、21 的位置被选择建立配送中心。

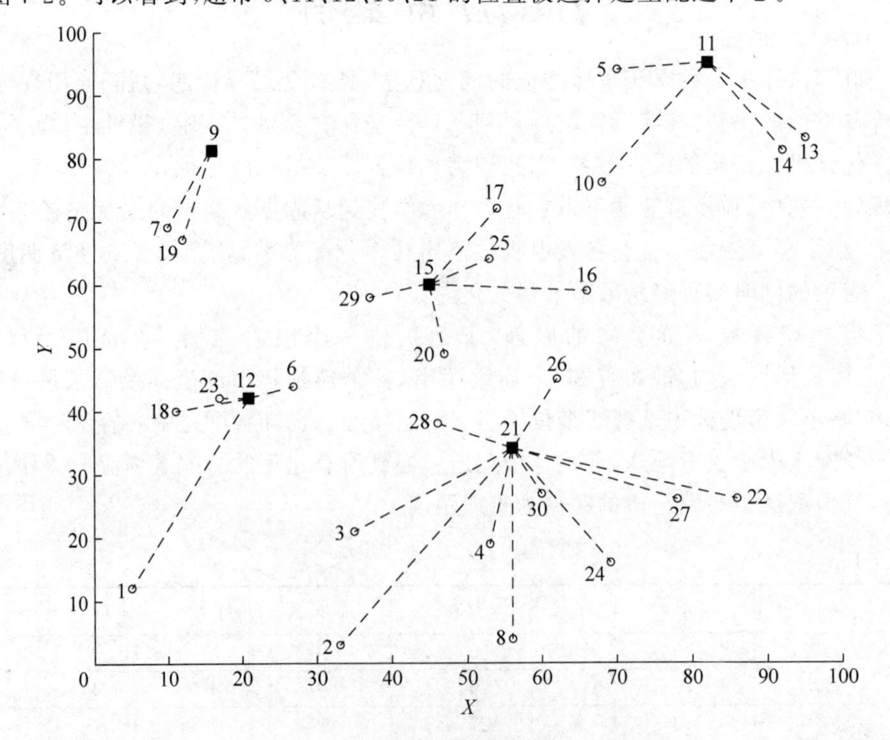

图 7-2 配送中心选址结果及配送方案

本章小结

粒子群算法是一种通过模拟鸟群觅食行为而发展起来的基于群体协作的搜索算法。粒子群算法属于启发式算法,其基本思想是通过个体之间的协作和信息共享来寻找最优解。本章主要介绍了粒子群算法的相关理论、粒子群算法的种类、粒子群算法流程、关键参数说明以及相关案例。

习题

即练即测

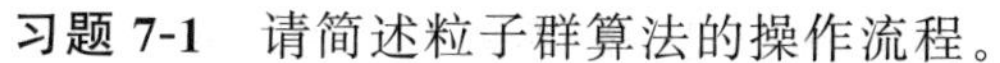

习题 7-1　请简述粒子群算法的操作流程。

习题 7-2　在基本粒子群算法中,粒子的位置和速度更新遵循怎样的规则?请写出更新公式并解释各部分的作用。

参考文献

[1] Heppner F. A stochastic nonlinear model for coordinated bird flocks[M]. In book: The Ubiquity of Chaos,1990.

[2] Kennedy J,Eberhart R C. Swarm Intelligence[M]. USA: Academic Press,2001.

[3] Jiao B,Lian Z G,Gu X S. A dynamic inertia weight particle swarm optimization algorithm chaos[J], Solitons & Fractals,2008,37(3): 698-705.

[4] Pan Q K,Tasgetiren M F,Liang Y C. A discrete particle swarm optimization algorithm for the no-wait flowshop scheduling problem[J]. Computers & Operations Research,2008,35: 2807-2839.

[5] Chatterjee A,Siarry P. Nonlinear inertia weight variation for dynamic adaptation in particle swarm optimization[J]. Computers and Operations Research,2006,33(3): 859-871.

[6] Brits R,Engelbrecht A P,Van F. Locating multiple optima using particle swarm optimization[J]. Applied Mathematics and Computation,2007,189(2): 1859-1883.

[7] Kennedy J,Eberhart R. Particle swarm optimization[C]. Proceedings of the fourth IEEE International Conference on Neural Networks Piscataway: IEEE Service Center,1995: 1942-1948.

[8] Shi Y H,Eberhart R. A modified Particle swarm optimizer[C]. Pro IEEE Int Conf on Evolutionary Computation,1998: 69-73.

[9] Clerc M,Kennedy J. The particle swarm-explosion,stability,and convergence in a multidimensional complex space [J]. IEEE Transactions on Evolutionary Computation,2002,6(1): 58-73.

[10] Kennedy J,Eberhart R. A discrete binary version of the particle swarm algorithm [C]. IEEE International Conference on Systems. Man and Cybernetics,1997,5: 4104-4108.

[11] 蔡自兴,王勇. 智能系统原理、算法与应用[M]. 北京: 机械工业出版社,2014: 197-204.

[12] Parouha R P,Tiwari P. Updated particle swarm optimization for mechanical engineering design optimization[J]. Procedia Computer Science,2023,230: 830-837.

[13] Yu Z,Si Z,Li X,Wang D,Song H. A novel hybrid particle swarm optimzation,algorithm for path planning of UAVs[J]. IEEE Internet of Things Journal,2022,9(22): 22547-22558.

[14] Kbare A,Rangnekav S. A review of particle swarm optimization and its applications in Solar Photovoltaic system[J]. Applied soft computing,2013,13(5): 2997-3006.

第 8 章

邻域搜索算法

邻域搜索(neighborhood search,NS)是解决最优化问题的一种启发式算法。对于某些计算复杂的最优化问题,找到最优解需要的时间往往随问题规模呈指数增长,从而诞生了各种近似算法用于寻找次优解,邻域搜索算法就是其中之一。其主要思想是通过搜索当前解的邻域找到更优的解,不断迭代,直到满足终止条件。该算法的关键是邻域的选择,邻域越大,寻找到的局部最优解就越好,搜索到的全局最优解也越好,但同时每次迭代搜索邻域所需的时间也越长。因此如果无法以高效的方式搜索较大的邻域,即使采用启发式搜索在考虑计算时间的情况下也无法取得良好的效果[1]。邻域搜索算法及其应用在求解优化问题中有着悠久的历史,具体可以追溯到 20 世纪 50 年代末和 60 年代初,Bock 第一次将 Edge-exchange 算法引入旅行商问题[2]。目前,该算法已广泛应用于路径规划、车辆调度、智能制造等领域。

本章重点学习邻域搜索、大邻域搜索、变邻域搜索以及实际案例的应用。

8.1 邻域搜索概述

在介绍领域搜索之前,我们首先给出邻域的定义,其次给出常见的邻域动作,并解决如何选择邻域。本节首先给出一个优化问题的实例 I,其中 X 是实例的可行解集,$f:X\to\mathbb{R}$ 是一个从解映射到代价的函数。设优化问题是一个极小化问题,即我们希望找到一个解 x^*,使 $f(x^*)\leqslant f(x)$, $\forall x\in X$。

8.1.1 邻域及邻域动作

邻域,简单来说是给定某点附近其他点的集合。在距离空间中,邻域一般被定义为一个特殊的区间,例如,以点 a 为中心点的任何开区间称为点 a 的邻域,记作 $U(a)$。点 a 的 δ 邻域指的是:设 δ 是一个正数,开区间 $(a-\delta,a+\delta)$ 称为点 a 的 δ 邻域,记作

$$U(a,\delta)=\{x\mid a-\delta<x<a+\delta\}$$

其中点 a 称为这个邻域的中心,δ 称为这个邻域的半径。

针对前文提到的实例 I,我们定义解 $x\in X$ 的邻域为 $N(x)\subseteq X$,即 N 是一个将解映射到解集的函数。如果 $f(x)\leqslant f(x')$, $\forall x'\in N(x)$,则认为解 x 是局部最优解或邻域 N 的局部最优解。邻域搜索算法以初始解 x_0 为输入,计算 $x_1=\arg\min_{x\in N(x_0)}\{f(x)\}$,即在 x_0 的邻域内找到最佳解 x_1。如果 $f(x_1)<f(x_0)$,则该算法执行更新 $x_0=x_1$。在新解 x_0 的

邻域内搜索一个改进解，重复此过程直到算法停止。

邻域动作是指一种对当前解进行局部修改的操作，其目的是生成一个新的邻域解。邻域动作通常包括添加、删除、交换、移动等一系列局部修改操作。具体来说，在求解一个优化问题时，邻域动作是一个函数，通过这个函数对当前解 x 产生相应的邻域解集合。

邻域动作的具体设计和实现取决于所解决的问题类型以及求解的具体目标。不同的邻域动作可能会影响算法的效率和性能。通常情况下，邻域动作的设计应该满足以下几个条件：

（1）邻域动作应该能够生成一个新的邻域解。

（2）邻域动作的复杂度应该足够低，以保证算法的效率。

（3）邻域动作应该具有一定的启发性，以保证算法能够快速找到优质解。

（4）邻域动作应该具有一定的多样性，以便算法能够充分搜索解空间。

邻域动作的设计和实现是邻域搜索算法中非常关键的一部分。一个好的邻域动作能够极大地提高算法的效率和求解质量，因此，邻域动作的设计和实现需要综合考虑问题的特性以及求解的目标。

8.1.2　邻域的选择

除了邻域的定义和邻域动作，设计邻域搜索算法必须注重邻域的选择策略，这将决定下一个阶段的解决方案。在选择一个更好的邻域时，可以采用许多策略，如图 8-1 所示。

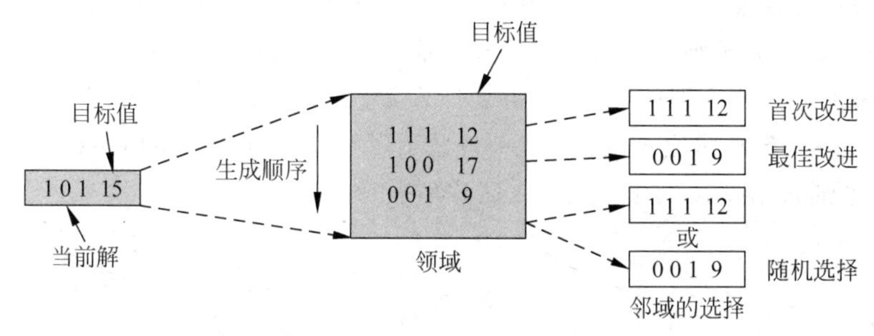

图 8-1　改进邻域的选择策略

（1）最佳改进（陡降法）：在这种策略中，选择改进目标函数最多的邻域作为最佳邻域。邻域的评估是完全确定性的。因此，对邻域的探索是以穷举的方式，即尝试所有可能的移动来选择最佳的邻域解。对于大型邻域而言，这种探索可能很耗费时间。

（2）首次改进：该策略涉及选择首个优于当前解的改进邻域解。一旦找到一个改进的邻域解，立即选择它来替代当前解。该策略涉及对邻域的局部评估。在循环探索中，按照预定的生成邻域的顺序，对邻域进行确定性评估，在最坏情况下（即找不到改进）执行邻域的完全评估。

（3）随机选择：在这种策略中，随机选择那些能够改进当前解的邻域解。

对解的质量和搜索时间进行折中可以采取以下策略：当初始解是随机生成时，采用首次改进策略；当初始解是通过贪婪过程生成时，采用最佳改进策略。在实践中可以观察到，首次改进策略在使用较短的计算时间的同时，解质量可以达到与最佳改进策略相同。此外，在首次改进策略中，早期收敛到局部最优解的概率较低。

总的来说，邻域搜索算法是一种容易设计和实现的方法，并且很快就能给出相当好的解，因此它在实践中被广泛使用。然而，邻域搜索的主要缺点是它向局部最优收敛，且对初始解的好坏非常敏感。此外，该算法没有办法估计全局最优的相对误差，并且可能无法提前知道执行的迭代次数，最坏情况下邻域搜索的复杂度是指数级的！

为了克服邻域搜索的缺点，学者们提出了多种改进方法，例如：多起点局部搜索、迭代局部搜索、大邻域搜索、变邻域搜索和禁忌搜索。下面两节介绍两种改进的邻域搜索算法：大邻域搜索和变邻域搜索。

8.2 大邻域搜索

大邻域搜索(large neighborhood search，LNS)算法是由 Shaw[3] 提出的，其中 destroy 和 repair 算子与 Schrimpf 等[4] 提出的类似。大多数邻域搜索算法与 8.1 节中的描述相似，但是在大邻域搜索中，邻域是由 destroy 和 repair 算子隐式定义的，其中，destroy 算子会破坏当前解的一部分，而 repair 算子则会重建已破坏的解。destroy 算子通常包含随机性元素，因此每次调用该方法时，都会销毁当前解的不同部分。

下面以有容量约束的车辆路径问题为例说明 destroy 和 repair 算子的概念。该问题是给定一组客户点、车辆容量、车辆数量、起始点和终点，目标是找到使得所有客户点都被访问一次的最短路径方案。一个非常简单的 destroy 算子是在当前的解中随机选择一部分客户进行移除；repair 算子则利用贪心启发式算法，通过插入被移除的客户来重建解。例如，插入使成本增加最低的合理位置，然后重复插入，直到所有客户都被服务。如图 8-2 所示，图(a)显示了 destroy 操作之前的解；图(b)显示了删除 6 个客户的 destroy 操作后的解；图(c)则显示了通过 repair 操作重新插入客户后获得的解。

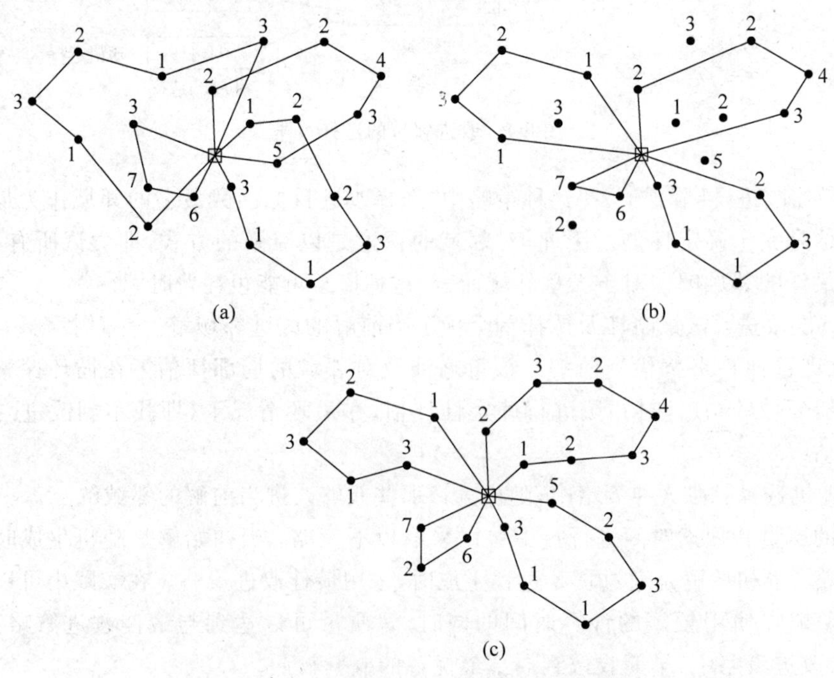

图 8-2 destroy 和 repair 算子操作过程示例

算法 8.1 为 LNS 算法的伪代码。该算法包含三个变量：变量 x^b 为搜索过程中观察到的最优解；x 为当前解；x^t 为临时解(可以丢弃或提升为当前解)。函数 $d(\cdot)$是 destroy 算子,而 $r(\cdot)$是 repair 算子。更具体地说,$d(x)$表示对解 x 的部分进行破坏,形成破坏解,而 $r(x)$则表示对破坏的解进行重新修复。在第 2 行中,初始化最优解。在第 4 行中,先后应用 destroy 算子和 repair 算子获得一个新解 x^t。在第 5 行中,对新解进行评估,确定该解是否应该成为新的当前解(第 6 行),或者应该丢弃它。第 8 行检查新解是否优于当前的最优解,其中 $f(x)$为解 x 的目标值。如果需要,在第 9 行更新最优解。在第 11 行,检查终止条件,一般对迭代次数的限制或时间限制是典型的终止条件。最后,第 12 步返回找到的最优解 x^b。从伪代码中可以看出,LNS 算法不会搜索解的整个邻域,而只是对部分邻域进行搜索。

算法 8.1 大邻域搜索

1. **输入**：可行解 x
2. $x^b = x$
3. **repeat**
4. $x^t = r(d(x))$
5. **if** accept (x^t, x) **then**
6. $x = x^t$
7. **end if**
8. **if** $f(x^t) < f(x^b)$ **then**
9. $x^b = x^t$
10. **end if**
11. **until** 满足停止准则
12. **return** x^b

8.3 变邻域搜索

变邻域搜索算法(variable neighborhood search,VNS)最早由 Hansen 和 Mladenovi[5]提出。作为一种经典的启发式算法,其基本思想是在搜索过程中系统地改变邻域结构集来拓展搜索范围,获得局部最优解,再基于此局部最优解重新系统地改变邻域结构集,找到另一个局部最优解。

VNS 主要由变邻域下降搜索(variable neighborhood descent,VND)和扰动过程(shaking procedure)两个部分组成。其原理如图 8-3 所示。首先,定义一组邻域结构 $N_l, l=1,2,\cdots,l_{\max}$。设 N_1 为第一个邻域,x 为初始解。如果解 x 在当前邻域 $N_l(x)$中无法再改进,则邻域结构从 N_l 变为 N_{l+1},如图中虚线所示；如果找到了当前解 x 的改进,邻域结构返回到第一个邻域 $N_1(x)$重新开始搜索,如图中实线所示。如果所使用的不同邻域是互补的,即邻域 N_i 的局部最优值不会是邻域 N_j 的局部最优值,那么这种策略将是有效的。VND 的设计主要涉及邻域的选择和邻域的应用顺序。邻域越大,VND 算法耗时越长。关于应用顺序,最流行的策略是按照邻域复杂度的递增顺序(例如,邻域的大小 $|N_l(x)|$)对邻域进行排序。

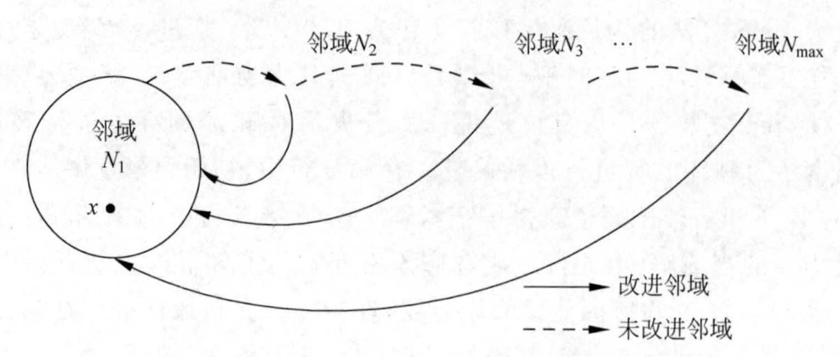

图 8-3　变邻域下降的原理

算法 8.2　变邻域搜索算法

1.　**输入**：一组邻域结构 $M_k, k=1,2,L,k_{max}$ 表示扰动
　　一组邻域结构 $N_l, l=1,2,L,l_{max}$ 表示邻域搜索
2.　$x=x_0$　　/ * 生成初始解 * /
3.　**repeat**
4.　**for** $k=1$ **to** k_{max} **do**
5.　　扰动：从 x 的第 k 个邻域 $M_k(x)$ 中随机选择一个解 x'
6.　/ * 通过 VND 实现邻域搜索 * /
7.　**for** $l=1$ **to** l_{max} **do**
8.　在 $N_l(x')$ 中寻找 x' 的最佳邻域解 x''
9.　**if** $f(x'')<f(x')$ **then**
10.　$x'=x''$
11.　$l=1$　　/ * 继续使用 N_1 搜索 * /
12.　**else**
13.　$l=l+1$
14.　**end if**
15.　**end for**
16.　**if** $f(x'')<f(x)$ **then**
17.　　$x=x''$
18.　　$k=1$　　/ * 继续使用 M_1 搜索 * /
19.　**else**
20.　$k=k+1$
21.　**end if**
22.　**end for**
23.　**until**　满足停止准则
24.　**return** x

简单的 VND 算法容易陷入局部最优，因此有必要在 VNS 算法的基础上增加随机扰动以克服该缺陷。下面介绍带有扰动过程的变邻域搜索算法，其伪代码如算法 8.2 所示。首先，定义两组邻域结构，其中邻域 $M_k, k=1,2,\cdots,k_{max}$ 表示扰动，邻域 $N_l, l=1,2,\cdots,l_{max}$ 表示邻域搜索。其次，迭代地搜索满意解，直到满足停止准则。在每次迭代中，在当前邻域 $M_k(x)$ 中随机生成一个解 x'，对解 x' 进行 VND 搜索，生成解 x''。当且仅当找到更好的解（即 $f(x'')<f(x)$）时，将当前解 x 替换为新的局部最优 x''，然后从第一个邻域 M_1 重新开始

相同的搜索过程。如果没有找到更好的解，则算法移动到下一个邻域 M_{k+1}，在该邻域随机生成一个新的解，并尝试改进它。

8.4　应用案例

邻域搜索算法是优化问题求解的一类重要方法，广泛应用于制造调度、路径规划等领域。尤其是大邻域搜索和变邻域搜索，已经成为解决各种运输和调度问题的成功范例[6]。

以旅行商问题(traveling salesman problem，TSP)为例，分别以邻域搜索、大邻域搜索和变邻域搜索进行求解，相应的 Matlab 代码见附录。假设有一个旅行商人要访问 10 个城市，他需要选择所要走的路径，每个城市只能访问一次，而且最终要回到原来出发的城市，路径的选择要求是：所选路径的路程为所有路径之中的最小值。10 个城市的坐标分别为(0,0)、(1,3)、(5,2)、(4,6)、(8,3)、(6,8)、(3,10)、(7,11)、(2,12)、(9,9)。

(一) 邻域搜索的求解过程如下：

(1) 初始化：开始时，随机生成一个初始解(城市访问顺序)，计算初始解的总路径长度。

(2) 迭代搜索：在每次迭代中，生成一个邻域解(通过交换两个城市的位置)，并计算邻域解的总路径长度。

(3) 接受邻域解：如果邻域解的总路径长度比当前解的总路径长度更优，则接受邻域解，并更新当前解和当前总路径长度。

(4) 更新迭代次数 iteration：增加迭代次数。

(5) 终止条件：达到指定的最大迭代次数 maxIterations。

(6) 输出结果：输出最优解 bestSolution(城市访问顺序)和最优路径长度 bestCost。

获得的迭代曲线如图 8-4 所示，优化后的路径如图 8-5 所示，访问顺序 1,3,6,10,5,8,9,7,4,2,1，总距离是 47.64。

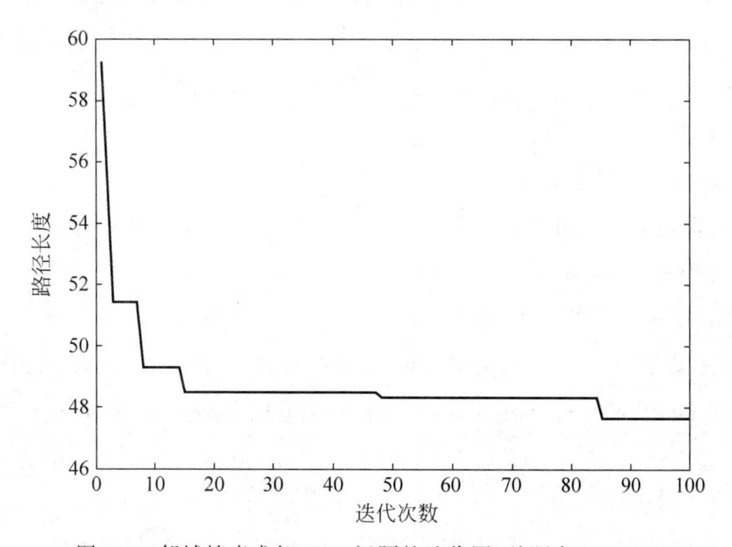

图 8-4　邻域搜索求解 TSP 问题的迭代图(总距离：47.64)

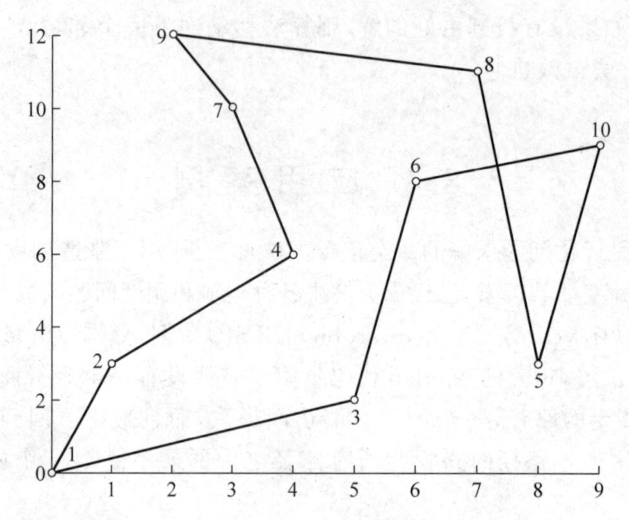

图 8-5　邻域搜索求解 TSP 问题的路线图(总距离：47.64)

(二) 大邻域搜索算法的求解过程如下：

(1) 随机生成初始解：通过随机排列城市的顺序来生成一个初始解。

(2) 进行固定次数的迭代，每次迭代都执行以下步骤：

a. 随机选择 destroy 和 repair 算子：根据预定义的 destroy 和 repair 算子类型(destroy 算子有 3 个：随机筛选 N 个城市、删除距离最大的 N 个城市和随机删除的 N 个城市；repair 算子有两个：随机插入和贪心插入。)，随机选择其中一组算子。

b. 执行 destroy 和 repair 算子：根据选定的算子，对当前解进行 destroy 和 repair 操作，得到新的解。

c. 更新当前解：计算新解的适应度(目标函数值)，如果新解的适应度优于当前解，则将新解作为当前解；否则，根据一定的概率接受劣解作为当前解。

d. 更新最优解：如果新解的适应度优于最优解的适应度，则将新解作为最优解。

e. 重置当前解：将当前解重置为最优解，为下一次迭代做准备。

f. 记录每次迭代的最优解的目标函数值。

(3) 迭代结束后，返回最优解作为求解结果。

获得的迭代曲线如图 8-6 所示，优化后的路径如图 8-7 所示，访问顺序是 1,3,5,10,8,9,7,6,4,2,1，总距离是 38.63。

(三) 变邻域搜索算法的求解过程如下：

(1) 初始化：设置邻域结构集的最大索引 kmax，停止准则 stopCriteria(即最大迭代次数)，当前最优解 bestSolution 和对应路线 bestRoute，以及城市坐标数据 cities 和邻域结构集 N。

(2) 变邻域搜索迭代过程：

a. 设置邻域结构索引 $k=1$。

b. 在邻域结构中随机生成新解 neighbor。

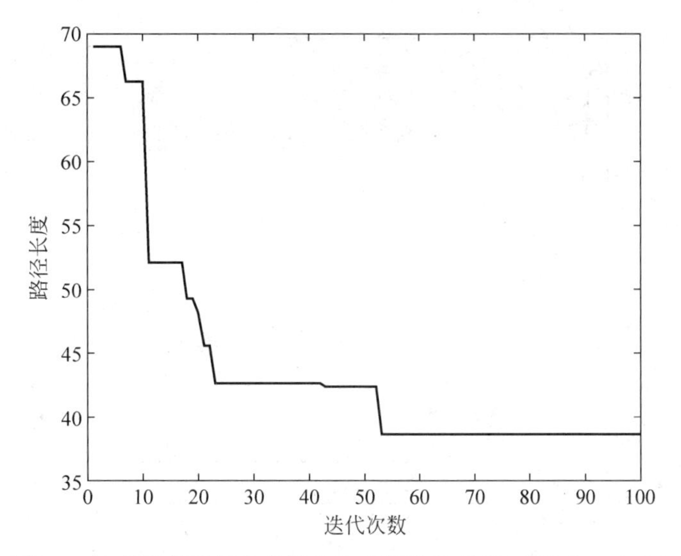

图 8-6　大规模邻域搜索求解 TSP 问题的迭代图(总距离：38.63)

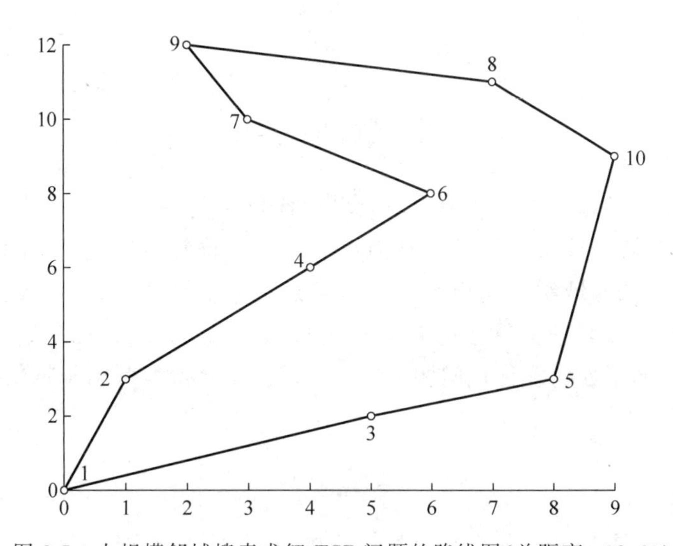

图 8-7　大规模邻域搜索求解 TSP 问题的路线图(总距离：38.63)

c. 在新解 neighbor 上执行适合的局部搜索方法，以得到一个改进解。

d. 通过计算评估函数值(计算新解的总路径成本)，判断是否更新最优解 bestSolution 和对应路线 bestRoute。

e. 如果通过局部搜索得到了改进解，则在邻域结构 N_1 内继续搜索，即设置邻域结构索引 $k=1$，否则，增加邻域结构索引 k，继续在下一个邻域结构内搜索。

(3) 迭代结束后，返回最优解作为求解结果。

获得的迭代曲线如图 8-8 所示，优化后的访问顺序同样是 1,3,5,10,8,9,7,6,4,2,1，总距离是 38.63。

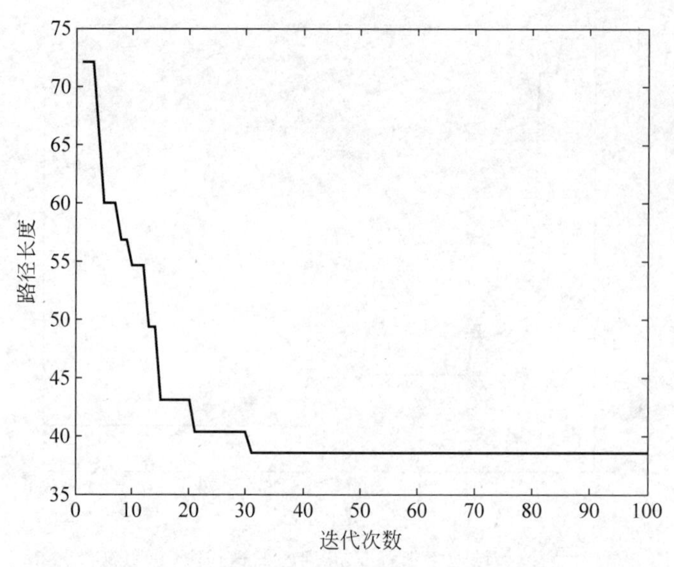

图 8-8 变邻域搜索求解 TSP 问题的迭代图(总距离：38.63)

本 章 小 结

邻域搜索算法是一类基于局部搜索的启发式优化算法，通常用于解决 NP-Hard 问题，如旅行商问题[7]、装载问题等。它是一种简单而有效的优化方法，适用于许多实际问题的求解，可以通过合适的邻域结构和启发式策略来寻找近似最优解，并在实践中得到广泛应用。本章主要介绍了邻域搜索算法的基本理论知识、邻域搜索算法的改进算法。此外，本章提供相应案例说明了如何在优化问题中应用邻域搜索算法及其衍生算法。

习题

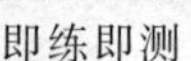
即练即测

习题 8-1 什么是邻域？在邻域搜索算法中，如何定义和选择邻域？

习题 8-2 给定目标函数 $f(x)=x^2+3x+2$，请手动进行一步邻域搜索，初始点为 $x=0$，使用邻域定义为$(x-1,x+1)$。

习题 8-3 考虑一个简单的车间调度问题，有三个作业需要在两台机器上完成。每个作业都有两个任务，它们分别需要在两台机器上完成。每个作业的处理时间如下表所示。

作业	任务 1(机器 1)	任务 2(机器 2)
J1	3	2
J2	2	4
J3	4	3

机器 1 和机器 2 一次只能处理一个任务，且不能同时处理同一个作业的两个任务。请使用本章的算法求解使得总完成时间最短的作业顺序。

参考文献

[1] Ahuja R K, Ergun Ö, Orlin J B, Punnen A P. A survey of very large-scale neighborhood search techniques[J]. Discrete Applied Mathematics, 2002, 123(1-2): 75-102.

[2] Bock F. An algorithm for solving travelling-salesmen and related network optimization problems[J]. Operations Research, 1958, 6(6): 897.

[3] Shaw P. Using constraint programming and local search methods to solve vehicle routing problems [J]. CP-98 (Fourth International Conference on Principles and Practice of Constraint Programming). Lecture Notes in Computer Science, 1998, 1520: 417-431.

[4] Schrimpf G, Schneider J, Stamm-Wilbrandt H, Dueck G. Record breaking optimization results using the ruin and recreate principle[J]. Journal of Computational Physics, 2000, 159(2): 139-171.

[5] Mladenovic M, Hansen P. Variable neighborhood search[J]. Computers and Operations Research, 1997, 24: 1097-1100.

[6] Ma H, Yang R, Li X. Delivery routing for a mixed fleet of conventional and electric vehicles with road restrictions[J]. International Journal of Production Research, 2024.

[7] Bouyer A, Sabavand M M, Nourani E. Discovering overlapping communities using a new diffusion approach based on core expanding and local depth traveling in social networks[J]. International Journal of General Systems, 2023: 1-29.

第 9 章

模拟退火算法

模拟退火算法(simulated annealing,SA)的灵感来自冶金的物理过程,即当金属被加热到足够高的温度时,原子就会进行大振幅的无序运动,然后逐渐冷却,原子的运动就会减少,并倾向于以最小的能量获得晶体结构。模拟退火算法的思想最早由 Metropolis 等[1]于1953 年提出;1983 年,Kirkpatrick 等[2]首次使用模拟退火算法求解组合优化问题。该算法是一种基于 Monte Carlo 迭代求解策略的随机搜索算法,利用 Metropolis 算法并适当地控制温度的下降过程来实现模拟退火,从而达到求解优化问题的目的[3]。模拟退火算法为具有 NP 复杂性的问题提供了有效的近似求解算法,它克服了其他优化算法容易陷入局部极小的缺陷和对初值的依赖性。在 20 世纪 80 年代,模拟退火算法因在解决组合优化问题时的简单性和高效性对启发式搜索领域产生了重大影响,随后被推广到处理连续优化问题[4-6]。模拟退火算法已应用于控制工程、机器学习、神经网络、图像处理、组合优化等领域。

本章重点介绍模拟退火算法的基本理论、算法流程、主要参数,以及其在优化问题中的实际运用。

9.1 模拟退火算法概述

模拟退火算法以优化问题求解过程与物理退火过程之间的相似性为基础,优化的目标函数相当于金属的内能,优化问题的变量组合状态空间相当于金属的内能状态空间,问题的求解过程即找一个组合状态,使目标函数值最小。模拟退火算法可以用来求解不同的非线性问题,对不可微甚至不连续的函数优化,能以较大概率求得全局最优解。该算法还具有较强的鲁棒性、全局收敛性、隐含并行性及广泛的适应性,能处理不同类型的优化设计变量(离散、连续和混合型),不需要任何辅助信息,对目标函数和约束条件没有任何要求。

9.1.1 退火过程的定义

在模拟退火算法中,退火过程是指将系统从一个高温度状态逐步降低温度,最后达到平衡状态的过程。退火过程的关键是通过随机化的方式找到一个局部最优解,并且随着温度的降低,随机化的次数越来越多,从而越来越接近全局最优解。

模拟退火算法的退火过程可使用一个基于 Monte Carlo 方法和 Boltzmann 分布的模型说明。假设我们要最小化一个目标函数 $f(x)$,其中 x 是决策变量。设当前的温度为 T,那么我们可以从当前状态 x 开始,随机生成一个新的状态 x',计算新状态与当前状态之间的能量差：

$$\Delta E = f(x') - f(x)$$

在模拟退火算法的退火过程中，需要按照一定的概率接受新状态，这一概率可以根据 Metropolis 接受准则：

$$p = \begin{cases} 1, & \Delta E \leqslant 0 \\ e^{-\Delta E/T}, & \Delta E > 0 \end{cases}$$

其中 p 表示接受新状态的概率。如果接受了新状态，则更新当前状态为 x'，否则保持当前状态不变。

如图 9-1 所示，根据 Metropolis 接受准则，当 $\Delta E \leqslant 0$ 时，接受概率为 1。换句话说，比当前解决方案更好的方案总是会被接受。当 $\Delta E > 0$，则以概率 $p = e^{-\Delta E/T}$ $(p < 1)$ 接受新的解决方案，而 ΔE 越大，p 就越小，并且对于给定的 ΔE，p 随着温度 T 的降低而变小。因此，在高温下，较差的解决方案更容易被接受，从而有可能克服适应度障碍，保持一定的探索能力，防止搜索陷入局部最优。相反，随着温度逐渐降低，算法将趋向收敛于局部最优，从而利用搜索空间中一个良好的邻域进行优化。

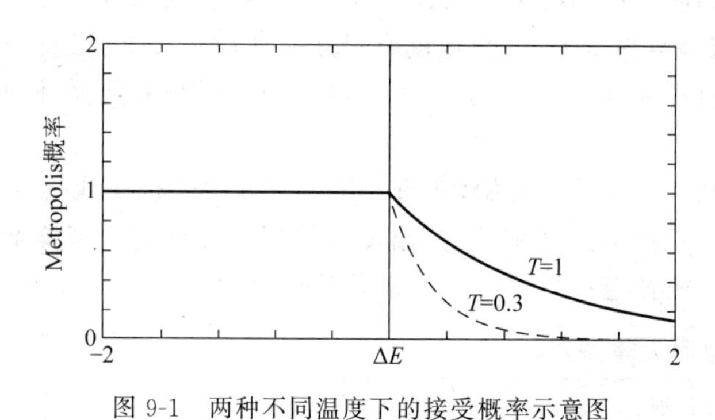

图 9-1　两种不同温度下的接受概率示意图

综上所述，模拟退火算法的退火过程就是通过逐步降低温度并不断搜索和接受新解，来找到问题的全局最优解。

9.1.2　模拟退火算法的思想

模拟退火算法是一种随机搜索算法，可以在某些条件下使解退化，其目标是避开局部最优；同时也是一种无内存算法，它不需要在搜索过程中收集到的任何信息。从最初的解开始，模拟退火算法进行多次迭代，在每次迭代中，生成一个随机邻域。在这个过程中，改进了目标函数的解总是被接受的；否则，会根据当前温度 T 和目标函数的 ΔE 值，以给定的接受概率选择较差的解，随着算法的进行，较差解被接受的概率将会降低，如图 9-2 所示。

在优化领域中，模拟退火算法借鉴了物理中固体冷却过程的概念，其中的核心机制之一便是 Markov 链，Markov 链是一种特殊的随机过程，特点是下一步的状态仅依赖于当前状态，而与之前的所有状态无关。模拟退火算法的主要思想是在搜索区间随机选择节点，再利用 Metropolis 接受准则，使随机游走——这在数学上表现为一个 Markov 链——逐渐收敛于局部最优解。也就是说，如果新解比当前解更优，那么接受新解；如果新解比当前解

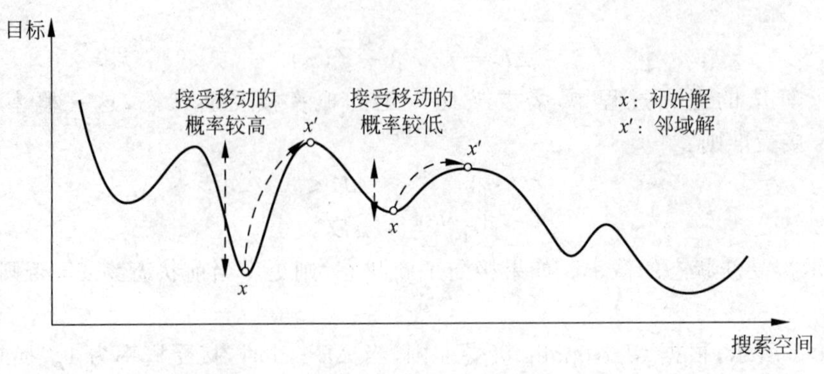

图 9-2 模拟退火避免局部最优的示意图

差,那么以一定的概率接受新解。这个接受概率函数的形式保证了算法有一定的机会跳出局部最优解,从而能够更好地探索解空间。而温度是 Metropolis 算法中的一个重要控制参数,可以认为该参数的大小控制了随机过程向局部或全局最优解移动的快慢。Markov 链长度决定着每一个温度下扰动的次数,也可以理解为迭代的次数,一次完整的 Markov 链扰动走完之后,以衰减系数降低温度(将温度乘以衰减系数),再重复进行 Markov 扰动,直到温度达到结束时的目标温度,完成退火。这里退火的过程是外层循环,扰动的过程是内层循环。

模拟退火算法从一个初始解开始,在每个迭代步骤中随机生成一个新的解 x',然后决定是否接受该新解。一旦达到平衡状态,温度会根据冷却计划逐渐降低,使得在搜索结束时找到全局最优解。模拟退火算法的步骤如下所示。

算法 9.1 模拟退火算法

1. **输入**: 冷却计划
2. $x=x_0$ /* 生成初始解 */
3. **repeat**
4. **repeat** /* 在固定温度下 */
5. 生成一个随机解 x'
6. $\Delta E=f(x')-f(x)$
7. **if** $\Delta E\leqslant 0$ **then**
8. $x=x'$ /* 接受解 */
9. **else**
10. 以概率 $e^{-\Delta E/T}$ 接受 x'
11. **end if**
12. **until** 平衡条件 /* 例如:在每个温度 T 上执行给定的迭代次数 */
13. $T=g(T)$ /* 更新温度 */
14. **until** 满足终止条件 /* 例如:$T<T_{min}$ */
15. **return** x

9.2 模拟退火算法流程

模拟退火算法具有描述简单、使用灵活、运行效率高和较少受到初始条件约束等优点。为了得到最优解，该算法通常要求较高的初温以及足够多次的抽样，这使算法的优化时间往往过长。从算法结构可知，新状态产生函数、初始温度、降温函数、Markov链长度和算法停止准则，是直接影响算法优化结果的主要因素。

(1) 状态产生函数：设计状态产生函数应该考虑到尽可能地保证所产生的候选解遍布全部解空间。一般情况下状态产生函数由两部分组成，即产生候选解的方式和产生候选解的概率分布。候选解的产生方式由问题的性质决定，通常在当前状态的邻域结构内以一定概率产生。

(2) 初始温度：温度 T 在算法中具有决定性的作用，它直接控制着退火的走向。由随机移动的接受准则可知：初始温度越大，获得高质量解的概率就越大，且Metropolis的接收概率约为1。然而，初始温度过高会使计算时间增加。为此，可以均匀抽样一组状态，以各状态目标值的方差为初始温度。

(3) 降温函数：降温函数决定了算法在搜索过程中的温度变化规律，通常采用指数函数或幂函数，如指数函数 $T_{k+1}=\alpha T_k$、幂函数 $T_{k+1}=\dfrac{T_k}{1+ck^{\gamma}}$，其中 α、c 和 γ 均为常数，k 表示当前迭代次数。降温函数也可以根据问题的特点和经验进行调整。

(4) Markov链长度 L 的选取：Markov链长度指的是在状态转移过程中考虑的邻域状态数目。通常情况下，Markov链长度会在算法运行的过程中动态调整。初始时可以取一个较小的值，然后逐步增加至一定值，使算法能够在探索 L 的值和搜索最优值之间找到平衡，一般 L 取100～1000。

(5) 算法停止准则：算法停止准则用于决定算法何时结束，一般可采用两种方式：

a. 迭代次数到达指定的阈值，即算法达到了预设的迭代次数上限。

b. 当前温度 T 小于预设的停止温度 $T_{\min}$，此时算法已经处于极低温度状态，搜索空间很小，可以认为算法已经收敛，达到了最优解或近似最优解。

模拟退火算法实质上分为两层循环：内层循环，在任一温度水平下，随机扰动产生新解，并计算目标函数值的变化，决定是否被接受；外层循环，从一个较高的初始温度开始，按预定的降温策略(如每次循环乘以一个衰减系数)，逐步降低温度直至达到预设的最低温度或满足停止条件，得到优质解。模拟退火算法的流程如图9-3所示，具体步骤如下。

(1) 初始化：确定初始解 x_0，初始温度 T_0 和冷却速率 q。

(2) 循环迭代：从当前解 x 开始，对解空间进行搜索，每次迭代中执行以下步骤：

a. 随机生成当前解的邻域解 x'；

b. 计算当前解和邻域解的差异 $\Delta E=f(x')-f(x)$；

c. 如果 $\Delta E\leqslant 0$，则接受邻域解 x'；

d. 如果 $\Delta E>0$，则按照概率 $p=\min\{1,\mathrm{e}^{-\Delta E/T}\}$ 接受邻域解 x'。

(3) 冷却过程：根据设定的温度降低策略，降低温度 T，并进入下一次迭代。

(4) 当满足终止条件时，算法终止。

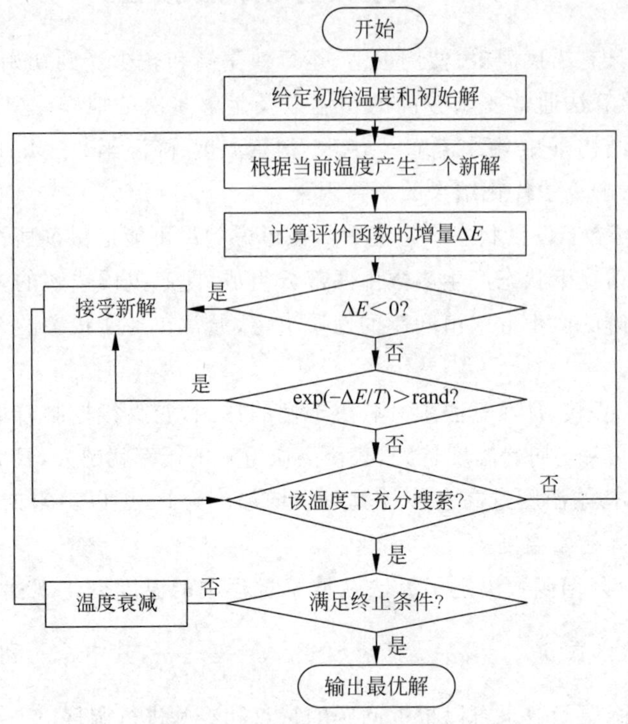

图 9-3 模拟退火算法流程图

9.3 应用案例

模拟退火算法作为一种启发式优化技术，广泛应用于解决实际生活和科学领域的复杂优化问题，如排列组合问题[7]、图像处理[8]、旅行商问题[9]、生产调度问题[10]及车辆路径问题[11]等。通过模拟自然界金属退火过程的智能冷却策略，该算法能够在广阔的解空间中有效平衡探索与开发，既勇于跳出局部最优解探索全局，又能随温度递减逐步聚焦最优解，从而在多变且挑战重重的实际情境下，寻得高效且近似最优的解决方案。

下面以一个车辆路径问题为例，介绍模拟退火算法的优化过程。

考虑一个车辆需要从仓库出发，依次服务 19 个客户。仓库的位置坐标为(109.96, 40.25)，客户的位置坐标分别为(121.68, 38.88)、(126.59, 43.85)、(122.36, 53.47)、(120.63, 31.33)、(120.14, 30.25)、(118.08, 24.45)、(114.18, 26.57)、(120.48, 37.57)、(111.02, 32.40)、(113.01, 29.36)、(110.44, 25.15)、(109.67, 18.40)、(105.72, 29.72)、(106.64, 30.52)、(105.57, 32.22)、(101.26, 21.93)、(99.91, 27.81)、(83.27, 43.45)、(100.16, 25.71)。对于车辆路径的要求是每个客户只访问一次，且最后要返回仓库，所选路径的长度为所有路径之中的最小值。

使用模拟退火算法求解上述问题：

(1) 初始化节点规模 $n=20$(包括仓库和 19 个客户),初始温度为 $T=100$,终止温度 $T_{\min}=0.001$,Markov 链长度为 $L=100$,降温速率为 $q=0.9$,计算得到初始解路径长度为 329.96。

(2) 随机交换初始解路径中的两个节点的坐标,计算新的路径长度,以 Metropolis 接受准则确定是否替代旧路径,在同一温度下,迭代 L 次。

(3) 判断是否满足终止条件,即 $T\leqslant T_{\min}$:若满足,则结束搜索过程,输出最优路径和对应的路径长度;若不满足,则降低温度,继续迭代优化。

相应的 Matlab 代码见附录。获得的目标函数进化曲线如图 9-4 所示,优化后的路径如图 9-5 所示。

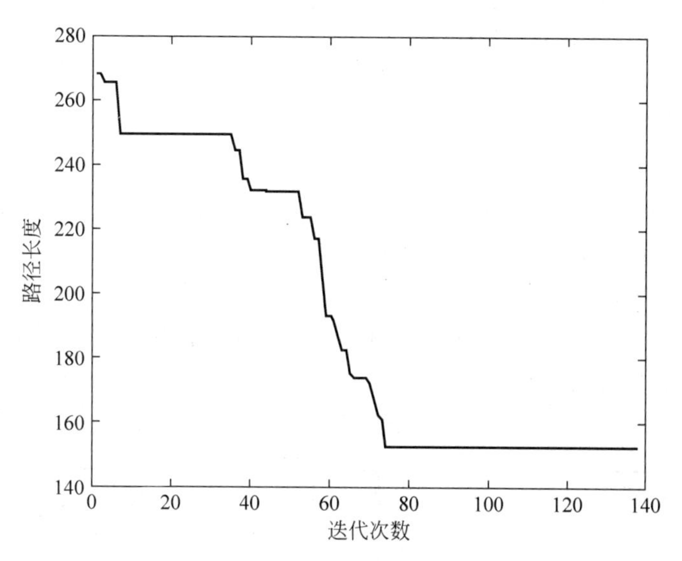

图 9-4　目标函数进化曲线

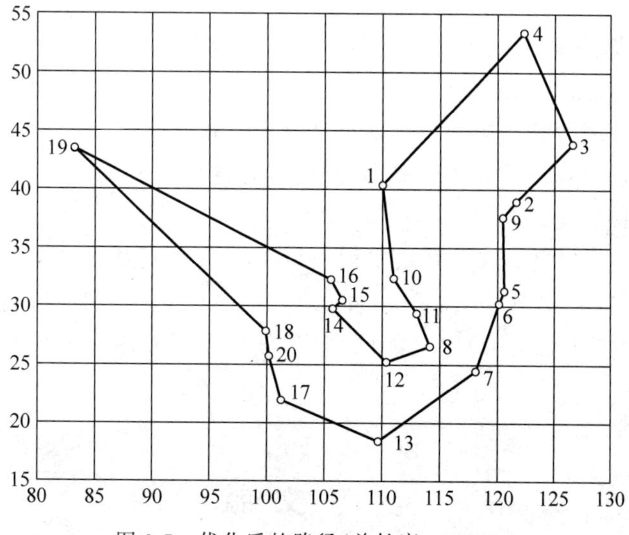

图 9-5　优化后的路径(总长度:152.69)

本章小结

模拟退火算法是一种全局优化算法，可以用于解决各种优化问题，包括组合优化问题、连续优化问题、排列组合问题[7]等，也可以用于控制工程、机器学习、神经网络、图像处理等领域[8]，是使用最频繁的启发式算法之一。本章主要介绍了模拟退火算法的基本理论、算法流程、主要参数，并说明了该算法在优化问题的应用。

模拟退火算法已经发展了很长时间，研究人员在实践中不断尝试改进和优化该算法，以提高其搜索效率和精度。常见改进方向有：优化初始解的生成方法、优化邻域结构、改进温度降低策略、结合其他启发式算法等。

习题

即练即测

习题 9-1 简要解释模拟退火算法的基本原理，包括以下关键点：退火过程中的温度参数如何影响算法的搜索过程？为什么模拟退火算法能够避免陷入局部最优解？

习题 9-2 模拟退火算法适用于解决哪些类型的优化问题？请列举至少三个具体的应用场景，并简要说明其在每个场景中的应用。

习题 9-3 给定一个容量为 50 的背包和以下物品。

物品	重量	价值	物品	重量	价值
1	10	60	4	40	200
2	20	100	5	15	80
3	30	120			

使用模拟退火算法求解该问题，要求给出以下内容：

(1) 初始解及其总价值和总重量。

(2) 使用随机邻域搜索生成一个新解及其总价值和总重量。

(3) 根据模拟退火算法计算接受概率，假设当前温度为 100。

(4) 判断是否接受新解。

习题 9-4 设计一个模拟退火算法来解决以下图着色问题。给定一个图，包含 5 个节点和以下边——边 1：(1,2)；边 2：(1,3)；边 3：(2,4)；边 4：(3,4)；边 5：(4,5)。要求：(1)定义初始解的生成方法；(2)定义邻域结构(如何生成新解)；(3)设定温度下降策略；(4)确定停止条件。

参考文献

[1] Metropolis N, Rosenbluth A, Rosenbluth M, Teller A, Teller E. Equation of state calculations by fast computing machines[J]. Journal of Chemical Physics, 1953, 21: 1087-1092.

[2] Kirkpatrick S, Gelatt C, Vecchi M. Optimization by simulated annealing[J]. Science, 1983, 220: 671-680.

[3] 李士勇,李研. 智能优化算法原理与应用[M]. 哈尔滨: 哈尔滨工业大学出版社,2012: 40-46.

[4] Dekkers A, Aarts E. Global optimization and simulated annealing[J]. Mathematical Programming, 1991, 50: 367-393.

[5] Locatelli M. Simulated annealing algorithms for continuous global optimization: Convergence conditions[J]. Journal of Optimization Theory and Applications, 2000, 29(1): 87-102.

[6] Ozdamar L, Demirhan M. Experiments with new stochastic global optimization search techniques[J]. Computers and Operations Research, 2000, 27(9): 841-865.

[7] Martin Z, Byrne L, Jim M. Global optimization studies on the id phase problem[J]. International Journal of General Systems, 1996, 25(1): 47-59.

[8] Smart J C, Vemuri V. Interactive simulated annealing for complex dependency visulization[J]. International Journal of General Systems, 1996, 25(2): 119-145.

[9] Dong X, Lin Q, Shen F, Guo Q, Li Q. A novel hybrid simulated annealing algorithm for colored bottleneck traveling salesman problem[J]. Swarm and Evolutionary Computation, 2023, 83: 101406.

[10] Yang H. Balance of mixed flow assembly line based on industrial engineering mathe matics and simulated annealing improved algorithm[J]. Results in Engineering, 2024, 22: 102071.

[11] Dai Z, Zhang Z, Chen M. The home health care location-routing problem with a mixed fleet and battery swapping stations using a competitive simulated annealing algorithm[J]. Expert Systems with Applications, 2023, 228: 120374.

第二部分

预测

“预测未来”是人类自古以来一直梦想拥有的能力。从根据太阳、月亮与星星的运动来预测天气，到根据星座位置预测灾害，人们总是通过对历史信息归纳总结，期望从中推断“规律”以实现对未知现象的预测。所谓预测，就是根据事物已知的历史信息进行推理、演绎，洞悉其发展规律并预判未来结果。伴随着数学尤其是现代统计学的发展，预测方法摆脱了古代预测具有神秘主义的倾向，转向科学化与规范化，形成了具有坚实理论基础的现代预测方法。

在众多现代运营管理问题中，管理者做出决策前必须要对未来可能发生的事件有所预测，并根据预测结果做出合适的管理决策。譬如，在工厂安排生产之前，需要对未来的需求进行预测；物流企业进行车辆调度前，也需要对站点服务时间做出合理的预测与估计。同时，在许多优化问题尤其是不确定优化问题中，一些涉及未来时段的参数，如出行需求、地铁的到站客流、交通枢纽的激增客流数等往往也需要进行预测。因此，在运营管理实践中，运用计量模型、机器学习与深度学习方法对历史数据进行分析与建模，进而对事件未来发展趋势进行判断与预测十分重要。

预测使用的历史数据往往具有时序特征，它由一系列在时间观测点上的数据组成。时间序列的预测方法通过对历史数据进行分析与建模，进而利用构建的模型推断事件的发展。针对时间序列的建模，最常用的是平稳线性自回归模型，可以表示为 $y_t=f(y_{t-1},y_{t-2},\cdots,y_{t-n})+e$，主要利用时间序列的滞后值 $y_{t-1},y_{t-2},\cdots,y_{t-n}$ 预测当前的时间序列值 y_t，其中 e 为模型的随机误差。

伴随着现代信息技术的发展，数据量呈几何倍增长，传统基于统计学的计量模型无法解决数据量激增的预测问题。因此，发展出了基于机器学习与深度学习的时间序列预测模型与方法。机器学习与深度学习方法可以处理更高维度、更大数据量的时间序列预测任务。同时，相较于计量模型，完全由数据驱动的机器学习与深度学习模型可以收获更高的预测精度，因此得到了非常广泛的应用。

本书的第二部分将介绍时间序列预测问题，包括：如何理解与分析时间序列数据、如何针对时间序列数据进行建模与求解、如何评估时间序列预测模型的好坏以及如何在实际的预测任务中使用时间序列预测模型,实现对未知参数值的合理预测。主要内容包括:

- 时间序列的基本概念;
- 线性时间序列模型、非线性时间序列模型;
- 基于机器学习的时间序列预测模型的一般形式;
- 支持向量回归、回归树及集成模型的基本原理、实现方式、应用案例;
- 基于深度学习的时间序列预测模型的一般形式;
- 循环神经网络、卷积神经网络的基本原理、实现方式、应用案例。

第 10 章

计 量 方 法

时间序列数据指个体的一个或多个特征在一系列时间观测点上形成的以时间为维度的数据序列。时间序列数据在我们的生活中几乎无处不在,如城市的历史温度、股票每日收盘价格、地铁每日的交通流量等。时间序列数据蕴含了数据随时间变化的相互依存关系,因此针对时间序列的研究是为了挖掘数据内在的动态变化规律、把握数据的生成机制,从而基于过去的观测建立模型并实现对未来信息的预测。时间序列的预测方法在如交通流预测[1]、金融市场预测[2]、财务数据预测[3]等领域都发挥着重要的作用。

一直以来,时间序列分析在计量经济学中被广泛研究。2003 年 Robert Engle 和 Clive Granger 获得诺贝尔经济学奖,以表彰他们在“经济时间序列分析”研究领域所作出的杰出贡献。计量经济学在针对时间序列预测的研究中,主要采用自回归模型分析数据的非线性依赖关系。很多经典的时间序列预测模型,如自回归、移动平均、差分自回归移动平均(autoregressive integrated moving average,ARIMA)等都来自计量经济学领域。本章将着重介绍时间序列预测的基础知识与计量方法。

10.1 时间序列概述

本节主要介绍时间序列分析与预测中的基本概念。不失一般性,时间序列数据可表示为$\{x_t, t=1,\cdots,T\}$。每列时间序列数据都有其独特的数据特征,常见的时间序列数据有平稳时间序列、差分平稳时间序列、季节性时间序列与非平稳时间序列等。平稳性是时间序列预测中非常重要的性质,其定义如下。

定义 1 满足以下两个条件的时间序列为平稳序列:

(1) 期望 $\mu_t=E[x_t]$为有限常数,即时间序列的期望不随时间 t 变化;

(2) 协方差 $\mathrm{Cov}(x_s,x_t)$存在,且只依赖于 s 与 t 的间隔大小$|s-t|$,其中 $\mathrm{Cov}(x_s,x_t)=E\{[x_s-E[x_s]][x_t-E[x_t]]\}$。

最基础的平稳序列是白噪声序列。

定义 2 满足以下两个条件的时间序列为白噪声序列:

(1) $\mu_t=0$;

(2) 若 $s\neq t$,则 $\mathrm{Cov}(x_s,x_t)=0$; 若 $s=t$,则 $\mathrm{Cov}(x_s,x_t)=\sigma^2\in(0,\infty)$,其中 σ^2 为一个常数。

在时间序列建模中,误差序列通常为白噪声序列。图 10-1 为白噪声序列示意图。

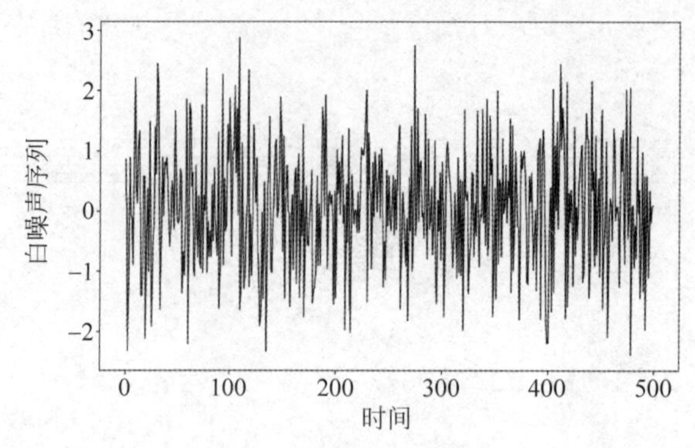

图 10-1 白噪声序列示意图

时间序列分析的核心在于构建模型来度量时间序列数据之间的序列相关性。下面介绍最为常见的相关性度量：Pearson 相关系数。

两个随机变量的 Pearson 相关系数定义为

$$\rho_{XY}=\rho(X,Y)=\frac{\mathrm{Cov}(X,Y)}{\sqrt{\mathrm{Var}(X)\mathrm{Var}(Y)}}$$

Pearson 相关系数常用于度量变量之间的线性相关性。对于平稳时间序列 x_t，若令 $X=x_t$，$Y=x_{t-l}$ 对于 $\forall\, l\in\{0,1,\cdots,T-1\}$ 成立，则可以定义 x_t 的 l 阶自相关系数为

$$\rho_l=\frac{\mathrm{Cov}(x_t,x_{t-l})}{\mathrm{Var}(x_t)}$$

此处有 $\rho_0=1$ 和 $\rho_l=\rho_{-l}$，$\forall\, l\in\{0,1,\cdots,T-1\}$。通常，将序列自相关系数关于阶数变化的函数称为自相关函数。当基于时间序列数据的观测样本为 $\{y_t,t=1,2,\cdots,T\}$ 时，样本的自协方差为

$$\hat{\gamma}_l=\frac{1}{T-1}\sum_{t=l+1}^{T}(y_t-\bar{y})(y_{t-l}-\bar{y}),\quad \bar{y}=\frac{1}{T}\sum_{t=1}^{T}y_t$$

因此，样本的自相关系数为

$$\rho_l=\frac{\hat{\gamma}_l}{\hat{\gamma}_0}$$

其中，$\hat{\gamma}_0$ 表示时间序列 x_t 的方差。样本自相关函数是线性时间序列建模的重要相依性度量指标。

时间序列分析的一个基本目标在于掌握历史数据反映出的客观规律，再利用这些规律对序列的未来值做出合理预测。简单的预测方法包括朴素预测法（下一时刻的值等于上一时刻的值）、移动平均法（下一时刻的值等于滑动窗口内历史数据的平均值）与指数平滑法（为历史数据赋予指数递减的权重）等，其在很多实际问题中能收获不错的预测效果。以指数平滑法为例，表达式为

$$\hat{x}_{T+1}=\alpha x_T+(1-\alpha)\hat{x}_T=\alpha x_T+\alpha(1-\alpha)x_{T-1}+\cdots+\alpha(1-\alpha)^{T-1}x_1$$

对比移动平均法与朴素预测法，可以看到移动平均法只为滑动窗口内的数据赋予非零权重，朴素法则将所有权重赋予最近的数据。指数平滑法通过为历史数据赋予指数递减的权重，在一定程度上弥补了前两种预测方法的缺陷。

这三种简单的预测方法虽然应用广泛，但却没有深入地对待预测的时间序列数据进行

分析与建模，即这些预测方法并没有充分利用时间序列的历史信息。因此，一种思路是通过分析时间序列的历史数据对该时间序列进行建模，推断时间序列内部蕴含的信息，再根据这些信息完成下一阶段的预测。

10.2　线性时间序列模型

若时间序列 x_t 可以被表示为白噪声序列 a_t 与其滞后项 x_{t-i} 的线性函数，则称该时间序列为线性时间序列过程。1938 年，数学家 Herman Wold 证明若存在常数 $\mu, \psi_i(i=0, 1,\cdots)$ 以及白噪声序列 a_t，一个线性时间序列可以被表示为

$$x_t=\mu+\sum_{i=0}^{\infty}\psi_i a_{t-i}, \quad \psi_0=1$$

任何不符合线性时间序列假定的时间序列均被称为非线性时间序列。如果对线性时间序列求期望与方差，易得

$$E(x_t)=\mu, \quad \operatorname{Var}(x_t)=\sigma_a^2\sum_{i=0}^{\infty}\psi_i^2$$

而其协方差为

$$\operatorname{Cov}(x_t, x_{t-l})=E\left[\left(\sum_{i=0}^{\infty}\psi_i a_{t-i}\right)\left(\sum_{j=0}^{\infty}\psi_j a_{t-l-j}\right)\right]=\sigma_a^2\sum_{j=0}^{\infty}\psi_{l+j}\psi_j,$$

相应地，其自相关系数为

$$\rho_l=\frac{\hat{\gamma}_l}{\hat{\gamma}_0}=\frac{\sum_{i=0}^{\infty}\psi_{l+i}\psi_i}{1+\sum_{i=0}^{\infty}\psi_i^2}$$

可见，当 $l\to\infty$ 时，有 $\rho_l\to\infty$，因此，线性时间序列的序列相关性随数据之间时间间隔的增大而逐渐趋于 0，这是线性时间序列的重要性质。著名的 Wold 表示定理[4]将线性时间序列模型与平稳性建立了联系。根据 Wold 表示定理，任意一个平稳时间序列均可采用线性时间序列进行建模。

10.2.1　自回归模型

自回归模型是指通过时间序列数据的滞后项与时间序列数据的当前观测值建立回归模型，即使用过去观测值作为自变量，使用当前观测值作为因变量构建线性回归模型。其中对当前观测值产生影响的滞后项的个数被称为自回归模型的阶，一阶自回归模型 AR(1) 可以表示如下：

$$x_t=\phi_0+\phi_1 x_{t-1}+a_t \tag{10-1}$$

其中，a_t 为方差为 σ^2 的白噪声序列，ϕ_0 与 ϕ_1 为回归系数。由式(10-1)，由于这里假设 x_{t-1} 只依赖于 a_{t-1}，因此有 $\operatorname{Cov}(x_{t-1}, a_t)=0$，从而有

$$E(x_t)=\phi_0+\phi_1 E(x_{t-1})$$
$$\operatorname{Var}(x_t)=\phi_1^2\operatorname{Var}(x_{t-1})+\sigma^2$$

若时间序列平稳，即 $E(x_t)=E(x_{t-1})=\mu$ 以及 $\operatorname{Var}(x_t)=\operatorname{Var}(x_{t-1})=\gamma_0$，则有

$$E(x_t)=\mu=\frac{\phi_0}{1-\phi_1}$$

此处 $\phi_1 \neq 1$，以及当 $|\phi_1|<1$ 时，

$$\operatorname{Var}(x_t)=\gamma_0=\frac{\sigma^2}{1-\phi_1^2}$$

且由 $\rho_0=1$ 得自相关函数为

$$\rho_l=\phi_1^l, l=0,1,2,\cdots$$

这表明，一阶自回归模型的时间序列数据的自相关函数随着滞后阶数的增加而指数衰减。因此，当我们对某一时间序列数据进行分析时，如果发现其自相关函数随滞后阶数的增加而迅速减小，呈现出指数衰减的趋势，则可以考虑采用一阶自回归模型进行建模。

对一阶自回归模型进行推广可以得到 p 阶自回归模型，设定如下：

$$x_t=\phi_0+\phi_1 x_{t-1}+\phi_2 x_{t-2}+\cdots+\phi_p x_{t-p}+a_t \tag{10-2}$$

一般而言，我们可以使用最小二乘法估计 p 阶自回归模型中的回归系数。最小二乘法(least squares method)是一种常用的参数估计方法。对于上述的 p 阶自回归模型，可以使用最小二乘法通过最小化误差平方和(sum of square error, SSE)来估计模型参数 ϕ_0，$\phi_1,\cdots,\phi_p$。SSE 表示时间序列观测值 x_t 与拟合值 $\hat{x}_t$ 之间的偏差，设共有 n 条观测数据，则 SSE 公式为

$$\text{SSE}=\sum_{t=1}^{n}(x_t-\hat{x}_t)^2$$

此外，回归平方和(sum of squares due to regression, SSR)表示拟合值 $\hat{x}_t$ 与观测数据的平均值 $\bar{x}_t$ 之间的偏差，其公式为

$$\text{SSR}=\sum_{t=1}^{n}(\hat{x}_t-\bar{x}_t)^2$$

而总平方和(total sum of squares, SST)表示观测值 x_t 与观测数据的平均值 $\bar{x}_t$ 之间的总偏差：

$$\text{SST}=\sum_{t=1}^{n}(x_t-\bar{x}_t)^2$$

总平方和可以被表示为回归平方和和误差平方和之和，即 SST＝SSR＋SSE。

设时间序列观测值向量为 $\boldsymbol{x}$，自回归滞后矩阵为 $\boldsymbol{X}$，参数向量为 $\boldsymbol{\phi}$，误差项向量为 $\boldsymbol{a}$，则 p 阶自回归模型可以被表示为

$$\boldsymbol{x}=\boldsymbol{X}\boldsymbol{\phi}+\boldsymbol{a}$$

其中：

$$\boldsymbol{x}=\begin{bmatrix} x_{p+1} \\ x_{p+2} \\ \vdots \\ x_n \end{bmatrix}, \quad \boldsymbol{X}=\begin{bmatrix} x_p & \cdots & x_1 \\ x_{p+1} & \cdots & x_2 \\ \vdots & \vdots & \vdots \\ x_{n-1} & \cdots & x_{n-p} \end{bmatrix}, \quad \boldsymbol{\phi}=\begin{bmatrix} \phi_1 \\ \phi_2 \\ \vdots \\ \phi_p \end{bmatrix}, \quad \boldsymbol{a}=\begin{bmatrix} a_{p+1} \\ a_{p+2} \\ \vdots \\ a_n \end{bmatrix}$$

最小二乘估计的参数向量 $\hat{\boldsymbol{\phi}}$ 为

$$\hat{\boldsymbol{\phi}}=(\boldsymbol{X}^{\mathrm{T}}\boldsymbol{X})^{-1}\boldsymbol{X}^{\mathrm{T}}\boldsymbol{x}$$

在得到 SSE，SSR 与 SST 的值后，可以使用决定系数 $\boldsymbol{R}^2$ 来衡量模型的拟合优度，其公式为

$$\boldsymbol{R}^2=\frac{\mathrm{SSR}}{\mathrm{SST}}=1-\frac{\mathrm{SSE}}{\mathrm{SST}}$$

在使用 AR(p)模型进行预测时，其中十分重要的一步在于 AR 模型的定阶，目前常用的 AR 模型定阶方法有信息准则法、偏相关系数法与模型诊断法等。下面详细介绍信息准则法。

一般而言，参数量越多拟合效果越好，但是同时参数量越多过拟合的风险也就越大，因此一种定阶方法便是平衡参数量与模型的拟合优度，信息准则法正是通过构造信息准则：

$$\mathrm{IC}(p)=\log\frac{\mathrm{SSR}(p)}{T}+C_T\,\frac{g}{T} \tag{10-3}$$

通过寻找最小化该准则的 p 实现 AR 模型的定阶，这里的 SSR(p)为 AR(p)模型拟合的残差平方和，g 为模型中的参数量。C_T 是一个与样本量 T 有关的量，在不同的信息准则下 C_T 往往取不同的值，如在 Akaike 信息准则(AIC)下 $C_T=2$，在 Schwarz-Bayesian 信息准则(BIC)下 $C_T=\log T$。

10.2.2 滑动平均模型

区别于自回归模型，滑动平均模型对在一定窗口长度下白噪声序列的加权平均值进行建模，滑动平均中滑动窗口的长度即滞后的白噪声序列的阶数，一阶滑动平均模型 $MA(1)$ 设定如下：

$$x_t=c_0+a_t-\theta_1 a_{t-1}=c_0+(1-\theta_1 B)a_t \tag{10-4}$$

其中，a_t 是方差为 σ^2 的白噪声序列，c_0 与 θ_1 为滑动平均模型参数，B 为滞后算子。由式(10-4)有

$$E(x_t)=c_0$$
$$\mathrm{Var}(x_t)=(1-\theta_1 B)^2$$

同时，自协方差与自相关系数为

$$\gamma_0=(1+\theta_1^2)\sigma^2,\quad \gamma_1=-\theta_1\sigma^2,\quad \gamma_l=0,\quad l>0$$
$$\rho_0=1,\quad \rho_1=\frac{-\theta_1}{1+\theta_1^2},\quad \rho_l=0,\quad l>1$$

可以看出，一阶滑动平均模型的自相关系数在一阶处出现截断，并且均值、方差和自协方差均不依赖于时间，是一个平稳过程。相应地，可以把一阶滑动平均模型推广得到 q 阶滑动平均模型 $MA(q)$：

$$x_t=c_0+a_t-\theta_1 a_{t-1}-\cdots-\theta_q a_{t-q}=c_0+(1-\theta_1 B-\cdots-\theta_q B^q)a_t \tag{10-5}$$

由模型设定可以得到

$$E[x_t]=c_0$$
$$\mathrm{Var}(x_t)=(1+\theta_1^2+\cdots+\theta_q^2)\sigma^2$$

同时，自协方差与自相关系数为

$$\gamma_l=\begin{cases}(-\theta_l+\theta_1\theta_{l+1}+\cdots+\theta_{q-l}\theta_q)\sigma^2, & l=1,2,\cdots,q\\ 0, & l>q\\ (1+\theta_1^2+\cdots+\theta_q^2)\sigma^2, & l=0\end{cases}$$

$$\rho_l=\begin{cases}1, & l=0\\ \dfrac{-\theta_l+\theta_1\theta_{l+1}+\cdots+\theta_{q-l}\theta_q}{1+\theta_1^2+\cdots+\theta_q^2}, & l=1,2,\cdots,q\\ 0, & l>q\end{cases}$$

相似地，可以看到 q 阶滑动平均模型的自相关系数在 q 阶处出现截断，且均值、方差与自协方差不依赖于时间，是一个平稳过程。

与自回归模型类似，滑动平均模型的定阶也可以使用信息准则法进行定阶。不同的是，由于滑动平均模型的自相关系数在 q 阶处出现截断，因此可以利用这个性质进行定阶。具体地，若 $\rho_l=0$，则有 $\sqrt{T}\hat{\rho}_l\sim N(0,1)$，因此对于 $MA(q)$ 生成的数据，当 $l>q$ 时，有 $|\hat{\rho}_l|<1.96/\sqrt{T}$。

10.2.3 ARIMA 模型

通过将自回归模型与滑动平均模型进行结合，则可以用非常简洁的模型形式刻画复杂的序列相关性，这种将自回归模型与滑动平均模型结合的强大模型便称为自回归滑动平均模型 ARMA(p,q)，其中 p 为自回归模型的阶，q 为滑动平均模型的阶。模型公式定义如下：

$$r_t=\phi_0+\sum_{i=1}^{p}\phi_i r_{t-i}+a_t-\sum_{j=1}^{q}\theta_j a_{t-j} \tag{10-6}$$

在处理实际的时间序列数据中，往往数据都不符合平稳性要求，因此要引入时序差分方法处理时间序列数据以使其满足平稳性要求。差分运算通过计算 t 时刻的时间序列与 $t-1$ 时刻的时间序列的差值来消除时间序列中的非平稳性，从而得到近似平稳的时间序列。其中一次差分为序列间数据一次差值，二次差分即在一次差分基础上再进行差分。以时间序列{1,4,9,16,25,…}为例，进行一次差分转化为{3,5,7,9,11,…}，进行二次差分转化为{2,2,2,2,…}。可以看到，该非平稳的时间序列数据在经过两次差分后变为平稳时间序列。通过引入时序差分可以将非平稳时间序列转化为平稳时间序列，从而可以使用 ARMA 模型进行处理。结合了时序差分方法的 ARMA 模型就被称为 ARIMA(p,q,d)模型，其中 d 为差分次数。

整个 ARIMA(p,q,d)模型的建模步骤如下：

(1) 进行序列平稳性检验，确定 d 值；

(2) 基于信息准则法确定 p 值与 q 值；

(3) 拟合 ARIMA(p,q,d)模型；

(4) 时间序列的未来取值。

下面，我们结合一个国际航空公司历史月度乘客数的时间序列数据（见图 10-2）介绍 ARIMA 模型的建模与预测方法，主要采用 Python 中的 statsmodels 工具包对时间序列数据进行建模与分析（代码见附录）。statsmodels 是一个包含统计模型、统计测试、统计数据挖掘及可视化等多种功能的 Python 工具包，集成了多种时间序列预测的方法与函数。

从图 10-2 可以看出，该时间序列具有明显递增的趋势与季节性的周期特征，使用 statsmodels. tsa. seasonal 下的 seasonal_decompose 函数对该时间序列进行季节分解，可以更清晰地看出它的季节项与趋势项。由于月度乘客数据的实际意义，易知数据的季节周期是 12，季节分解后的时间序列趋势项、季节项、残差项如图 10-3 所示。

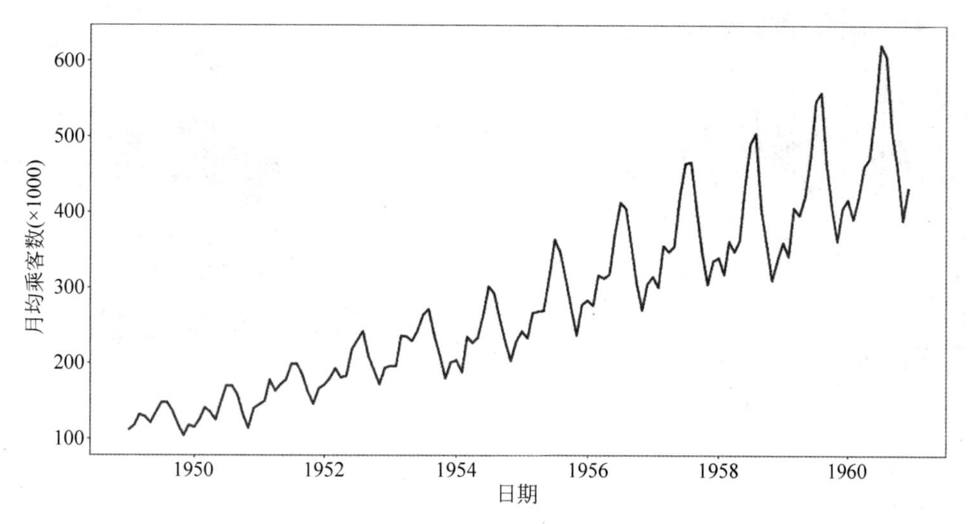

图 10-2　某国际航空公司历史月度乘客数

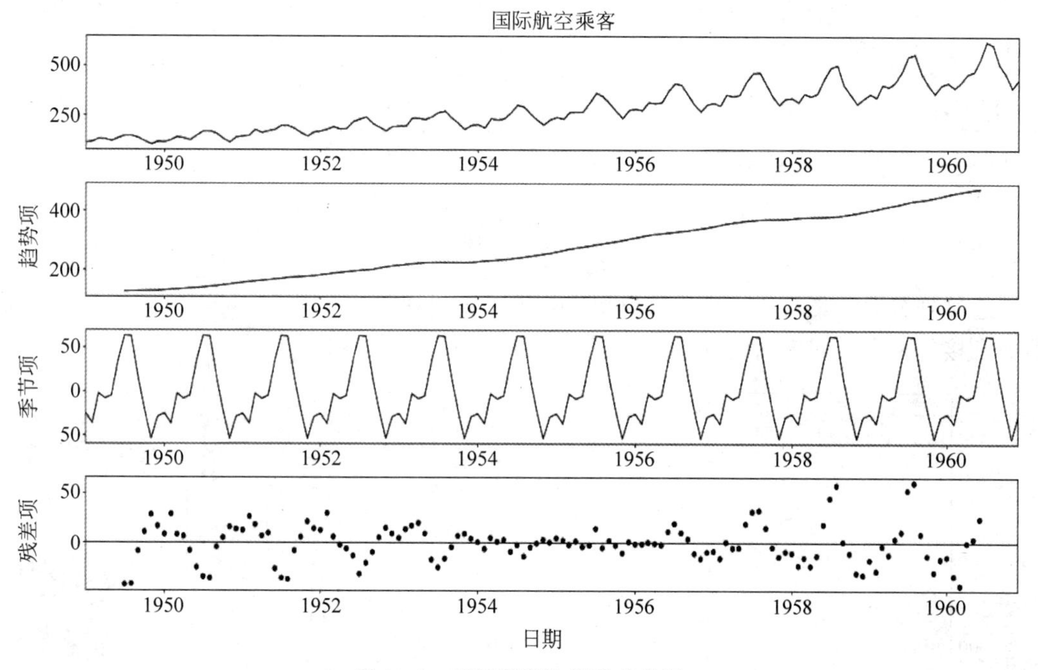

图 10-3　时间序列数据季节分解

使用 statsmodels. tsa. stattools 下的 adfuller 函数对该时间序列进行平稳性检验，可以得到 p-value 值为 0.99，即数据是非平稳时间序列。

接下来进行 ARIMA 建模中非常重要的一个步骤，即确定 p,q,d 的参数值。假设 p 值取自{0,1,2,3}，q 值与 d 值取自{0,1}，通过 Python 内置的 itertools 工具可以列出 p,q,d 的全部可能取值，使用 sm. tsa. statespace 下的 SARIMAX 函数尝试对 p,q,d 的各种可能取值进行建模，并统计其 AIC 值，找到使得 AIC 值最小的 p,q,d 值组合为(3,1,1)即进行一次时序差分，3 阶自回归与 1 阶滑动平均。

找到最优 p,q,d 参数组合后，可以使用 plot_diagnostics 方法对最优模型进行诊断，通过图 10-4 可以看到，模型拟合后的残差近似服从于标准正态分布，拟合效果优异。

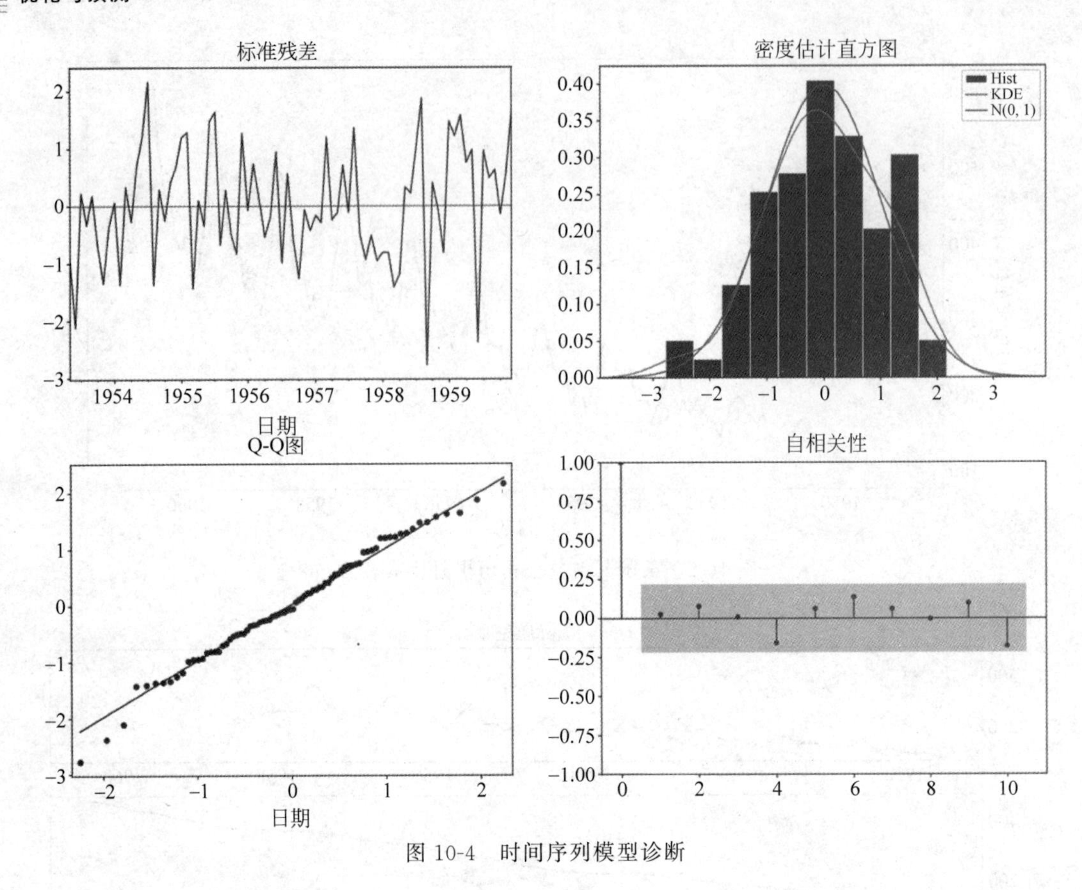

图 10-4 时间序列模型诊断

通过划分训练集与测试集检验模型的效果可视化如图 10-5 所示，可以看到模型的预测值非常接近未来时间序列的真实值。

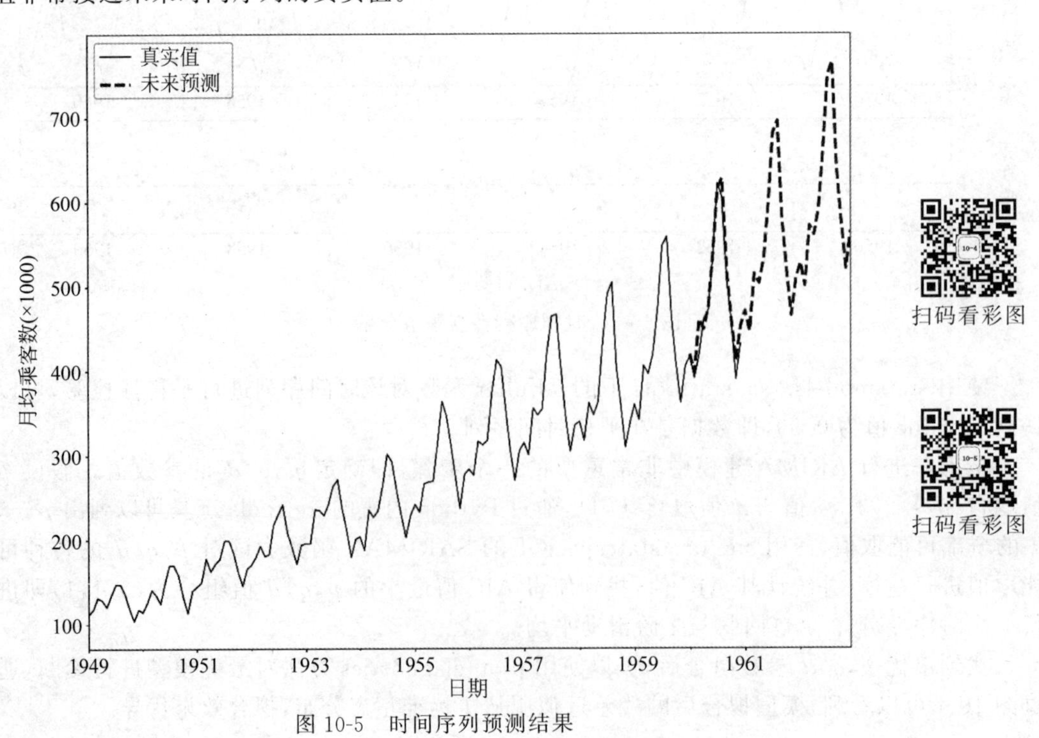

图 10-5 时间序列预测结果

扫码看彩图

扫码看彩图

10.3 非线性时间序列模型

通过线性时间序列数据的建模可以看到，时间序列数据的模型总体上可以表示为 $x_t=f(x_t,F_{t-1})+a_t$，其中 $F_t=\{x_{t-1},x_{t-2},\cdots,a_{t-1},a_{t-2},\cdots\}$表示所有“过去信息”的集合。当函数 f 是线性模型如 ARMA 时，称为线性时间序列模型；当函数 f 是非线性模型时，则称为非线性时间序列模型。从方法上来说，非线性时间序列模型一般可以分为参数非线性时间序列模型与非参数非线性时间序列模型。本节将依次介绍两类非线性时间序列模型，并介绍非线性的检验方法。

参数非线性时间序列模型的主要思想是将函数 f 参数化表示，从而通过参数估计建模时间序列模型。常用的参数非线性时间序列方法有自激励门限自回归(Self-Exciting Threshold Autoregressive，SETAR)模型、平滑转换自回归模型及马尔可夫区制转换自回归模型等。本节介绍最常用的 SETAR 模型：

$$r_t=\sum_{j=1}^{J}(\phi_0^j+\phi_1^j r_{t-1}+\cdots+\phi_p^j r_{t-p}+a_t^j)1\{\gamma_{j-1}\leqslant r_{t-d}<\gamma_j\} \tag{10-7}$$

其中，$1\{\cdot\}$为示性函数，J 为区制个数，$\gamma_1,\gamma_2,\cdots,\gamma_J$ 为门限值，d 为延迟阶数，p 为自回归阶数，r_{t-d} 为门限变量，$\phi_0^j,\phi_1^j,\cdots,\phi_p^j$ 为区制 j 内的自回归模型参数。

由式(10-8)可知，SETAR 实质上是一个分段线性自回归的过程，在每一个区段 $j=1,\cdots,J$ 内，当 $\gamma_{j-1}\leqslant r_{t-d}<\gamma_j$ 时，有自回归模型：

$$r_t=\phi_0^j+\phi_1^j r_{t-1}+\cdots+\phi_p^j r_{t-p}+a_t^j$$

SETAR 模型一般可以用分段最小二乘法进行估计。

区别于参数非线性时间序列模型，非参数时间序列模型不假设函数 f 的具体形式，而是采用函数近似理论利用观测到的数据对函数 f 进行估计，其中最被广泛使用的方法是基于核估计的局部加权法与多项式回归法。Nadaraya 与 Watson 于 1964 年提出了一种基于局部加权法估计未知函数 f 的方法[6]：

$$\hat{f}_h(x)=\frac{\sum_{t=1}^{T}K_h(x-x_t)r_t}{\sum_{t=1}^{T}K_h(x-x_t)} \tag{10-8}$$

其中 x 表示待估时间点，x_t 为对应求和中的时间点，r_t 为 t 时刻的时间序列观测值，h 为一个窗宽函数，K 即核函数。事实上，局部加权法主要需要使用的是待估时间点 x 与对应求和中的时间点 x_t 间的距离。一般而言，距离越大，局部加权法为 t 时刻的时间序列观测值 r_t 所赋的权重便越小，而为了在计算距离时减少时间开销与引入非线性，定义了核函数 $K(\cdot)$将原始空间中的输入向量映射转换为高维特征空间中向量的点积，设 $\phi(x)$是 x 在高维空间的映射，有

$$K(x_1,x_2)=\phi(x_1)^T\phi(x_2)$$

在时间序列数据中，常用的一元核函数如下：

(1) 均匀核函数：$K(x)=\begin{cases}1/2, & x\in(-1,1)\\ 0, & \text{其他}\end{cases}$

(2) Epanechnikov 核函数：$K(x)=\begin{cases}\frac{3}{4}(1-x^2), & x\in(-1,1)\\ 0, & \text{其他}\end{cases}$

(3) 高斯核函数：$K(x)=\frac{1}{\sqrt{2\pi}}\exp\left(-\frac{x^2}{2}\right)$。

通过对历史观测数据使用局部加权法进行加权平均，便可得到对时间序列相关性函数 f 的估计。

另一类广泛使用的基于核估计的非参数时间序列建模方法是局部多项式回归法，通过估计下式确定多项式拟合函数的参数：

$$L(a_0,\cdots,a_p)=\sum_{t=1}^{T}\left[r_t-\sum_{s=0}^{p}a_s(x-x_t)^s\right]^2K_h(x-x_t) \tag{10-9}$$

其中 $a_0,a_1,\cdots,a_p$ 为多项式拟合函数的待估计参数，令 $X_t=(1,(x-x_t),\cdots,(x-x_t)^p)^{\mathrm{T}}$，则使得(10-10)式的最小值解的参数值为

$$\begin{pmatrix}\hat{a}_0\\ \vdots\\ \hat{a}_p\end{pmatrix}=\left(\sum_{t=1}^{T}X_tX_t^TK_h(x-x_t)\right)^{-1}\sum_{t=1}^{T}X_tr_tK_h(x-x_t)$$

从而建立起对函数 f 的估计。

相比线性时间序列模型，非线性时间序列模型更为复杂，建模与计算成本也相对更大，因此使用非线性时间序列模型很重要的一步是判断时间序列数据是否具有非线性特征。针对时间序列非线性特征的检验方法主要分为参数方法与非参数方法，本节主要介绍最常用的参数方法，RESET 检验法。

RESET 检验最早由 Ramsey[7] 在 1969 年提出，全称为基于回归残差的模型设定检验(regression specification error test，RESET)，RESET 检验的基本思想在于测试拟合值中的非线性项能否解释回归模型中的因变量，如果自变量的非线性组合对因变量具有解释力，则模型本身的线性假定错误。具体而言，考虑一个 AR(p)模型：

$$r_t=R_{t-1}^T\Phi+a_t$$

这里 $R_{t-1}=(1,r_{t-1},\cdots,r_{t-p})^{\mathrm{T}}$。记 Φ 的最小二乘估计量为 $\hat{\Phi}$，则有 $\hat{r}_t=\hat{R}_{t-1}^T\hat{\Phi}$，$\hat{a}_t=r_t-\hat{r}_t$，残差平方和 $\mathrm{SSR}_0=\sum\hat{a}_t^2$，RESET 检验主要策略的回归模型如下：

$$\hat{a}_t=\beta_1\hat{R}_{t-1}^T+\beta_2Z_{t-1}+u_t$$

这里 $Z_{t-1}=(\hat{r}_t^2,\cdots,\hat{r}_t^{l+1})^{\mathrm{T}}$ 即自变量的非线性组合，如果线性自回归模型可以充分刻画数据相依性，则有 $\beta_1=\beta_2=0$，从而可以构造 F 检验：

$$F=\frac{\dfrac{\mathrm{SRR}_0-\mathrm{SSR}_1}{g}}{\dfrac{\mathrm{SSR}_1}{T-p-g}},\quad g=s+p+1$$

其中，SSR_1 是将预测值的平方项或其他形式的高阶项添加到原始模型中，形成的扩展模型的残差。当数据为正态分布时，F 统计量服从 F 分布 $F(g,T-p-g)$。

本章小结

针对时间序列数据的计量分析是时间序列预测领域的重要理论基础，通过学习时间序列预测的计量方法，可以更好地理解时间序列数据的基本特征，为解决更加复杂的时序预测问题打下扎实的基础。本章主要介绍了时间序列分析的基础概念，并介绍了常见的时间序列数据线性建模方法，如自回归模型、滑动平均模型、ARIMA 模型，也对一些更复杂的非线性时间序列建模方法，如 SETAR、基于核估计的局部加权法与多项式回归法进行了介绍[8]。

习题

即练即测

习题 10-1 什么是时间序列？为什么要分析时间序列数据？请列举几个生活中的时间序列？

习题 10-2 为什么要对时间序列进行平稳性检验？列举常见的时间序列平稳方法。

习题 10-3 请简述 ARIMA 算法的流程。

参考文献

[1] Yang X,Li X,Ning B,Tang T. A survey on energy-efficient train operation for urban rail transit[J]. IEEE Transactions on Intelligent Transportation Systems,2015,17(1)：2-13.

[2] Liu J, Wu C. Hybridizing kernel-based fuzzy c-means with hierarchical selective neural network ensemble model for business failure prediction[J]. Journal of forecasting,2019,38(2)：92-105.

[3] Liu J,Wu C,Li Y. Improving financial distress prediction using financial network-based information and GA-based gradient boosting method[J]. Computational Economics,2019,53：851-872.

[4] Wold,H. A study in the analysis of stationary time series[M]. Stockholm：Almgrist and Wiksell,1938.

[5] Kallas M,Honeine P,Francis C,Amoud H. Kernel autoregressive models using Yule-Walker equations [J]. Signal Processing,2013,93(11)：3053-3061.

[6] Nadaraya E A. On estimating regression[J]. Theory of Probability & Its Applications,1964,9(1)：141-142.

[7] Ramsey J B. Tests for specification errors in classical linear leas-squares regression analysis[J]. Journal of the Royal Statistical Society：Series B (Methodological),1969,31(2)：350-371.

[8] 涂云东. 时间序列分析[M]. 北京：人民邮电出版社,2022.

第 11 章

机器学习方法

人类拥有一种归纳总结“历史经验”以获得对未来行动有帮助的“指导性准则”的能力。类似地，机器学习是一类计算机通过对历史数据使用“学习算法”进行分析，进而归纳生成模型，以便对未来数据进行预测或分类的方法。机器学习算法从宏观角度来看可以分为有监督学习与无监督学习两类，有/无监督的主要区别在于是否要求历史数据具有真实的标签。例如，通过一系列与房价相关的特征属性，如房屋面积、房屋地段、房屋楼层等预测房屋价格，且可以获得历史的房屋价格数据，此处历史房价作为一种真实的标签可以指导与评估机器学习算法学到的模型距离理想模型还有多远。这种利用真实标签作为算法学习方向指导的方法被称为有监督学习方法。典型的有监督学习算法包括线性回归、决策树、神经网络等。而无监督学习算法并不要求真实标签的存在，以聚类算法为例，无监督学习更加注重探索历史数据本身内部的结构性信息，如数据之间相似度的大小，通过这些结构性信息来完成诸如分类、降维等任务[1]。

使用机器学习方法进行时间序列的预测，是将一个时间序列预测问题转化为一个机器学习领域内的有监督学习问题，并利用机器学习领域的成熟模型去完成时间序列的预测。借助机器学习模型强大的函数逼近与数据拟合能力，机器学习方法可以解决绝大多数复杂的时序预测任务，在许多领域中收获了超越计量方法的预测效果。本章将重点介绍目前常用的机器学习时间序列预测模型：支持向量回归、随机森林、XGBoost 等方法。

11.1 机器学习概述

机器学习的核心是对历史经验数据使用学习算法进行统计分析与建模，从而得到一个具有分类或回归能力的参数模型。因此，对于机器学习而言，首先必不可少的就是历史数据。在机器学习领域，我们往往将包含所有历史数据的集合称为一个数据集，其中每条记录都是关于待分类或待回归结果的一种描述，称为一个样本。在上文提到的房价预测例子中，每段由房屋面积、房屋地段、房屋楼层等描述特征或属性组成的向量就被称为一个样本。假设将以上三个特征分别作为坐标轴构建一个用于描述房价的三维空间，称为特征空间，空间中的每一个点都对应一组代表了一栋房屋价格的坐标向量，因此有时我们也将样本称为特征向量。

通常情况下，我们使用 $D=\{x_1,x_2,\cdots,x_m\}$ 代表一个包含 m 个样本的数据集，其中每一个样本 $\boldsymbol{x}_i=(x_{i1},x_{i2},\cdots,x_{id})$ 代表一组特征向量，其中 x_{ij} 表示样本 i 在第 j 个特征上的取值。在有监督学习中，数据集 D 除了包含样本特征外，还需要包含一个真实的标签，即

$D=\{(x_1,y_1),(x_2,y_2),\cdots,(x_m,y_m)\}$。在房价预测例子中，$y_i$ 代表第 i 个样本的真实房价。

在机器学习中，利用算法“学习”历史数据中蕴藏信息的过程被称为训练过程，在训练过程中模型所使用的数据称为训练数据，由训练数据组成的集合被称为训练集。有监督学习的训练过程是在真实标签的指导下不断调整预先给定的模型中的参数，以使得模型在输入样本特征向量后可以更好地逼近正确标签。在使用机器学习方法进行预测或分类的过程中，除了训练集以外，往往还需要额外把数据集划分出验证集与测试集。验证集主要从训练集中划分得出，在训练过程中起到一个更加充分利用数据以及人工调参的作用，帮助调整迭代数、学习率等预先给定的超参数；测试集是模型效果的最终检测者，机器学习方法往往通过评估模型在测试集上的表现好坏来判断模型的拟合优度。

一种经常发生的情况是模型在训练集中拟合效果很好，但在测试集中拟合效果很差，这种情况一般被称为过拟合。机器学习训练过程的目的是期望在训练集的学习过程中得到一个可以适应整个特征空间的模型。但是，最基本的矛盾在于训练过程无法在整个样本空间中进行而只能在其中的一个子集即训练集中进行，因此机器学习期望在训练集中进行训练的模型可以泛化到以测试集为代表的整个样本空间。为了保证尽可能学习到整个样本空间中的最优模型，机器学习一般假设训练数据来自整个样本空间独立同分布的采样，一般而言训练样本越多，我们就可以认为对整体样本空间的认识更为全面。模型的泛化能力主要体现在模型是否可以适应训练集中未曾见到的样本，根据模型的学习情况，可以将模型的拟合情况分为三类：欠拟合、优秀拟合和过拟合，如图 11-1 所示。欠拟合一般指在训练过程中由于模型参数量不足或模型选择错误导致训练模型无法有效地拟合训练集数据，导致模型在测试集中表现不佳；过拟合则是指模型在训练过程中过分地考虑了训练数据，通过将训练集以近似插值的方式进行拟合，从而出现模型在训练集中误差很小，但是在测试集中误差极大的现象，导致训练到的模型在未来的新数据中泛化能力较差。

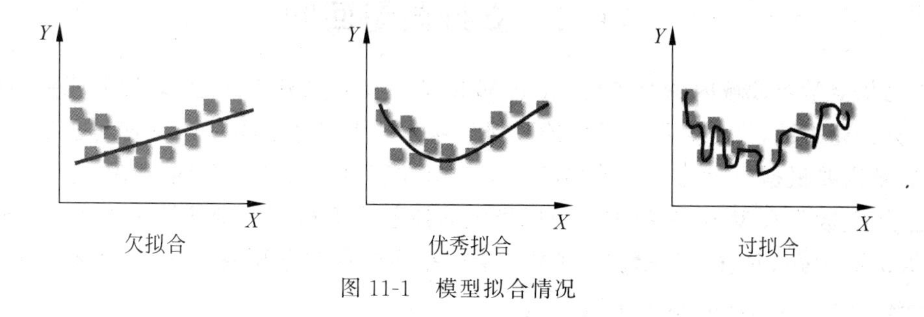

图 11-1 模型拟合情况

使用机器学习方法进行预测或分类一般遵循以下 7 个步骤：

(1) 数据收集；

(2) 特征工程；

(3) 模型选择；

(4) 模型训练；

(5) 模型评估；

(6) 模型调参；

(7) 模型预测。

首先,数据收集是确保机器学习模型高质量、准确性和可靠性的基础,通过获取、清洗和管理足够且代表性的数据来支持模型构建和优化。特征工程阶段旨在整理提炼已有的认为对预测目标有影响的特征或属性,特征工程的好坏将会直接影响模型预测的性能,整个特征工程的处理阶段主要包含数据预处理、特征选择和特征降维等;模型选择阶段旨在选择与评估不同机器学习模型在当前数据集中的表现效果。除了广泛测试线性回归模型、支持向量机(support vector machine,SVM)模型、树模型以外,还可以采用集成模型的方式,即使用多种机器学习模型进行综合判断得到更优的预测效果;而模型训练阶段在明确了模型的损失函数后,针对回归模型可以采用梯度下降的方法,针对 SVM 模型可以采用序列最小化优化(sequential mininal optimization,SMO)算法对模型参数进行学习;在模型评估阶段,分类模型往往根据不同应用场景使用准确率、精确率、召回率等评估指标对模型效果进行评估,回归模型往往采用平均绝对误差(mean absolute error,MAE)、均方误差(mean squared error,MSE)、均方根误差(root mean squared error,RMSE)等指标对模型效果进行评估,其中最常用的 MSE 指标公式如下:

$$\mathrm{MSE}=\frac{1}{N}\sum_{i=1}^{N}(y_i-\hat{y}_i)^2$$

其中,y_i 和 $\hat{y}_i$ 分别为数据的真实标签和模型的输出,一般而言,MSE 越接近零,则模型准确率越高。

模型调参阶段旨在根据模型在不同超参数取值中的表现选择合适的超参数,如学习率、迭代次数。在实际问题中不同的模型对不同超参数具有不同的敏感程度,有时超参数的取值会极大地影响模型的预测效果。一般来说,模型的调参方法包括手动调参、网格搜索、随机搜索等。

11.2 支持向量回归

作为机器学习领域内的经典模型,SVM 模型主要解决分类问题,即为训练数据找到一个最优分割超平面,将分属不同类别的数据分隔开。大部分时间序列预测问题都是一个回归问题,即需要根据历史的时序数据滞后值与时序特征预测未来的时序值。1964 年,俄罗斯统计学家、数学家 Vapnik 提出了使用最大间隔超平面构建一个线性分类器,即 SVM 模型。1995 年,Vapnik 进一步提出一种将 SVM 拓展到回归分析的方法[2],即支持向量回归(support vector regression,SVR)。

以一段带时序特征的时间序列样本数据$\{(x_1,y_1),(x_2,y_2),\cdots,(x_t,y_t),\cdots,(x_T,y_T)\}$为例,其中 x_t 包含当前时段时序值的滞后项与待预测时序值相关的特征向量。时间序列预测的任务需要找到一个函数 f 使得

$$y_t=f(x_t)+e_t$$

其中,e_t 表示无法由函数解释的随机波动与噪声。当函数 f 为线性函数时,有 $f(x)=\boldsymbol{w}^{\mathrm{T}}\boldsymbol{x}+\boldsymbol{b}$,此处 $\boldsymbol{w}$ 与 $\boldsymbol{b}$ 为模型待估计参数。区别于普通的线性回归目标,仅当 $f(x_t)$准确预测 y_t 时,模型的损失函数如 MSE 才为 0,但 SVR 方法可以容忍预测存在一个较小的偏差 ε。如图 11-2 所示,只有当真实值 y_t 与函数 f 的距离大于 ε 时才计算误差,当样本落入 2ε

的间隔带中时，被认为是准确预测。

这种区别于 MSE 的 ε-不敏感损失函数(ε-insensitive loss function)定义如下：

$$l_{\varepsilon}(e)=\begin{cases}0, & |e|\leqslant\varepsilon\\ |e|-\varepsilon, & \text{其他}\end{cases} \tag{11-1}$$

ε-不敏感损失函数在 0 附近的 ε 邻域内取值为 0，邻域外为绝对误差损失，ε-不敏感损失函数图像如图 11-3 所示。

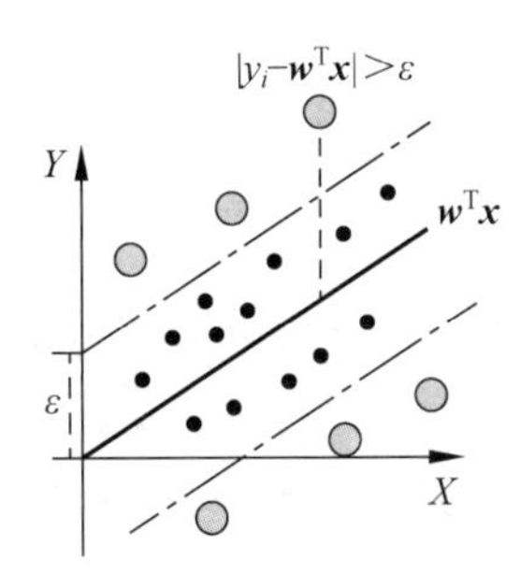

图 11-2　SVR 示意图

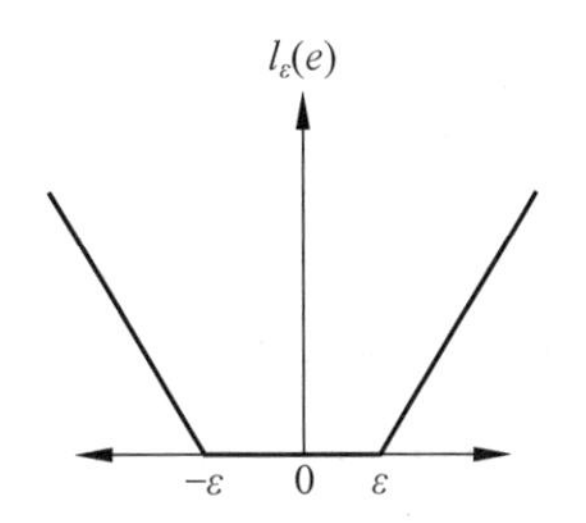

图 11-3　ε-不敏感损失函数

SVR 目标函数为

$$\min_{w,b}\sum_{t=1}^{T}l_{\varepsilon}(y_t-\boldsymbol{w}^{\mathrm{T}}\boldsymbol{x}_t-b)+\frac{1}{2\lambda}\boldsymbol{w}^{\mathrm{T}}\boldsymbol{w} \tag{11-2}$$

其中，λ 为正则化参数，$\boldsymbol{w}^{\mathrm{T}}\boldsymbol{w}$ 为 $\boldsymbol{w}$ 的 $L2$ 范数，事实上，(11-2)式可以被视为一个带惩罚项的优化问题：

$$\begin{aligned}\min_{w,b,\xi_t,\hat{\xi}_t}\quad & \frac{1}{2\lambda}\boldsymbol{w}^{\mathrm{T}}\boldsymbol{w}+\sum_{t=1}^{T}(\xi_t+\hat{\xi}_t)\\ \text{s.t.}\quad & f(x_t)-y_t\leqslant\grave{o}+\xi_t\\ & y_t-f(x_t)\leqslant\grave{o}+\hat{\xi}_t\\ & \xi_t\geqslant 0,\hat{\xi}_t\geqslant 0,t=1,2,\cdots,T\end{aligned} \tag{11-3}$$

其中，ξ_t 与 $\hat{\xi}_t$ 是为处理数据中的离群边缘点而引入的松弛变量。线性 SVR 模型的优化可以通过构建拉格朗日函数使用 K-T 条件进行求解，将 K-T 条件代入原始目标函数，可以得到 SVR 的解形如：

$$f(x_t)=\sum_{s=1}^{T}(\hat{\alpha}_t-\alpha_t)\boldsymbol{x}_s^{\mathrm{T}}\boldsymbol{x}_t+b \tag{11-4}$$

其中，$\hat{\alpha}_t$，α_t 为(11-3)式中约束的拉格朗日乘子，详细推导过程可以参见《机器学习》[5]。

而在非线性 SVR 模型中，可以采用核函数的方法将线性函数 f 进行转换，即引入高维非线性函数 $\phi(x)$将线性函数 f 表示为 $f(x)=\boldsymbol{w}^{\mathrm{T}}\phi(x)+\boldsymbol{b}$。SVR 的解包含了特征向量的乘积，因此考虑使用核函数 $K(\cdot,\cdot)$的方法，将非线性 SVR 模型中的 $\phi(x_s)^{\mathrm{T}}\phi(x_t)$ 表示为 $K(x_s,x_t)$，即

$$f(x_t)=\sum_{s=1}^{T}\alpha_t K(x_s,x_t)+b=K_t\alpha_t+b \tag{11-5}$$

非线性的SVR模型没有显式解，需要引入二次规划或序列最小优化算法(Sequential Minimal Optimization,SMO)算法进行求解，在实际计算中往往复杂度较大，因此在实际工程实现中又可以采用如最小二乘(least square,LS)损失函数：

$$l_2(e)=e^2$$

最小绝对偏差(least absolute deviations,LAD)损失函数：

$$l_1(e)=|e|$$

Huber损失函数：

$$l_h(e)=\begin{cases}|e|, & |e|>h\\ \dfrac{e^2}{2h}+\dfrac{h}{2}, & |e|\leqslant h\end{cases}$$

进行求解。在Huber损失函数中，h为一个预先给定的超参数，用于控制Huber损失函数的形式，当预测误差大于h时，采用绝对值损失形式，当误差小于h时，采用平方损失形式。在实践中，可以通过对ε-不敏感损失函数进行代替，构建LS-SVM、LAD-SVM、Huber-SVM等多种变体。

下面以2023年北京市丰台站地铁到站客流数据为例，利用Python机器学习库sklearn使用SVR方法实现对地铁到站客流数据的预测。首先导入需要Numpy、Pandas、Matplotlib包，使用Pandas中的read_csv函数读取铁路到站客流数据保存为DataFrame类型，并保存于变量df中。

```
import pandas as pd
import matplotlib.pyplot as plt
from matplotlib.pyplot import MultipleLocator
from sklearn import svm
from sklearn.metrics import mean_squared_error
from sklearn.preprocessing import MinMaxScaler
df = pd.read_csv('passenger-flow.csv',encoding='gbk', sep=',')
```

如图11-4所示，除了时间序列数据到站客流外，该数据集还包含了四个与该时间序列相关的特征，分别为“是不是节假日”“星期”以及两个经过脱敏处理的特征F1与F2。

Time	Data	Is_holiday	Is_weekend	F1	F2
2023-01-25	751	1	3	751	751
2023-01-30	884	0	1	878	751
2023-02-05	686	1	7	675	1038
2023-02-10	887	0	5	873	686
2023-02-15	765	0	3	815	887

图11-4 铁路到站客流特征数据

使用Matplotlib内的pyplot.plot函数可视化数据：

```
df['time'] = pd.to_datetime(df['time'])
df['month'] = df.time.dt.month
df['day'] = df.time.dt.day
df = df.sort_values(by='time')
df['date'] = df['month'].map(str) + "-" + df['day'].map(str)
date_list = df['date']
plt.plot(df["date"],df["data"],lw=3)
```

```
plt.xlabel('日期',fontsize = 26)
plt.ylabel('到站客流',fontsize = 26)
plt.xticks(fontsize = 22)
plt.yticks(fontsize = 22)
#把 x 轴的刻度间隔设置为 5,并存在变量里
x_major_locator = MultipleLocator(5)
ax = plt.gca()
ax.xaxis.set_major_locator(x_major_locator)
plt.savefig("PassengerFlow.svg", dpi = 750, bbox_inches = 'tight')
plt.show()
```

如图 11-5 所示,可以看到该时间序列数据没有明显的趋势与周期特征,使用传统方法难以准确预测。

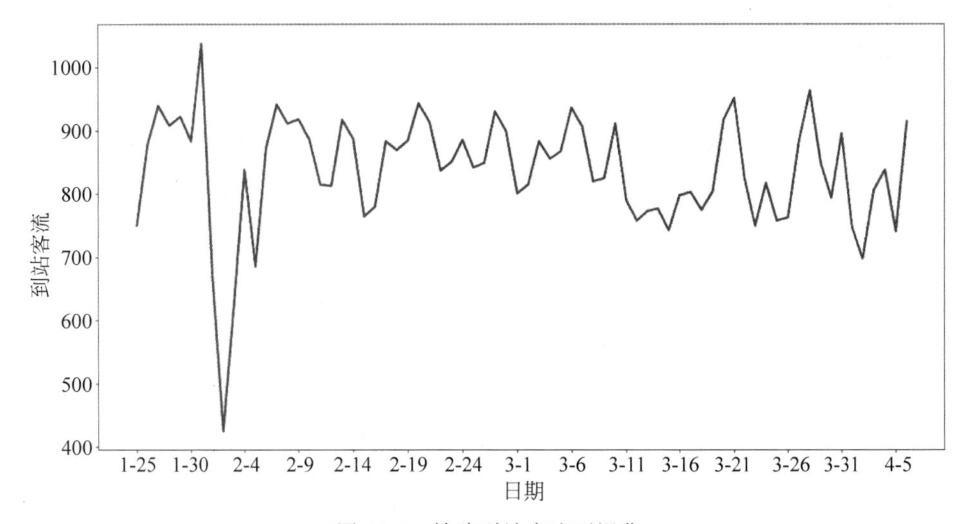

图 11-5　铁路到站客流可视化

由于数据特征中存在 0-1 变量与类别变量,因此首先使用 Pandas 包中的 get_dummies 将类别变量进行 One-Hot 编码:

```
1  df["is_holiday"].replace({0:"否",1:"是"})
2  df['isweekend'] = df['isweekend'].map(str)
3  df  = pd.get_dummies(df)
```

同时,为了在特征中引入历史的客流数据,通过前面几个时间粒度的到站客流预测当前时间粒度的到站客流,此处选择窗口为 10,构建时序预测中的历史数据特征:

```
1  horizon  =  10
2  colums  =  ["h10", "h9","h8","h7","h6","h5","h4","h3","h2","h1"]
3  df_new  =  df.iloc[horizon:, :]
4  df_history  =  pd.DataFrame(columns = colums)
5  for i in range(len(df)  -  horizon):
6      history_data  =  df["data"][i:i + horizon].values.tolist()
7      history_data_dict  =  zip(colums,history_data)
8      df_history  =  df_history.append(dict(list(history_data_dict)),ignore_index = True)
9  df_history["time"]  =  df_new.index
10 df_history.set_index('time', inplace  =  True)
```

选择总数据中的前80%数据构建训练集，后20%数据作为测试集，主要通过模型在测试集中的表现评估模型的预测性能：

```
1  train_length = int(df_new.shape[0] * 0.8)
2  train = df_new.head(train_length)
3  test = df_new.tail(df_new.shape[0] - train_length)
```

通过使用sklearn中的MinMaxScaler方法对数据进行归一化处理，为方便后续反归一化操作，分别构建两个归一化组件对训练集与测试集进行归一化处理：

```
1  scaler1 = MinMaxScaler(feature_range = (0, 1))
2  scaler2 = MinMaxScaler(feature_range = (0, 1))
3  y_train = scaler2.fit_transform(train["data"].values.reshape( - 1, 1))
4  x_train = scaler1.fit_transform(train.drop(columns = ['data']))
5  y_test = scaler2.fit_transform(test["data"].values.reshape( - 1, 1))
6  x_test = scaler1.fit_transform(test.drop(columns = ['data']))
```

使用sklearn中svm模块下的SVR函数构建支持向量回归模型对训练数据集进行预测，此处选择sklearn.metrics中的均方误差评估指标（mean_squared_error）对模型预测效果进行评估：

```
1  svr_model = svm.SVR(C = 1,kernel = "rbf",gamma = 0.1)
2  svr_model.fit(x_train, y_train)
3  svr_y_test_pre = svr_model.predict(x_test)
4  svr_y_train_pre = svr_model.predict(x_train)
5  print("SVR测试集均方误差:", mean_squared_error(y_train, svr_y_train_pre))
6  print("SVR训练集均方误差:", mean_squared_error(y_test, svr_y_test_pre))
```

此时得到SVR模型在训练集中的均方误差为0.0197，在测试集中的均方误差为0.0769，将真实数据中的实际结果和SVR模型的预测结果使用Matplotlib包进行绘图见图11-6，可以看到SVR模型捕捉到了一个没有明显规律但与实际相似的趋势特征。

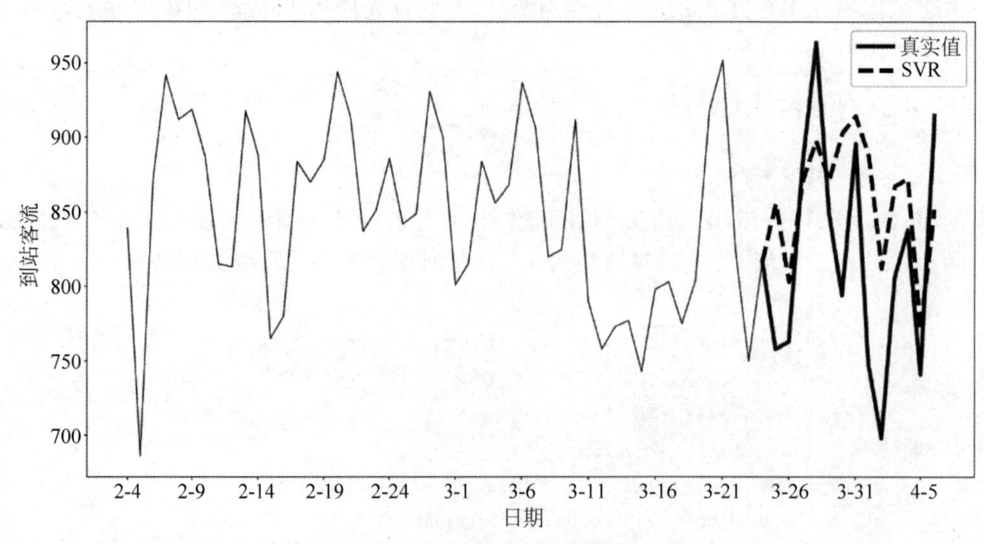

图11-6　SVR模型预测结果

11.3 回 归 树

以决策树为代表的树类算法属于一种分类算法，而 Breiman 在 1984 年提出了分类与回归树(classification and regression tree，CART)，将决策树由分类问题拓展到回归问题[3]，与 SVR 类似，CART 算法同样希望建立如下回归方程：

$$y_t = f(x_t) + e_t$$

区别于普通回归与 SVR 方法，在 CART 算法中，函数 f 为分段常值函数，即存在正整数 M 与 x_t 取值空间 χ 的一个划分 $R_1, \cdots, R_M$ 使得 $\chi = \bigcup_{m=1}^{M} R_m$ 且

$$f(x) = \sum_{m=1}^{M} c_m \cdot 1\{x \in R_m\} \tag{11-6}$$

其中，c_m 指划分 m 内数据真实标签的平均值。给定上述划分，可以采用平方预测误差 $\sum_{x_i \in R_m} (y_i - f(x_i))^2$ 度量该回归函数在训练集中的预测精度，可以得到单元 R_m 上的 c_m 的最优值 $\hat{c}_m$ 是 R_m 中所有训练样本 x_i 对应真实标签 y_i 的均值：

$$\hat{c}_m = \operatorname{avg}(y_t \mid x_t \in R_m)$$

在实际数据分析中，划分的区域个数 M 以及划分区域 $R_1, \cdots, R_M$ 都未知，因此 CART 利用分类树的思想，将 x_t 取值的区域递归地分成两个子区域 $R_1(x_t, s) = \{x_t \mid x_t \leqslant s\}$ 和 $R_2(x_t, s) = \{x_t \mid x_t > s\}$，并确定每个区域上 y 的预测值。对每个子区域重复这个过程，直到样本个数小于预定阈值或提前设定的某种其他停止条件满足。据此确定了树结构中划分的个数、所有的划分以及每个划分上 y 的预测值。具体地，当 x_t 为 p 维时，构建 CART 树算法如下。

(1) 遍历 $j = 1, \cdots, p$，求解最优切分变量 j 和切分点 s 使得

$$\min_{j,s}\left[\min_{c_1} \sum_{x_t \in R_1(x_t, s)} (y_t - c_1)^2 + \min_{c_2} \sum_{x_t \in R_2(x_t, s)} (y_t - c_2)^2\right] \tag{11-7}$$

即对每个固定的变量 j，遍历所有可能的切分点 s 使(11-7)式达到最小，然后找到满足该条件的最小的 j，从而得到最优的(j, s)；

(2) 计算在上述最优的(j, s)下的区域切分及每个区域的预测：

$$R_1(x, s) = \{x \mid x^{(j)} \leqslant s\}, \quad R_2(x, s) = \{x \mid x^{(j)} > s\}$$

$$\hat{c}_m = \operatorname{avg}(y_t \mid x_t \in R_m), \quad m = 1, 2$$

(3) 继续对上述划分区域采用第(1)(2)步的方法进行切分，直至停止条件满足；

(4) 将第(3)步所得的区域记为 $R_1, \cdots, R_M$，计算得到回归树：

$$\hat{f}(x) = \sum_{m=1}^{M} \hat{c}_m \cdot 1\{x \in R_m\}$$

在以上的步骤中，步骤(3)又称为剪枝。其中，预剪枝指在步骤(3)中，利用当前得到的回归树对样本外的数据进行预测。如果当前得到的回归树比前一次切分得到的回归树预测精度低，则停止切分；后剪枝指先从训练集生成一个完整的决策回归树，然后从最尾端进行剪枝，如果剪枝后回归树在样本外的预测精度得到提升，则将该切分点去掉，否则不剪

枝,重复该步骤,直到不需要剪枝为止。

除了剪枝外,在实践中也常使用如下的模型选择准则:

$$C_\alpha(T_0)=\sum_{m=1}^{|M|}\sum_{t=1}^{T}[y_t-\hat{c}_m\cdot 1\{x_t\in R_m\}]^2+\alpha\mid M\mid$$

其中 T_0 为一个较大的树,$|M|$ 表示该树 T_0 的分区个数,$\hat{c}_m$ 为第 m 个分区上 y_t 的均值,$\alpha\geqslant 0$ 为调节参数。上述准则的第一项为拟合优度,第二项为模型复杂度度量。α 越大对模型的复杂度惩罚项就越大,选择的树模型就会越小,反之亦然。

针对 SVR 一节中的到站客流预测任务,同样可以使用回归树的方法完成对到站客流的预测,针对训练集与测试集的处理方法(归一化、切分训练集与测试集等)与 11.2 一节中相似。

通过使用 sklearn 中 tree 模块下的 DecisionTreeRegressor 函数构建回归树模型对训练数据集进行预测,并选择 sklearn.metrics 中的均方误差评估指标(mean_squared_error)对模型预测效果进行评估:

```
1  regr_model = DecisionTreeRegressor(max_depth = 3,min_samples_split = 12)
2  regr_model.fit(x_train, y_train)
3  regr_y_test_pre = regr_model.predict(x_test)
4  regr_y_train_pre = regr_model.predict(x_train)
5  print("回归树测试集均方误差:", mean_squared_error(y_train, regr_y_train_pre))
6  print("回归树训练集均方误差:", mean_squared_error(y_test, regr_y_test_pre))
```

此时得到回归树模型在训练集中的均方误差为 0.01078,在测试集中的均方误差为 0.1273,对比 SVR 模型,回归树模型在测试集中取得了更不稳定的结果,表明使用单棵决策树的泛化能力不强。真实值和回归树模型的预测值使用 Matplotlib 包进行绘图可视化如图 11-7 所示。

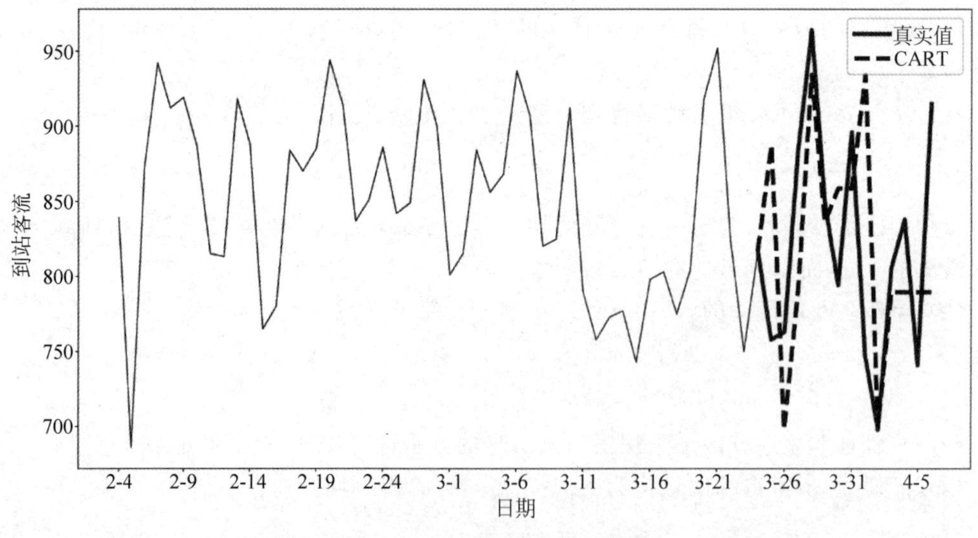

图 11-7 回归树模型预测结果

11.3.1 随机森林

CART 算法的一个缺点在于容易出现过拟合现象,因此在回归树的基础上,学者们借鉴生活中“集思广益”的思想提出了基于集成学习的随机森林算法(Random Forest,RF),通过将多棵决策树进行聚合从而提升模型的泛化性能。集成学习是一种通过构建并结合多个学习器完成学习任务的集成系统,其主要思想在于先产生一组个体学习器,再使用某种策略将这些个体学习器进行结合,以达到比单一学习器泛化能力更强的学习结果。集成学习的一般结构如图 11-8 所示。

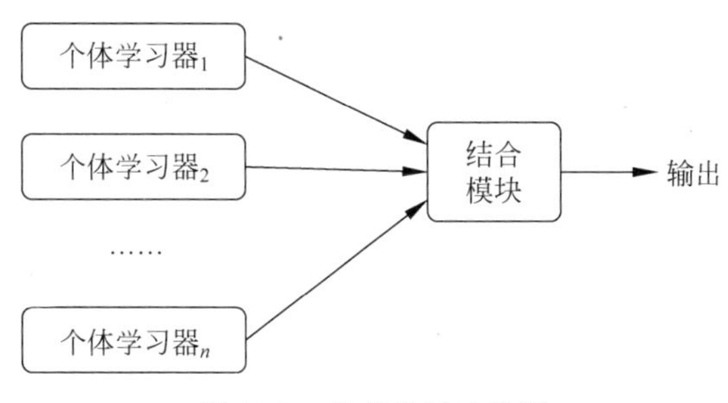

图 11-8　集成学习示意图

集成学习要想发挥作用,并不仅仅是需要若干个足够好的个体学习器。要想获得好的集成效果,个体学习器必须“好而不同”,即个体学习器在保持自身准确性的同时,还需要具备多样性、差异性。通过集成学习向机器学习模型内引入人们对历史经验理解的多样性是集成学习最关键的思路。

在集成学习多样性的要求下,一种可能的做法是对训练样本进行采样,产生出若干个不同的子集,再对每一个数据子集训练出相应个体学习器。由于训练数据的不同,就可以提高机器学习模型的多样性,同时为了保证每个个体学习器在整体数据集中的精度,在采样方法上需要考虑相互重叠的采样子集。这种集成学习的构造思路被称为 Bagging 方法,而 Bagging 方法内用到的抽样技术则被称为自助采样法。

本节介绍的随机森林方法是以决策树为个体学习器的 Bagging 集成学习模型。在决策树学习的基础上,随机森林最大的特点是引入了对数据特征的随机选择,针对个体学习器决策树的每一个节点,在选择最优划分特征时,都只考虑随机选择的一部分特征,防止某些特征对整个模型影响过大,以提升模型学习的鲁棒性。具体而言,对于一个 d 维特征的样本而言,随机森林算法随机选择 k 个特征进行特征划分,在实际经验里通常取 $k=\log_2 d$。对于随机森林回归,在最后的决策树集成阶段,往往采用平均或加权平均的方法得到最终的回归结果,见图 11-9。

随机森林算法实现简单,计算量小,在多种现实的预测任务中都可以展现强大的性能,也被称为“代表集成学习技术水平的方法”。在一般的时间序列预测任务中,随机森林算法往往也被当作一个与其他机器学习模型进行对比的基准模型。同时,随机森林另一个非常强大的功能在于可以有效地防止过拟合现象。由于随机森林中个体学习器的多样性不仅来源于样本扰动(对初始训练集进行采样),还来自于对数据特征的随机选择,随着个体学习器数目的增加,集成得到的随机森林通常泛化误差更小。

同样针对铁路到站客流预测任务,接下来测试随机森林算法对带特征的时序数据的预测结果。通过使用 sklearn 中 ensemble 模块下的 RandomForestRegressor 函数构建随机森林回归模型,并选择 sklearn. metrics 中的均方误差评估指标(mean_squared_error)对模

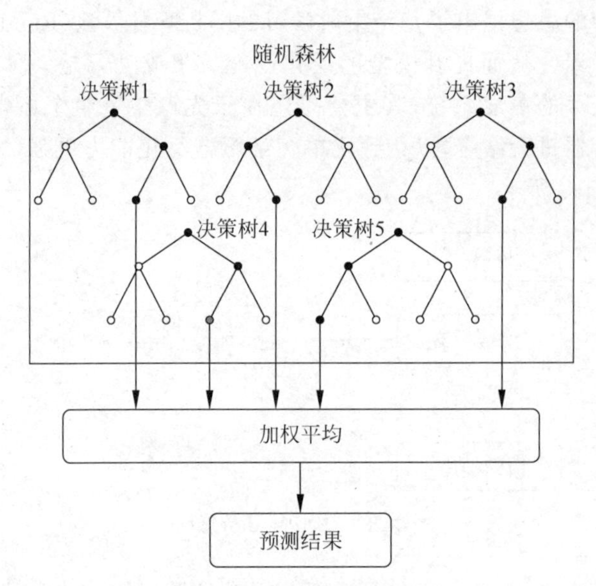

图 11-9 随机森林示意图

型预测效果进行评估：

```
1  RF_model = RandomForestRegressor(n_estimators = 100,max_depth = 9)
2  RF_model.fit(x_train, y_train)
3  RF_y_test_pre = regr_model.predict(x_test)
4  RF_y_train_pre = regr_model.predict(x_train)
5  print("随机森林测试集均方误差:", mean_squared_error(y_train, RF_y_train_pre))
6  print("随机森林训练集均方误差:", mean_squared_error(y_test, RF_y_test_pre))
```

此时得到随机森林模型在训练集中的均方误差为 0.0183，在测试集中的均方误差为 0.07357，对比使用单棵树的预测结果，可以发现使用集成模型在测试集上表现更优，显著提升了模型的预测效果。将真实结果和回归树模型的预测结果使用 Matplotlib 包进行绘图，如图 11-10 所示。

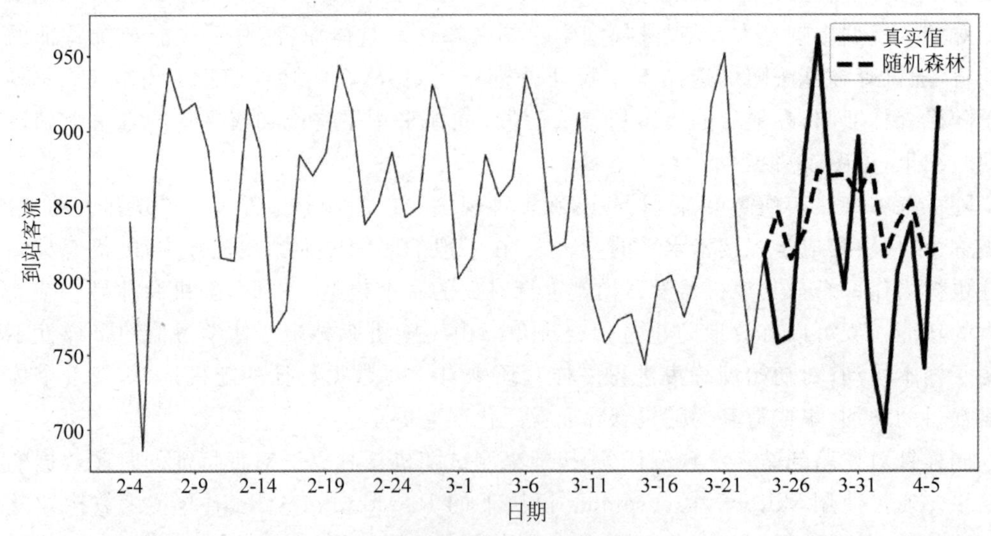

图 11-10 随机森林模型的预测结果

11.3.2　XGBoost

XGBoost 也是一种基于树模型的集成式提升算法，其中 GBoost 指 XGBoost 模型是梯度提升树（Gradient Boosting Decision Tree，GBDT）算法的一个改进版本，而 X 则代表 eXtreme（极致），即 XGBoost 是一个把速度与效率发挥到极致的 GBDT 算法。区别于使用 Bagging 方法对多个个体学习器进行集成的 RF 算法，XGBoost 是一种基于 Boosting 的集成学习，这里 Boosting 的含义在于个体学习器之间并不是相互独立的，而是相互关联的。具体而言，Boosting 方法先使用初始训练集训练出一个个体学习器，再根据该个体学习器的表现对训练样本分布进行调整，即让第一个个体学习器之后的其他个体学习器更加关注该个体学习器分类错误或回归误差较大的训练样本，如此重复进行直到个体学习器数量达到预先指定的某一个数，最终将所有的个体学习器进行加权融合得到预测结果。在数据科学领域，XGBoost 以其强大的性能与高效的训练方式被称为传统机器学习算法领域的无冕之王，在许多时间序列预测的任务或比赛中，被广泛地应用。

假设 XGBoost 一共集成了 N 个个体学习器，基于 Boosting 方法的思想，XGboost 算法对第 n 个决策树的目标函数公式如下：

$$L_n = \sum_{t=1}^{T} l(y_t, \hat{y}_t^{n-1} + f_n(x_t)) + \Omega(f_n) \tag{11-8}$$

其中，l 是决策树的损失函数，$f_n(x_t)$是第 n 个决策树对第 t 个样本的预测值，$\hat{y}_t^{n-1}$ 是前一棵决策树对样本 i 的预测值，$\Omega(f_n)$是一个对第 n 个决策树模型复杂度的度量函数。可以看到，XGBoost 最终的预测值使用了 Boosting 方法的思想，等于所有 N 个决策树的预测值之和。

然而，针对(11-8)式的优化问题计算难度依然很大。因此，XGBoost 使用泰勒展开的方式对目标函数取近似，将公式中的 $f_n(x_t)$视为泰勒展开中的 Δx，从而有

$$L_n = \sum_{t=1}^{T} \left[l(y_t, \hat{y}_t^{n-1}) + g_t \cdot f_n(x_t) + \frac{1}{2} h_t \cdot f_n^2(x_t) \right] + \Omega(f_n) \tag{11-9}$$

其中，g_t 与 h_t 分别代表 $l(y_t, \hat{y}_t^{n-1})$的一阶与二阶梯度信息。观察(11-9)式，$l(y_t, \hat{y}_t^{n-1})$在上一棵树的训练过程中已知，与优化目标无关，可以从目标中去除，转换为

$$L_n = \sum_{t=1}^{T} [g_t \cdot f_n(x_t) + \frac{1}{2} h_t \cdot f_n^2(x_t)] + \Omega(f_n) \tag{11-10}$$

回顾 CART 树的形式，函数 f 为分段常值函数，定义 w 为决策树叶子节点的权重值，从而 $\sum_{t=1}^{T} g_t \cdot f_n(x_t)$ 可以转化为 $\sum_{j=1}^{M} \left[(\sum_{i \in I_j} g_i) w_j \right]$，$\sum_{t=1}^{T} h_i f_n^2(x_i)$ 可以转化为 $\sum_{j=1}^{M} \left[(\sum_{i \in I_j} h_i) w_j^2 \right]$。这里的 I_j 指落在叶子节点 j 中的样本集合。同时，CART 模型的复杂度可以通过叶子节点个数、树的深度、叶子节点值来控制，因此有

$$\Omega(f_n) = \gamma M + \frac{1}{2} \lambda \sum_{j=1}^{M} w_j^2$$

其中 γ 与 λ 为超参数,M 为叶子节点个数。将 CART 树的函数与复杂度度量代入式(11-10)得到

$$L_n = \sum_{j=1}^{M}\left[G_j \cdot w_j + \frac{1}{2}(H_j + \lambda) \cdot w_j^2\right] + \gamma \cdot M \tag{11-11}$$

其中,$G_j = \sum_{i \in I_j} g_i$,$H_j = \sum_{i \in I_j} h_i$。观察(11-11)式,可以看到关于 w 转化成一个二次函数的形式,可以求得显式解 $w_j^{\ *} = \frac{\sum_{i \in I_j} g_i}{\sum_{i \in I_j} h_i + \lambda} = -\frac{G_j}{H_j + \lambda}$。

除了对目标函数的近似以外,XGBoost 的强大性能也来源于算法实现中并行化、近似算法、缓存感知访问以及压缩优化等技术,感兴趣的读者请参考 XGBoost 算法作者 Chen 等[4]论文中的算法介绍。

使用 XGBoost 对时间序列预测时,可以优先选择由 Tianqi Chen 与开源社区共同开发的参考 sklearn 库风格设计的 xgboost 库。xgboost 库被设计用来专门支持梯度提升树以及 XGBoost 算法在各个领域之中的应用,并且在模型训练全流程都提供了非常好的工程优化。首先对 xgboost 库进行导入,使用 XGBRegressor 函数进行建模:

```
1  other_params = {'learning_rate': 0.2, 'n_estimators': 300, 'max_depth': 4, 'min_child_weight': 1,'subsample': 0.9, 'colsample_bytree': 0.55, 'gamma': 0.07, 'reg_alpha': 0.01, 'reg_lambda': 0.02}
2  xg_reg = xgb.XGBRegressor( ** other_params)
3  xg_reg.fit(x_train,y_train)
4  xg_y_test_pre = xg_reg.predict(x_test)
5  xg_y_train_pre = xg_reg.predict(x_train)
6  print("XGBoost 训练集均方误差:", mean_squared_error(y_train, xg_y_train_pre))
7  print("XGBoost 测试集均方误差:", mean_squared_error(y_test, xg_y_test_pre))
```

可以看到,XGBoost 算法待调超参数众多,因此考虑使用 sklearn 中的 GridSearchCV 方法进行超参数调优。GridSearchCV 又称网格搜索,旨在通过循环遍历的方式探索最优的超参数组合,如针对集成个体学习器数量 n_estimators 参数,可以通过以下方式进行调优:

```
1  cv_params = {'n_estimators': [200,250,300, 350]}
2  optimized_GBM = GridSearchCV(estimator = xg_reg, param_grid = cv_params, scoring = 'r2', cv = 5, verbose = 1, n_jobs = 4)
3  optimized_GBM.fit(x_train, y_train)
4  print('参数的最佳取值:{0}'.format(optimized_GBM.best_params_))
5  print('最佳模型得分:{0}'.format(optimized_GBM.best_score_))
```

同理,可以分别对 learning_rate、max_depth、reg_alpha、reg_lambda 等参数进行优化。针对该任务,可以得到 XGBoost 模型在训练集中的均方误差为 0.00627,在测试集中的均方误差为 0.06451,在当前所测试的 SVR,回归树与随机森林中表现最优。将真实数据中的实际结果和 XGBoost 模型的预测结果使用 Matplotlib 包进行绘图,如图 11-11 所示。

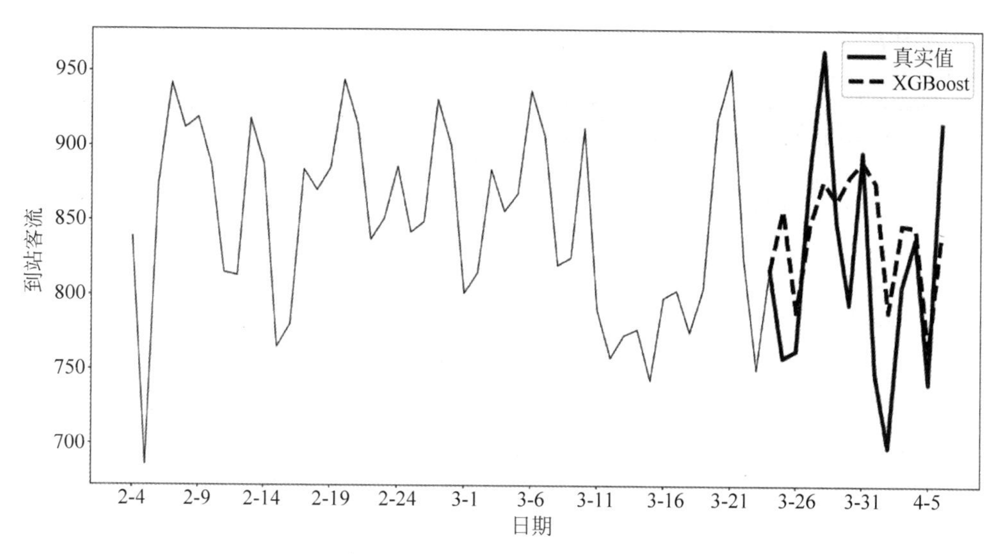

图 11-11　XGBoost 模型预测结果

本章小结

机器学习算法是一类可以解决数据更加复杂且缺少周期规律的时间序列预测问题的重要方法。伴随着机器学习算法的普及,时间序列预测的机器学习方法也在日常生活中得到了广泛的应用。本章主要介绍了机器学习的基本概念,如有监督学习、无监督学习;训练集、测试集,过拟合、欠拟合等,并且介绍了机器学习方法"从历史经验中学习"的基本思想[5]。同时,从两类非常经典并且被时序预测广泛使用的支持向量回归与决策树模型出发,介绍了对时间序列使用机器学习方法进行预测的一般流程。同时,本章在一般分类与回归树的基础上介绍了集成学习的方法,通过将集成学习思想应用于分类与回归树,引出了随机森林模型与经过良好工程优化的 XGBoost 模型,并在一个铁路到达客流预测问题中使用多种预测模型与方法进行建模与预测。

习题

即练即测

习题 11-1　有监督学习与无监督学习的区别有哪些,哪种更加适合预测任务?

习题 11-2　使用机器学习方法进行预测的主要步骤有哪些?

习题 11-3　简述集成学习的原理。

参考文献

[1] Zhang B W,Li X,Saldanha-da-Gama F. Free-floating bike-sharing systems: New repositioning rules, optimization models and solution algorithms[J]. Information Sciences,2022,600: 239-262.

[2] Smola A J, Schölkopf B. A tutorial on support vector regression[J]. Statistics and computing, 2004, 14: 199-222.
[3] Breiman L. Classification and regression trees[M]. Routledge, 2017.
[4] Chen T, Guestrin C. Xgboost: A scalable tree boosting system[C]. Proceedings of the 22nd ACM SIGKDD International Conference on Knowledge Discovery and Data Mining. 2016: 785-794.
[5] 周志华. 机器学习[M]. 北京：清华大学出版社，2019.

第 12 章

深度学习方法

深度学习(deep learning,DL)作为近年来高速发展的新领域,是机器学习(machine learning,ML)的一个特殊分支。通过借鉴人类神经系统中由大量神经元组成的复杂网络结构,深度学习利用许多非线性计算单元(或称神经元、节点),搭建具有深层结构的分层网络系统,称为深度神经网络(deep neural network,DNN)。使用深度神经网络,深度学习通常能够从大量复杂的数据中学习数据特征,从而实现对原始数据的抽象建模,辅助实际问题求解。目前,常用的深度神经网络包含循环神经网络(recurrent neural network,RNN)和卷积神经网络(convolution neural network,CNN)。本章主要介绍神经网络的基础知识、循环神经网络与卷积神经网络的相关内容。

12.1 神经网络概述

人类神经系统由相互连接的神经元组成,神经信号从前一个神经元的轴突传递到下一个神经元胞体的树突,每一个神经元从树突接收前方所有神经元的信号,如图 12-1 所示。根据神经信号与神经元自身的状态,神经元处于"激活"或"抑制"状态,"激活"状态的神经元向相邻神经元传递神经信号,直至完成神经信号的传递与处理。人工智能的先驱学者们从神经科学中获得启发,期望模拟人类神经系统的信息处理方式来构建具有认知功能的模型,通过分析人类神经系统的模型结构,可以发现其具有以下三个特点:

(1) 拥有处理信号的基础单元;

(2) 处理单元之间以并行方式连接;

(3) 处理单元之间的连接是有权重的。

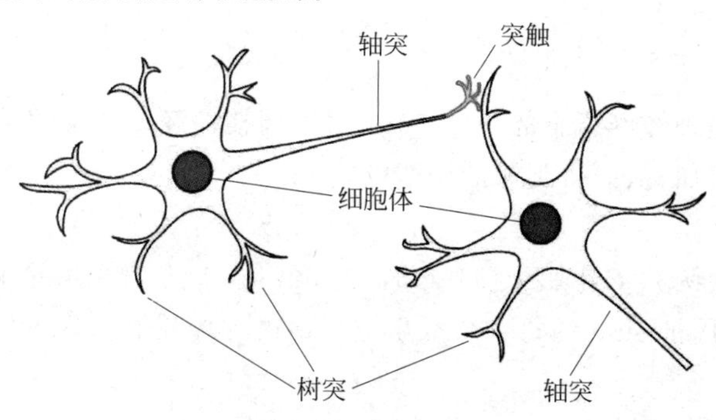

图 12-1　神经信号传递示意图

通过对人类神经系统模型特点的模拟与近似，人工神经网络(artificial neural network, ANN)，简称神经网络或类神经网络，作为一种对函数进行估计和近似的计算模型被早期人工智能领域的研究学者们提出。一般而言，神经网络由来自不同层级的最小计算单元—神经元相互连接组成。神经网络接受一定形式的数据作为输入，经过系统内部一系列计算操作后给出一定形式的数据作为神经网络的输出。由于神经网络内部进行的各种操作与中间计算结果的意义通常难以进行直观的解释，系统内的运算可以被视为一个黑箱。这在一定程度上与人类的认知具有相似性：人类可以接受外界的信息(视、听)并向外界输出一些信息(言、行)，而医学界对信息输入人类大脑后的处理过程知之甚少。本节将从神经元、神经网络的训练、感知器、BP 神经网络等基础概念出发介绍神经网络的基础知识。

12.1.1 基础概念

神经元 神经元(基本结构如图 12-2 所示)是神经网络的基本操作和处理单元。它接受一组输入，将这组输入线性加权求和后，再由激活函数进行非线性映射，从而得到该神经元的输出值。

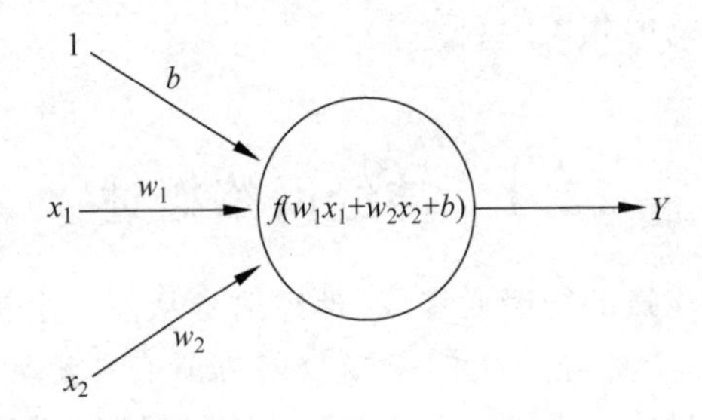

图 12-2 神经元基本结构

神经元输入 一个神经元可以接受一组张量[①] $\boldsymbol{x}=(x_1,x_2,\cdots,x_n)^{\mathrm{T}}$ 作为输入。

连接权值 连接权值为一组张量 $W=(w_1,w_2,\cdots,w_n)$，其中，w_i 对应输入 x_i 的连接权值，神经元对输入进行加权求和操作：

$$\mathrm{sum}=\sum_i w_i x_i$$

其向量形式表示为

$$\mathrm{sum}=\boldsymbol{Wx}$$

偏置 偏置 b 是神经网络中的一个参数，用于调整神经元的输出值。偏置与神经元输入加权求和的结果相加，从而得到激活函数的输入

$$\mathrm{sum}=\boldsymbol{Wx}+\boldsymbol{b} \tag{12-1}$$

激活函数 激活函数 f 作用于(12-1)式的 sum 值，产生神经元的输出。若 sum 为高于 1 阶的张量，则 f 作用于 sum 的每一个元素上。最终神经元输出为

$$y=f(\mathrm{sum})$$

① 张量是多维数组的泛化形式，它是一种数学对象，可以用来表示向量、矩阵和更高维的数据集合。在深度学习中，张量通常表示为由多个数字组成的数组，可以存储多种数据类型。

常用的激活函数有以下几类。

1. **Softmax 函数**(如图 12-3 所示):适用于多分类问题,作用是将分别代表 n 类的 n 个标量数据归一化,得到这 n 个类的概率分布

$$\text{Softmax}(x_i)=\frac{\exp(x_i)}{\sum_{j=1}^{n}\exp(x_j)}$$

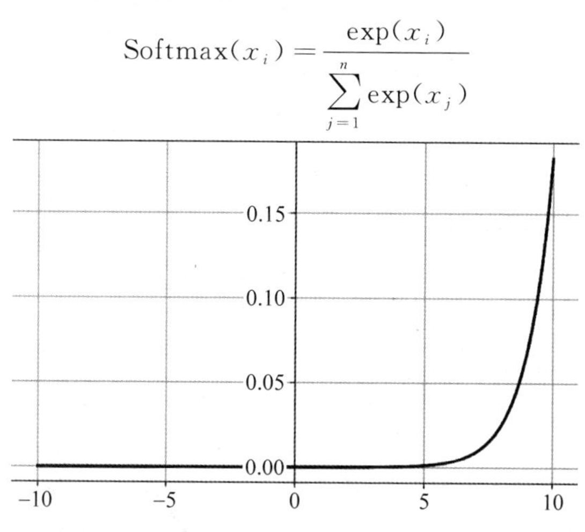

图 12-3 Softmax 函数示意图

2. **Sigmoid 函数**(如图 12-4 所示):通常为 Logistic 函数,适用于二分类问题,是 Softmax 函数的二元版本

$$\sigma(x)=\frac{1}{1+\exp(-x)}$$

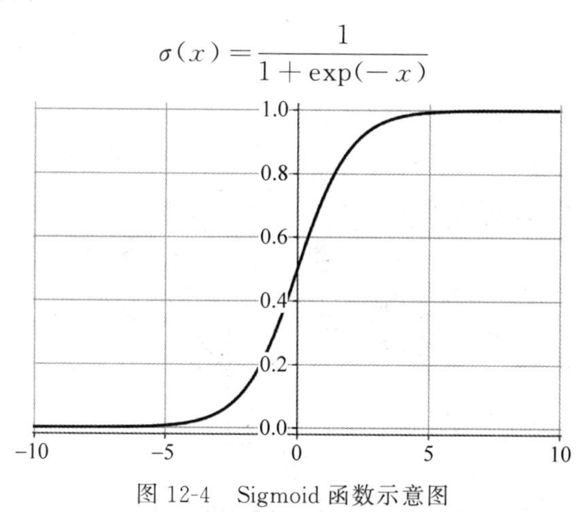

图 12-4 Sigmoid 函数示意图

3. **Tanh 函数**(如图 12-5 所示):为 Logistic 函数的变体

$$\{\tanh\}(x)=\frac{\exp(-x)-\exp(-x)}{\exp(-x)+\exp(-x)}$$

4. **ReLU 函数**(如图 12-6 所示):ReLU 又称修正线性单元,是一种分段线性形式的激活函数

$$\text{ReLU}(x)=\max\{0,x\}$$

神经网络的结构 神经网络是一个由不同层级的神经元组成的有向图,一般由一个输入层,一个输出层与多个隐藏层组成。图 12-7 为一个神经网络的结构图示例。

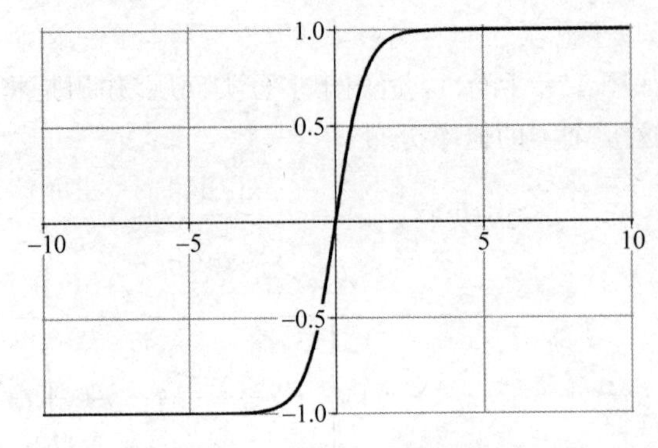

图 12-5 Tanh 函数示意图

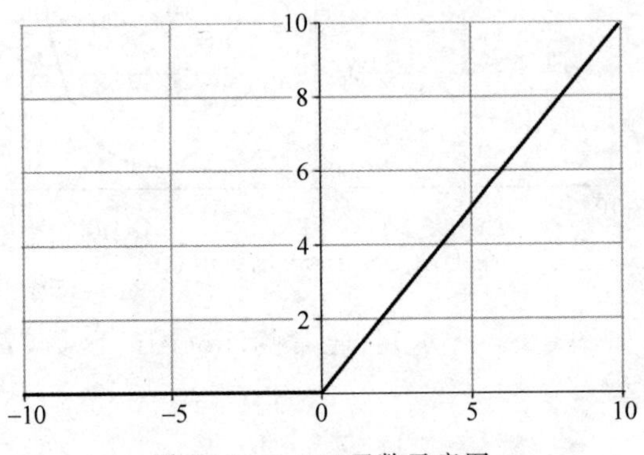

图 12-6 ReLU 函数示意图

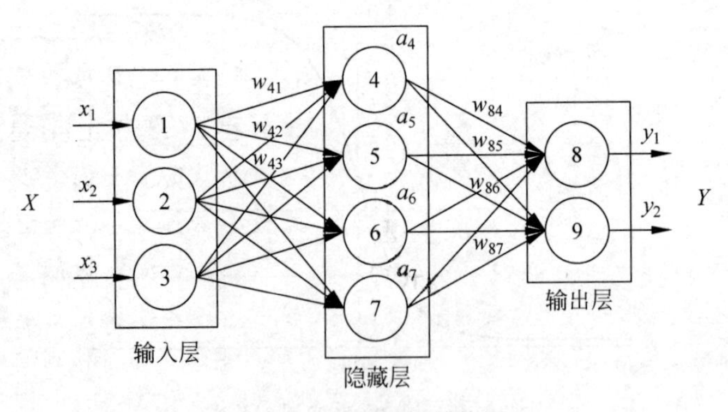

图 12-7 神经网络结构图

(1) **输入层** 接受网络外部输入数据的节点，组成输入层。

(2) **输出层** 向网络外部输出数据的节点，组成输出层。

(3) **隐藏层** 除了输入层和输出层以外的中间层，均为隐藏层。

全连接层 全连接层指每一个神经元都与上一层的所有神经元相连的隐藏层或输出层。

神经网络的训练 神经网络的训练一般采用有监督学习方法。具体而言，对于一个训练样本(X,Y)，通过将特征 X 输入神经网络中，得到神经网络的输出 Y'，通过一定标准计算 Y' 与训练样本真实标签 Y 之间的偏差作为训练误差，利用训练误差关于神经网络中各个神经元的连接权值和偏置的梯度信息，指导神经网络自适应地调整连接权值与偏置，使神

经网络的输出 Y' 更加接近真实标签 Y。

梯度爆炸与梯度消失　深度神经网络通常定义为包含两个或两个以上隐藏层的神经网络。在深度神经网络中，随着神经网络隐藏层数的增加，导致神经网络训练误差关于神经元连接权值与偏置的梯度以指数形式增加的现象，称为梯度爆炸；而随着神经网络隐藏层数的增加使得训练误差关于神经元连接权值与偏置的梯度以指数形式衰减的现象，称为梯度消失。

12.1.2　感知器

感知器（也称为感知机）是一种有监督训练的二元分类器，分为单层感知器和多层感知器，由 Rosenblatt Frank 在 1957 年提出[1]。

（1）**单层感知器**　考虑一个只包含一个神经元的神经网络（见图 12-8），这个神经元有两个输入 x_1, x_2，权值为 w_1, w_2。其激活函数为

$$f(x)=\operatorname{sgn}(x)=\begin{cases}-1, & x<0\\ 1, & x\geqslant 0\end{cases}$$

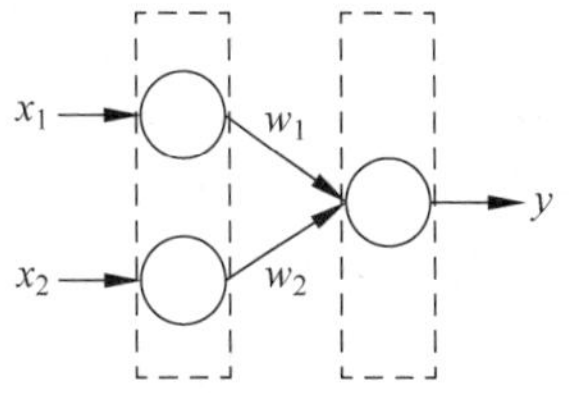

图 12-8　单层感知器

根据感知器训练算法，在训练过程中，若实际输出 $\hat{y}$ 与预期输出 y 不一致，则权值按以下方式更新：

$$\boldsymbol{w}' \leftarrow \boldsymbol{w}+\alpha\cdot(y-\hat{y})\cdot\boldsymbol{x}$$

其中，$\boldsymbol{w}$ 为原权值，$\boldsymbol{w}'$ 为更新后的权值，$\boldsymbol{x}$ 为输入，y 为预期输出，α 为学习率。

例如，设学习率 $\alpha=0.01$，将权值初始化为 $w_1=-0.2, w_2=0.3$，若有训练样例 $x_1=5$，$x_2=2, y=1$，则实际输出

$$\hat{y}=\operatorname{sgn}(-0.2\times 5+0.3\times 2)=-1$$

与预期输出不一致，因此对权值进行调整：

$$w_1'=-0.2+0.01\times 2\times 5=-0.1$$

$$w_2'=0.3+0.01\times 2\times 2=0.34$$

权值更新向着损失减小的方向进行，即网络的实际输出 $\hat{y}$ 越来越接近预期输出 y。本例经过权值更新之后，样例的实际输出 $\hat{y}=\operatorname{sgn}(-0.1\times 5+0.34\times 2)=1$，已经与预期输出一致。在实际操作中，对所有的训练样例重复以上步骤，直到所有样本都得到预期输出。

（2）**多层感知器**　感知器模型在 20 世纪 60 年代得到了充分的研究，图灵奖得主、人工智能之父 Minsky 在 1969 年的专著《感知机》[2]中详细介绍了感知器模型的数学细节，并揭示了其内在的局限性。由于单层感知器内只有一个神经元，因此模型的学习能力非常有限。特别地，人们发现感知器无法有效地解决类似异或问题（XOR）①的简单分类任务，因此研究者们逐渐开始对感知器模型的能力产生了质疑。同时，Minsky 也认为，将感知器模型的计算层增加到两层及以上，不仅会导致计算量过大，同时也缺少有效的算法对感知器模

① 异或，英文为 exclusive OR，缩写成 XOR。异或问题要求当输入 x_1, x_2 布尔值（指逻辑 True 或 False）相同时，输出 $y=0$，当输入 x_1, x_2 布尔值不同时，输出 $y=1$。

型参数进行优化。由于 Minsky 的悲观态度,使得众多学者纷纷放弃了对感知器模型的深入研究,神经网络初期的研究工作陷入了冰河期,这段时间又被称为“AI winter”。直到 1981 年,针对两层感知器与反向传播算法的研究才给神经网络研究工作带来了复苏。

单层感知器可以拟合一个超平面 $y=ax_1+bx_2$,适用于线性可分的问题。考虑下述异或函数作为激活函数的情况:

$$f(x_1,x_2)=\begin{cases}0, & x_1=x_2\\1, & x_1\neq x_2\end{cases}$$

异或函数需要两个超平面才能进行划分。由于单层感知器无法克服线性不可分的问题,因此拓展得到了多层感知器模型。图 12-9 为一个两层感知器解决异或问题的示意图。

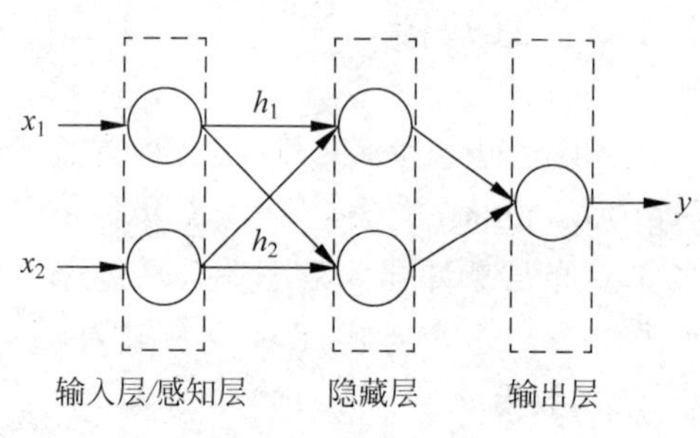

图 12-9 两层感知器

图 12-9 包含一个输入层、一个隐藏层和一个输出层。h_1,h_2 分别构造两个超平面,通过应用非线性激活函数,使得多层感知器可以处理非线性分类问题。类似多层感知器并采用单向多层结构,每层包含若干神经元的网络又被称为前馈神经网络(Feedforward Neural Network,FNN)。

12.1.3 BP 神经网络

在多层感知器被引入的同时,也引发了一个新的问题:由于隐藏层的预期输出并没有在训练样例中给出,隐藏层节点的误差无法像单层感知器那样直接计算得到。为了解决这个问题,反向传播(back propagation,BP)算法被引入前馈神经网络中,其核心思想是将误差由输出层向前层反向传播,利用后一层的误差来估计前一层的误差。使用反向传播算法训练的网络被称为 BP 神经网络。BP 神经网络由于其结构简单、工作状态稳定、易于硬件实现等优点,是当前应用较为广泛的多层感知器神经网络模型,在模式识别及分类、系统仿真、图像处理、函数拟合等方面都有所应用[3]。BP 神经网络的实现涉及一些关键知识点,包括梯度下降算法、反向传播算法等。

(1) **梯度下降算法** 采用梯度下降算法对神经网络权值及偏置进行优化,其思想是在权值空间中朝着梯度下降最快的方向搜索,找到局部的最小值,如图 12-10 所示。

$$\boldsymbol{w}'\leftarrow\boldsymbol{w}+\Delta\boldsymbol{w}$$

$$\Delta\boldsymbol{w}=-\alpha\nabla\text{Loss}(\boldsymbol{w})=-\alpha\frac{\partial\text{Loss}}{\partial\boldsymbol{w}}$$

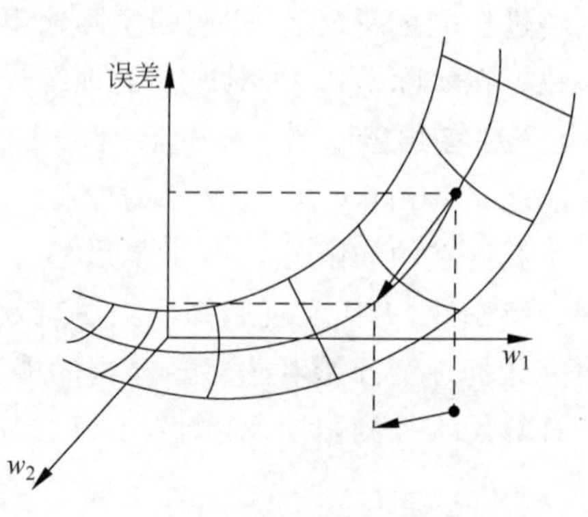

图 12-10 梯度下降示意图

其中,α 为学习率,取值范围通常在 0 到 1 之间。Loss 为损失函数(loss function)。损失函数的作用是计算实际输出和期望输出之间的误差。常用的损失函数有如下两种。

• **均方误差(mean squared Error,MSE)**

MSE 损失函数为

$$\text{Loss}(y,\hat{y})=\frac{1}{n}\sum_{i=1}^{n}(y_i-\hat{y}_i)^2$$

其中,实际输出为 $\hat{y}_i$,期望输出为 y_i。

• **二元交叉熵(cross entropy,CE)**

CE 损失函数为

$$\text{Loss}(y,\hat{y})=-[y\log\hat{y}+(1-y)\log(1-\hat{y})]$$

(2) **反向传播** 误差反向传播的关键在于利用链式法则对网络权值及偏置求偏导。神经网络的神经元可以用一个 f_i 函数来表示。如图 12-11 所示的神经网络可表达为一个以 $w_1,w_2,\cdots,w_6$ 为参数,$x_1,x_2,\cdots,x_4$ 为变量的函数:

$$\hat{y}=f_3(w_6\cdot f_2(w_5\cdot f_1(w_1\cdot x_1+w_2\cdot x_2)+w_3\cdot x_3)+w_4\cdot x_4)$$

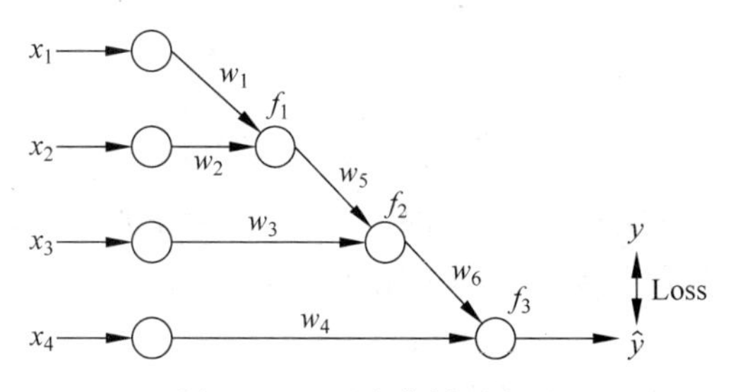

图 12-11 反向传播示意图

在梯度下降算法中,为了求得 Δw_k,需要用链式规则求$\frac{\partial \text{Loss}}{\partial w_k}$。例如:

$$\frac{\partial \text{Loss}}{\partial w_1}=\frac{\partial \text{Loss}}{\partial f_3}\frac{\partial f_3}{\partial f_2}\frac{\partial f_2}{\partial f_1}\frac{\partial f_1}{\partial w_1}$$

通过这种方式,误差得以反向传播并用于更新每个连接权值,使得神经网络的输出逼近损失函数的局部最小值。

图 12-12 为一个简单的 BP 神经网络示例,由 1 个输入层;2 层隐藏层,每层 2 个神经元;1 个输出层组成。

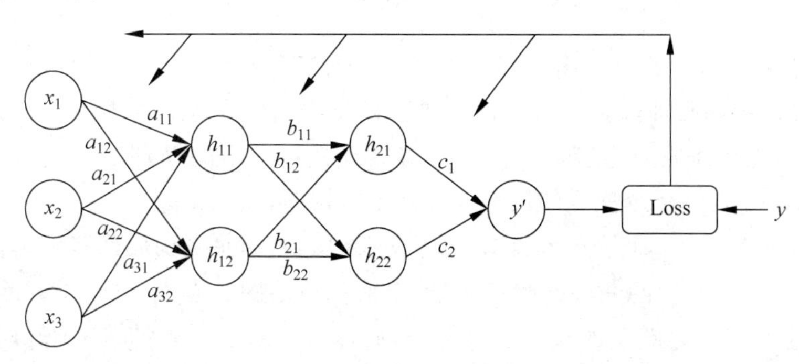

图 12-12 BP 神经网络示例

首先做正向传播操作，输入层传入 x_1,x_2,x_3，对 h_{11} 神经元传入 x_1,x_2,x_3，在本例中假设不存在偏置项，经过激活函数处理之后，h_{11} 神经元输出 $z_{11}=f(a_{11}x_1+a_{21}x_2+a_{31}x_3)$。同理，对于 h_{12} 神经元，输出 $z_{12}=f(a_{12}x_1+a_{22}x_2+a_{32}x_3)$，最终输出 z_{11} 和 z_{12}，其向量形式表达为

$$f\left((x_1,x_2,x_3)\begin{pmatrix}a_{11} & a_{12}\\ a_{21} & a_{22}\\ a_{31} & a_{32}\end{pmatrix}\right)=(z_{11},z_{12})$$

接下来进入第二层隐层，对 h_{21} 神经元传入 z_{11} 和 z_{12}，加权求和经过激活函数处理后，输出 $z_{21}=f(b_{11}z_{11}+b_{21}z_{12})$，对 h_{22} 神经元传入 z_{11} 和 z_{12}，加权求和经过激活函数处理后，输出 $z_{22}=f(b_{12}z_{11}+b_{22}z_{12})$，最终输出 z_{21} 和 z_{22}，其表达式为

$$f\left((z_{11},z_{12})\begin{pmatrix}b_{11} & b_{12}\\ b_{21} & b_{22}\end{pmatrix}\right)=(z_{21},z_{22})$$

最后，对输出层神经元传入 z_{21} 和 z_{22}，加权求和经过激活函数处理后，输出 $y'=f(c_1z_{21}+c_2z_{22})$，其表达式为

$$f\left((z_{21},z_{22})\begin{pmatrix}c_1\\ c_2\end{pmatrix}\right)=(y')$$

初次运行正向传播时首先对神经网络参数权值及偏置进行随机初始化，再根据正向传播输出值 y' 与实际值 y 的损失值计算损失函数（根据 MSE）：

$$\text{Loss}(y',y)=\text{Loss}_{\text{MSE}}(y',y)=(y-y')^2$$

反向传播从右到左，先回到 h_{21},h_{22}，并修正参数 c_1,c_2。以 c_1 为例，其修正值 c'_1 通过链式法则进行计算：

$$c'_1=c_1-\alpha\frac{\partial\text{Loss}}{\partial c_1}=c_1-\alpha\left(\frac{\partial\text{Loss}}{\partial y'}\times\frac{\partial y'}{\partial f_{y'}}\times\frac{\partial f_{y'}}{\partial c_1}\right)$$

其中 $\partial f_{y'}$ 为对输出层激活函数求偏导。以此类推，从输出层向前逐渐传导进行参数修正，通过前向传播和反向传播不断调整神经网络的参数，最终到达预设的迭代次数或者损失函数小于预设的阈值则停止迭代。

12.2 循环神经网络

循环神经网络（RNN）是一类以序列数据作为输入，在序列方向进行递归且所有循环单元按链式连接的递归神经网络[4]。循环神经网络结构如图 12-13 左侧所示，如果去掉循环层连接线，即为普通的全连接神经网络。将循环神经网络的循环结构按时间线展开，即可得到如图 12-13 右侧所示展开的循环神经网络结构图，其中 $t\in[1,T]$ 为当前时间步。对于输入序列张量 $\boldsymbol{X}=(\boldsymbol{x}_1,\boldsymbol{x}_2,\cdots,\boldsymbol{x}_T)^{\mathrm{T}}$，$T$ 为序列长度，$\boldsymbol{x}_t$ 表示当前时间步的输入特征向量。$\boldsymbol{S}=(\boldsymbol{s}_1,\boldsymbol{s}_2,\cdots,\boldsymbol{s}_T)^{\mathrm{T}}$ 表示隐藏层的状态张量，当前隐藏层的状态 $\boldsymbol{s}_t$ 取决于当前的输入向量 $\boldsymbol{x}_t$，还取决于上一时刻隐藏层的状态 $\boldsymbol{s}_{t-1}$，$\boldsymbol{O}=(\boldsymbol{o}_1,\boldsymbol{o}_2,\cdots,\boldsymbol{o}_T)^{\mathrm{T}}$ 表示循环神经网络的输出张量，$\boldsymbol{U}$ 表示输入层到隐藏层的权重矩阵，$\boldsymbol{V}$ 为隐藏层到输出层的权重矩阵，$\boldsymbol{W}$ 是上一时刻的隐藏层结果作为当前时刻输入的权重矩阵，在各个时间步 t，循环神经网络共享权重矩阵

$\boldsymbol{U}$,$\boldsymbol{V}$ 以及 $\boldsymbol{W}$。

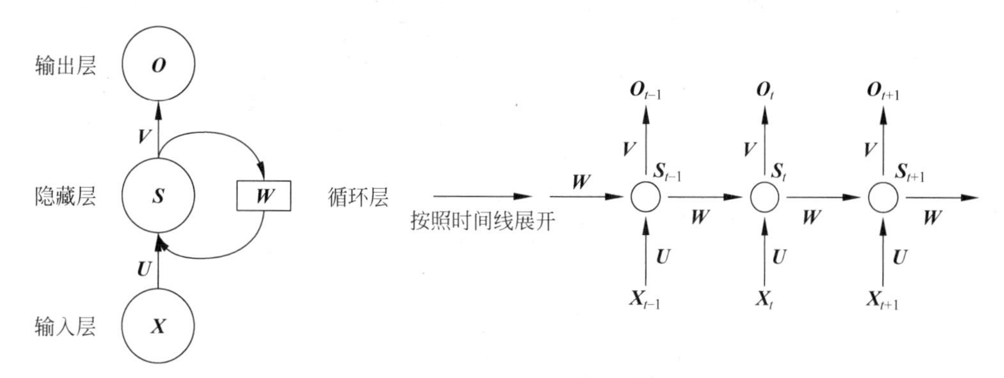

图 12-13　循环神经网络结构图

循环神经网络的核心部分是一个有向图,有向图中以链式相连的元素被称为循环单元。整个循环神经网络基于循环单元搭建,t 个时间步的循环单元均为全连接层,拥有相同的权值与偏置项。循环神经网络在 t 时刻接受输入 $\boldsymbol{X}_t$ 与上一循环中的隐藏层状态 $\boldsymbol{S}_{t-1}$ 后,输出当前时间步的输出值 $\boldsymbol{O}_t$,更新隐藏层状态为 $\boldsymbol{S}_t$,并传递到下一时间步 $t+1$ 中。在 RNN 结构下,当前时刻的信息向下一时刻传递,网络中的信息形成时间相关性,从而可以对序列内部的相关信息进行有效的建模。

12.2.1　长短期记忆网络

传统的 RNN 能够将历史信息进行存储并通过前馈神经网络向前传递,但由于梯度消失和爆炸等原因,随着序列长度的增加,神经元中的信息会缺失。Sepp Hochreiter 和 Jürgen Schmidhuber[5] 于 1997 年提出了长短期记忆神经网络(long short-term memory network,LSTM),有效解决了 RNN 难以处理长序列中梯度爆炸和消失的问题。1999 年,Felix 等[6] 发现 LSTM 在处理连续输入数据时如果不对网络内部状态进行更新,可能会导致网络崩溃。因此,他们在前人的研究基础上引入了遗忘门机制,使得 LSTM 能够重置自己的状态。传统的 RNN 网络仅仅传递一个隐藏层状态 $\boldsymbol{s}_t$,而在长序列建模任务中,单一的隐藏层状态往往会对短期输入非常敏感,从而丢失了序列的长期依赖信息,因此 LSTM 网络在 RNN 的基础上新增了一个单元状态 $\boldsymbol{C}$,用于记忆序列的长期相关信息。LSTM 通过引入两个门结构来控制单元状态 $\boldsymbol{C}$,分别决定上一时刻的单元状态 $\boldsymbol{C}_{t-1}$ 有多少保存至当前单元状态 $\boldsymbol{C}_t$ 的遗忘门(forget gate)以及决定当前时刻网络的输入 $\boldsymbol{X}_t$ 有多少保存至当前单元状态 $\boldsymbol{C}_t$ 的输入门(input gate)。同时,LSTM 还引入输出门(output gate)结构 $\boldsymbol{C}_t$ 以确定有多少单元状态 $\boldsymbol{C}_t$ 输出到 LSTM 当前时间步的输出值 $\boldsymbol{h}_t$ 中。LSTM 的循环体结构如图 12-14 所示,状态的传递如图 12-15 所示。

LSTM 的门结构使得信息可以有选择性地通过,从而保护和控制神经元状态的改变。LSTM 中门是由一个 Sigmoid 函数和一个按位乘积运算元件构成的。Sigmoid 函数使得其输出结果在 0-1 之间,输出结果为 0 时,不允许任何信息通过;输出结果为 1 时允许全部信息通过;输出结果位于(0,1)之间时则允许部分信息通过。下面详细介绍 LSTM 网络中的

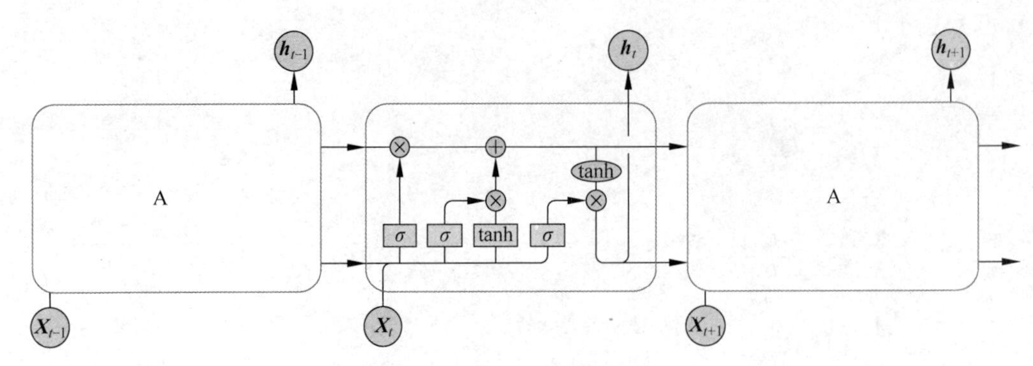

图 12-14　LSTM 网络的循环体

三个门结构，即输入门、遗忘门和输出门。

遗忘门　具体结构如图 12-16 所示。$\boldsymbol{W}_f$ 是遗忘门的权重矩阵，$[\boldsymbol{h}_{t-1},\boldsymbol{X}_t]$表示把两个向量连接成一个更长的向量，$\boldsymbol{b}_f$ 是遗忘门的偏置项，σ 是 Sigmoid 函数，其中遗忘门的输出为

$$f_t=\sigma(\boldsymbol{W}_f[\boldsymbol{h}_{t-1},\boldsymbol{X}_t]+\boldsymbol{b}_f)$$

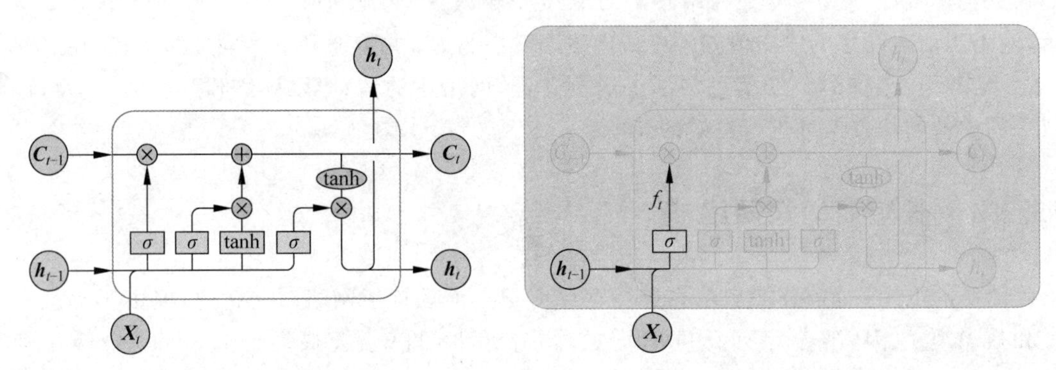

图 12-15　LSTM 网络状态的传递

图 12-16　遗忘门结构

输入门　具体结构如图 12-17 所示，输出为

$$\boldsymbol{i}_t=\sigma(\boldsymbol{W}_i\cdot[\boldsymbol{h}_{t-1},\boldsymbol{X}_t]+\boldsymbol{b}_i)$$

$$\tilde{\boldsymbol{C}}_t=\tanh(\boldsymbol{W}_C\cdot[\boldsymbol{h}_{t-1},\boldsymbol{X}_t]+\boldsymbol{b}_C)$$

其中，$\boldsymbol{W}_i$ 是输入门的权重矩阵，它用于决定哪些值从当前输入序列通过输入门进入神经元状态；$\boldsymbol{W}_C$ 是候选细胞状态的权重矩阵，它用于控制新信息的形成，这些新信息将被加入细胞状态中；$\boldsymbol{b}_i$ 是输入门的偏置向量，它允许模型在没有输入时也能有非零的基线激活，这用于确保即使输入为零时门也能打开或关闭；$\boldsymbol{b}_C$ 是候选细胞状态的偏置向量，它与 $\boldsymbol{W}_C$ 一起用于调整候选细胞状态的输出，确保模型可以有效地控制新信息的生成和加入细胞状态的过程。

输入门中的 Sigmoid 函数对当前时间步的输入进行筛选，tanh 层则负责创建新的单元状态$\tilde{\boldsymbol{C}}_t$，$\tilde{\boldsymbol{C}}_t$ 与前一时间步的单元状态 $\boldsymbol{C}_{t-1}$ 结合更新当前时间步的单元状态 $\boldsymbol{C}_t$。

更新单元状态　具体结构如图 12-18 所示。在遗忘门输出 f_t 的控制下，网络可以保存很久之前的信息，在输入门输出 i_t 的控制下，无用信息无法进入网络中。单元状态更新为

$$\boldsymbol{C}_t=f_t\cdot\boldsymbol{C}_{t-1}+\boldsymbol{i}_t\cdot\tilde{\boldsymbol{C}}_t$$

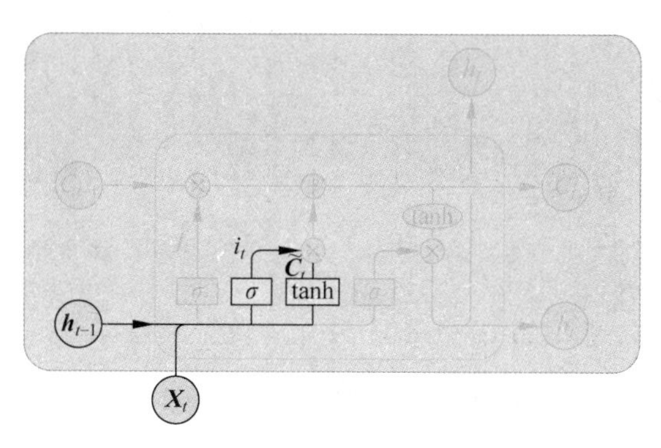

图 12-17 输入门结构

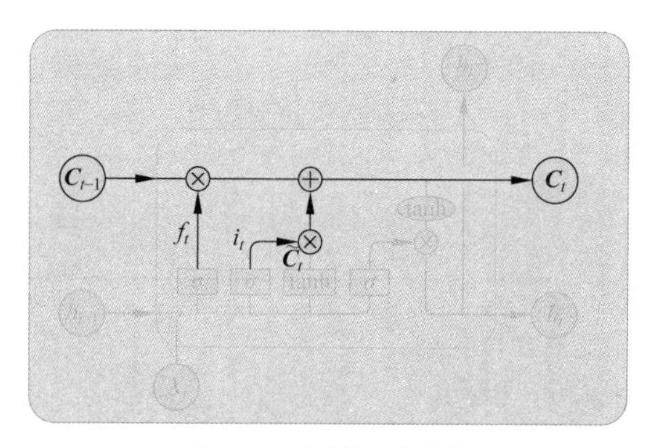

图 12-18 更新状态单元

输出门 具体结构如图 12-19 所示。输出门控制长期记忆对当前输出的影响,由输出门和单元状态共同确定,其中当前时间步的最终输出值为

$$\begin{cases} \boldsymbol{o}_t = \sigma(\boldsymbol{W}_o[\boldsymbol{h}_{t-1}, \boldsymbol{X}_t] + \boldsymbol{b}_o) \\ \boldsymbol{h}_t = \boldsymbol{o}_t \times \tanh(\boldsymbol{C}_t) \end{cases}$$

其中,$\boldsymbol{W}_o$ 和 $\boldsymbol{b}_o$ 为输出门的权重矩阵和偏置向量,用于决定细胞状态中哪些部分应该被输出作为当前时刻的隐藏状态。

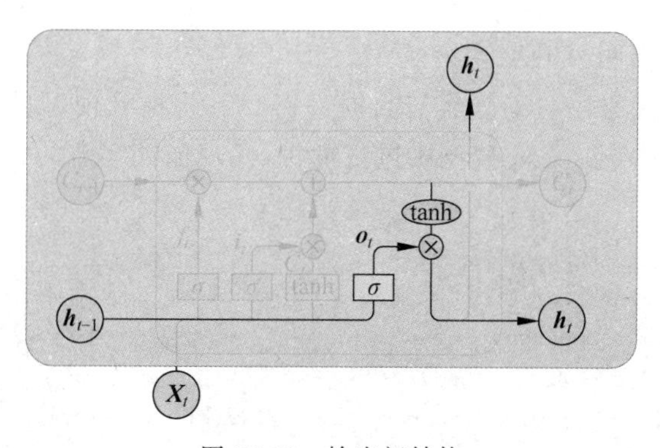

图 12-19 输出门结构

12.2.2 应用案例

本节以 2021 年 5 月 17 日至 5 月 21 日时间粒度为 5min 的北京地铁宋家庄站客流进站数据为例，利用 PyTorch 搭建 LSTM 网络，实现对进站客流的预测。

首先导入需要的 Numpy、Pandas、Matplotlib 包。使用 read_csv 函数读取宋家庄地铁站 5 天客流数据，并使用 Matplotlib 包里的 pyplot.plot 函数可视化数据，如图 12-20 所示。

```
1  data_csv = pd.read_csv("./subwaydata.csv",index_col = 0)
2  data_csv = data_csv.drop('time',axis = 1)
3  plt.figure(figsize = (12, 4))
4  plt.grid(True) # 网格化
5  y = data_csv['data'].values.astype(float)
6  plt.plot(y)
7  x_tick = ['2021 年 5 月 17 日','2021 年 5 月 18 日','2021 年 5 月 19 日','2021 年 5 月 20 日',
'2021 年 5 月 21 日']
8  plt.xticks(range(0, len(y), 288),x_tick)
9  plt.show()
```

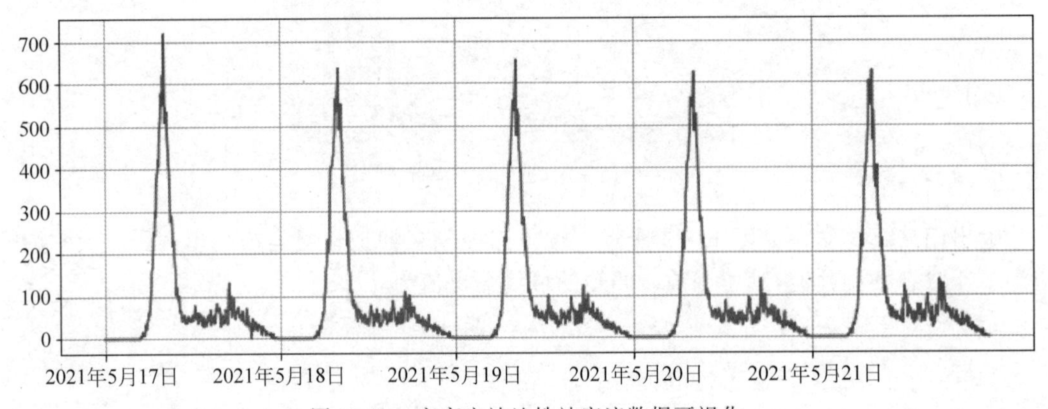

图 12-20 宋家庄站地铁站客流数据可视化

从图 12-20 中可以看出，5 月 17 日至 5 月 21 日（工作日）宋家庄地铁站的客流变化规律性较强，客流变化呈现出明显的潮汐特征。

首先使用 Min-Max 方法对地铁客流数据进行归一化提升模型的收敛速度和精度。接下来将处理后的数据输入 LSTM 模型中进行训练，实现地铁客流的预测。

```
1  dataset = data_csv.values
2  dataset = dataset.astype('float32')
3  max_value = np.max(dataset)
4  min_value = np.min(dataset)
5  scalar = max_value - min_value
6  dataset = list(map(lambda x: (x - min_value) / scalar, dataset))
```

创建 LSTM 模型的训练集和测试集，明确目标是通过前面几个时间粒度的客流量来预测当前时间粒度的客流量，将前 8 个时间粒度的客流数据作为输入构造特征矩阵，对应代码中的 step = 8，把当前时间粒度的客流数据作为输出，通过测试集评估模型的预测性能：

```
1 def create_dataset(dataset, step = 8):
2   dataX, dataY = [], []
3   for i in range(len(dataset) - step):
4       a = dataset[i:(i + step)]
5       dataX.append(a)
6       dataY.append(dataset[i + step])
7   return np.array(dataX), np.array(dataY)
8 data_X, data_Y = create_dataset(dataset)
```

划分训练集和测试集，70%的数据作为训练集，30%的数据作为测试集：

```
1 train_size = int(len(data_X) * 0.7)
2 test_size = len(data_X) - train_size
3 train_X = data_X[:train_size]
4 train_Y = data_Y[:train_size]
5 test_X = data_X[train_size:]
6 test_Y = data_Y[train_size:]
```

改变数据维度，对一个样本而言，序列只有一个，因此 feature=1。根据前 8 个时间粒度预测第 9 个，因此 timestep=8：

```
1 train_X = train_X.reshape(-1, 1, 8)
2 train_Y = train_Y.reshape(-1, 1, 1)
3 test_X = test_X.reshape(-1, 1, 8)
4 test_Y = test_Y.reshape(-1, 1, 1)
5 train1 = torch.from_numpy(train_X)
6 train2 = torch.from_numpy(train_Y)
7 test1 = torch.from_numpy(test_X)
8 test2 = torch.from_numpy(test_Y)
```

定义模型：

```
1 class lstm_linear(nn.Module):
2   def __init__(self, input_size, hidden_size, output_size = 1, num_layers = 2):
3       super(lstm_linear, self).__init__()
4       self.lstm = nn.LSTM(input_size, hidden_size, num_layers) # rnn
5       self.linear = nn.Linear(hidden_size, output_size) # 回归
6   def forward(self, x):
7       x, _ = self.lstm(x) # (seq, batch, hidden)
8       s, b, h = x.shape
9       x = x.view(s * b, h) # 转换成线性层的输入格式
10      x = self.linear(x)
11      x = x.view(s, b, -1)
12      return x
```

输入维度是 8，隐藏层维度为 50，其中隐藏层维度可以任意指定，使用 MSE 作为损失函数训练 100 个 epoch，每 5 次输出一次训练结果，即损失函数值：

```
1 net = lstm_linear(8, 50)
2 criterion = nn.MSELoss()
3 optimizer = torch.optim.Adam(net.parameters(), lr = 1e-2)
# 开始训练
4 for e in range(100):
5   out = net(train1)
```

```
6     loss = criterion(out, train2)
7     optimizer.zero_grad()
8     loss.backward()
9     optimizer.step()
10    if (e + 1) % 5 == 0:
11        print('Epoch: {}, Loss: {:.5f}'.format(e + 1, loss.item()))
```

训练完成后，转换成测试模式，开始预测客流并且输出预测结果：

```
1  net = net.eval()
#预测并进行反归一化
2  pred_test = net(test1)
3  pred_test = pred_test.view(-1).data.numpy() * (max_value - min_value) + min_value
4  test2 = test2.view(-1).data.numpy() * (max_value - min_value) + min_value
```

将实际结果和预测结果用 matplotlib 包画图输出，如图 12-21 所示。

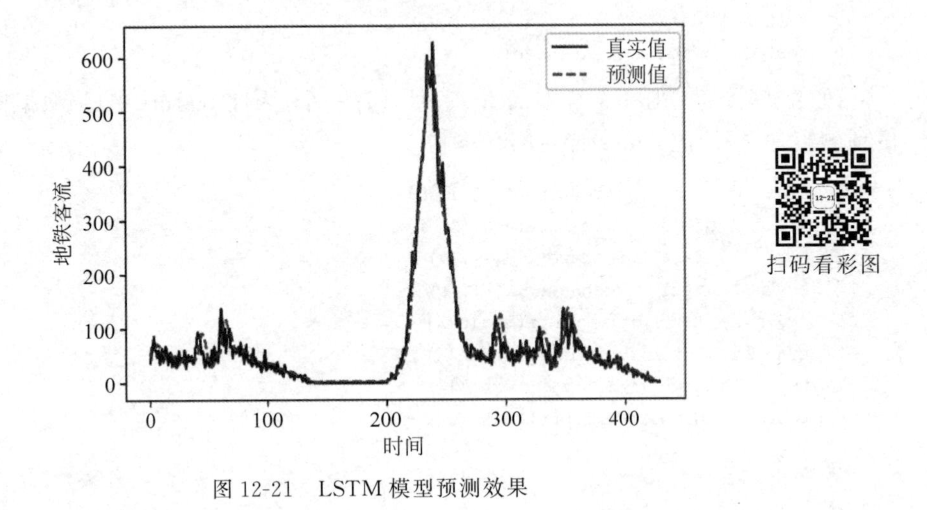

图 12-21 LSTM 模型预测效果

通过图 12-21 可以观察到，LSTM 模型预测的结果可以比较准确地拟合真实客流数据。

12.3 卷积神经网络

卷积神经网络(CNN)是一种专门用来处理具有类似网格结构数据的神经网络，是一类包含卷积计算且具有深度结构的前馈神经网络，也是深度学习最具代表性的模型架构之一。卷积神经网络的发展最早可以追溯到 1962 年 Hubel 和 Wiesel 对猫大脑中视觉系统的研究。在此基础上，Yann Lecun 于 1998 年提出 LetNet-5 网络[7]，将 BP 算法应用到该神经网络结构的训练上，形成了当代卷积神经网络的雏形。在 2012 年 Imagenet 图像识别大赛中，由图灵奖得主，深度学习之父 Hinton 等[8]提出了 Alexnet 图像分类模型，通过引入全新的深层结构，一举将 Imagenet 图像分类比赛的分类错误率降低了近 10%，超越了此前几乎所有机器学习与计算机视觉模型，在人工智能领域引起了轰动。

当前的卷积神经网络主要基于感受野(receptive field)机制，感受野机制主要指听觉、视觉等神经系统中的一些神经元的特性，即神经元只接受其所支配的刺激区域内的信号。基于该机制提出的卷积神经网络就是通过建立卷积层、池化层以及全连接层实现对特定结构信息的处理。其中，卷积层负责提取输入数据中的局部特征，接着利用池化层大幅降低参数数量进而提升训练效率，通过全连接层进行线性变换，最后输出结果。由于卷积神经网络在结构上具有局部连接、权值共享以及池化等多重特性，使得网络具有一定程度的平移、缩放和旋转不变性。

12.3.1　卷积层

卷积层是卷积神经网络的核心层，而卷积核又是卷积层的核心。卷积是两个函数间的一种运算，图 12-22 为二维空间卷积运算示例，其中输入和卷积核都是张量，卷积运算是用卷积核分别乘以输入张量中的每个元素，然后输出一个代表每个输入信息的张量。其中卷积核又被称为权重过滤器，也可以简称为过滤器(Filter)。

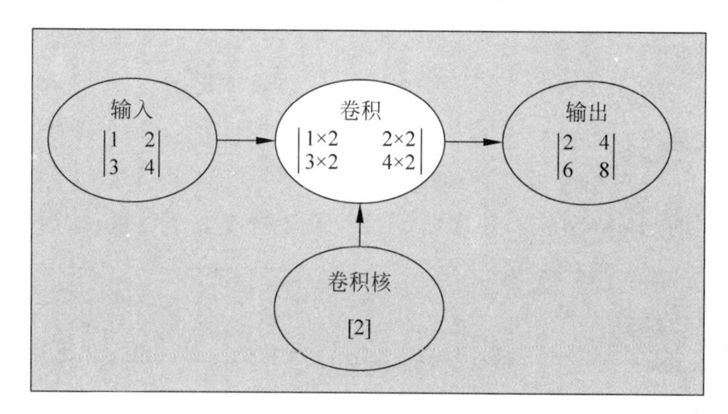

图 12-22　二维空间卷积运算

接下来将输入、卷积核推广到更高维空间上。输入由 2×2 矩阵，拓展为 5×5 矩阵，卷积核由一个标量拓展为一个 3×3 矩阵，如图 12-23 所示。用卷积核中每个元素乘以对应输入矩阵中的对应元素，但输入张量为 5×5 矩阵，而卷积核为 3×3 矩阵，因此把卷积核作为在输入矩阵上的一个移动窗口，完成卷积运算，得到特征图(feature map)。接下来对其过程进行详细说明。

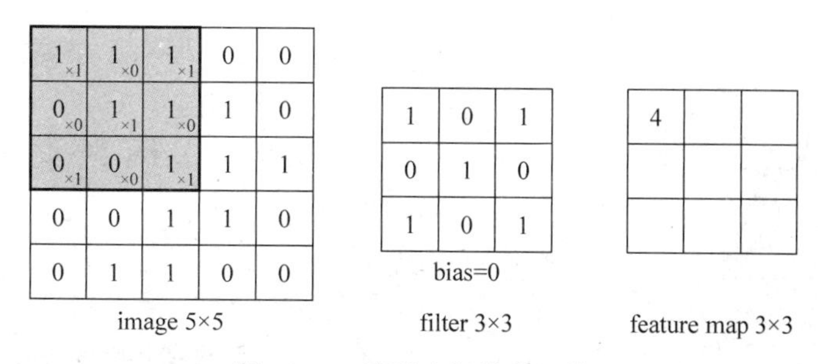

图 12-23　高维空间卷积运算

(1) 卷积运算及步幅

对输入数据进行卷积运算的过程如下：在图 12-23 左边的矩阵中，左上方有个小窗口，这个小窗口就是卷积核，其中输入×后面的就是卷积核的值。如第 1 行为：$\times_1$、$\times_0$、$\times_1$ 对应卷积核的第 1 行［1 0 1］。5×5 矩阵中由前 3 行、前 3 列构成的矩阵各元素乘以卷积核中对应位置的值，累加得到特征图(即图 12-23 右侧图)第 1 行第 1 列的数值。即：1×1+1×0+1×1+0×0+1×1+1×0+0×1+0×0+1×1=4。计算特征图中第 1 行第 2 列的值，只需要把左图中小窗口往右移动一格，然后进行卷积运算；第 1 行第 3 列，依此类推：第 2 行、第 3 行的值，只要把左边的小窗口往下移动一格，然后再往右即可，如图 12-24 所示。

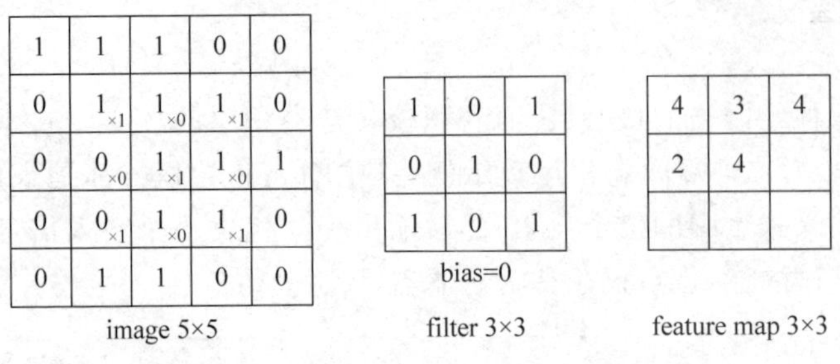

图 12-24　卷积神经网络卷积运算

卷积核或过滤器在左边窗口中每次移动的格数(无论是自左向右移动，或自上向下移动)称为步幅(Strides)，在图像中就是跳过的像素个数。上例中小窗口每次只移动一格，故参数 strides=1。如果该参数是 2，每次移动时就跳 2 格或 2 个像素，如图 12-25 所示。

$1_{\times1}$	$1_{\times0}$	$1_{\times1}$	0	0
$0_{\times0}$	$1_{\times1}$	$1_{\times0}$	1	0
$0_{\times1}$	$0_{\times0}$	$1_{\times1}$	1	1
0	0	1	1	0
0	1	1	0	0

每次移动2格
strides=2

1	1	$1_{\times1}$	$0_{\times0}$	$0_{\times1}$
0	1	$1_{\times0}$	$1_{\times1}$	$0_{\times0}$
0	0	$1_{\times1}$	$1_{\times0}$	$1_{\times1}$
0	0	1	1	0
0	1	1	0	0

图 12-25　strides=2 示意图

在卷积核移动过程中，其值始终不变。换一句话来说，卷积核的值，在整个过程中都是共享的，所以又把卷积核的值称为共享变量，该方法大大降低了参数量。

1	1	1	0			
0	1	1	1			
0	0	1	1			
0	0	1	1	0		
0	1	1	0	0		

图 12-26　小窗口移动输入矩阵外

(2) 填充

小窗口如果继续往右移动 2 格，卷积核窗口部分在输入矩阵之外，如图 12-26 所示。当输入数据维度与卷积核不匹配或卷积核超过数据边界时，可以采用边界填充(Padding)的方法。即把图片尺寸进行扩展，扩展区域补零。如图 12-27 所示。

各种深度学习框架的卷积层在实现上都配备了 Padding 操作，在 Pytorch 的卷积层定义中，默认的 Padding 为零填充。

(3) 多通道上的卷积

在实际应用中，输入数据的维度往往不止两维，譬如计算机展示的彩色图片使用的是一个由 R、G、B 三通道。各个通道内由一个 256×256 维的矩阵组成的 3×256×256 的三维

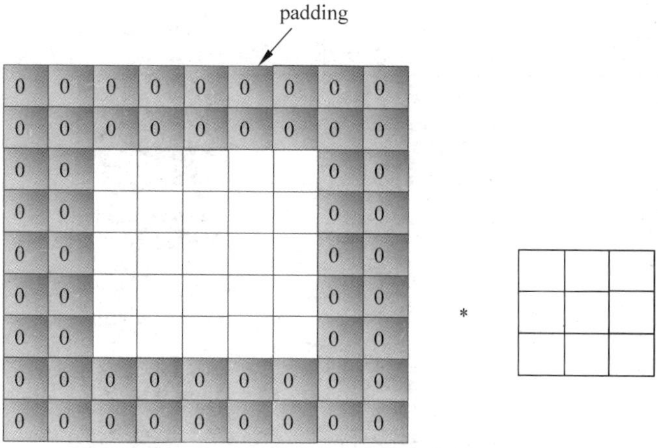

图 12-27　边界填充 padding 方法

张量。而传统单个卷积核往往只能处理二维张量的输入数据，因此出现了对单通道卷积的拓展，即多通道上的卷积操作。三通道的卷积运算与单通道的卷积运算基本一致，对于三通道的 RGB 图片，其对应的卷积核同样也是三通道。例如一个图片是 $6\times6\times3$，分别表示图片的高度、宽度和通道。卷积计算过程是将每个单通道（R，G，B）与对应的 filter 进行卷积运算求和，然后再将三通道的和相加。具体过程如图 12-28 所示。

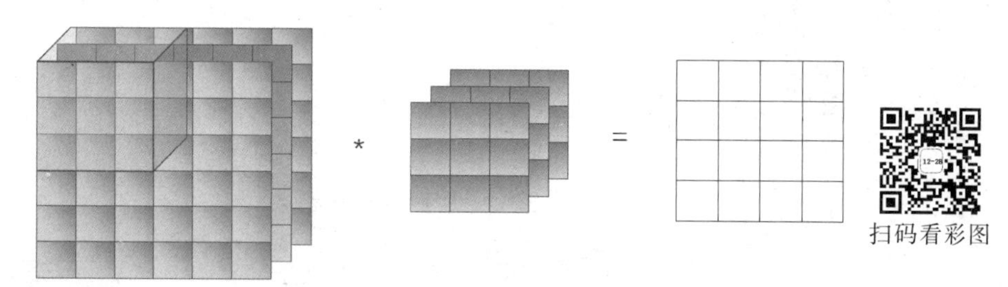

图 12-28　多通道卷积示意图

实际操作中可以增加更多的过滤器。图 12-29 就是两组卷积核 FilterW0 和 FilterW1。$7\times7\times3$ 的输入，经过两个 $3\times3\times3$ 的卷积（步幅为 2），得到了 $3\times3\times2$ 的输出。另外图中的 padding 是 1，也就是在输入矩阵的周围补了一圈零。

12.3.2　池化层

池化（Pooling）又称下采样，通过卷积层获得图像的特征后，理论上可以直接使用这些特征训练分类器。但是，这样做将面临巨大的计算量挑战，而且容易产生过拟合的现象。为了降低网络参数量并缓解模型的过拟合现象，在卷积层后往往需要进行池化处理。池化的方式通常有以下三种，见图 12-30。

（1）最大池化（Max Pooling）：选择 Pooling 窗口中的最大值作为采样值。

（2）均值池化（Mean Pooling）：将 Pooling 窗口中的所有值取均值作为采样值。

（3）随机池化：将输入数据随机地分成若干个不重合的区域，并在每个区域中随机选取一个值作为该区域的代表值。

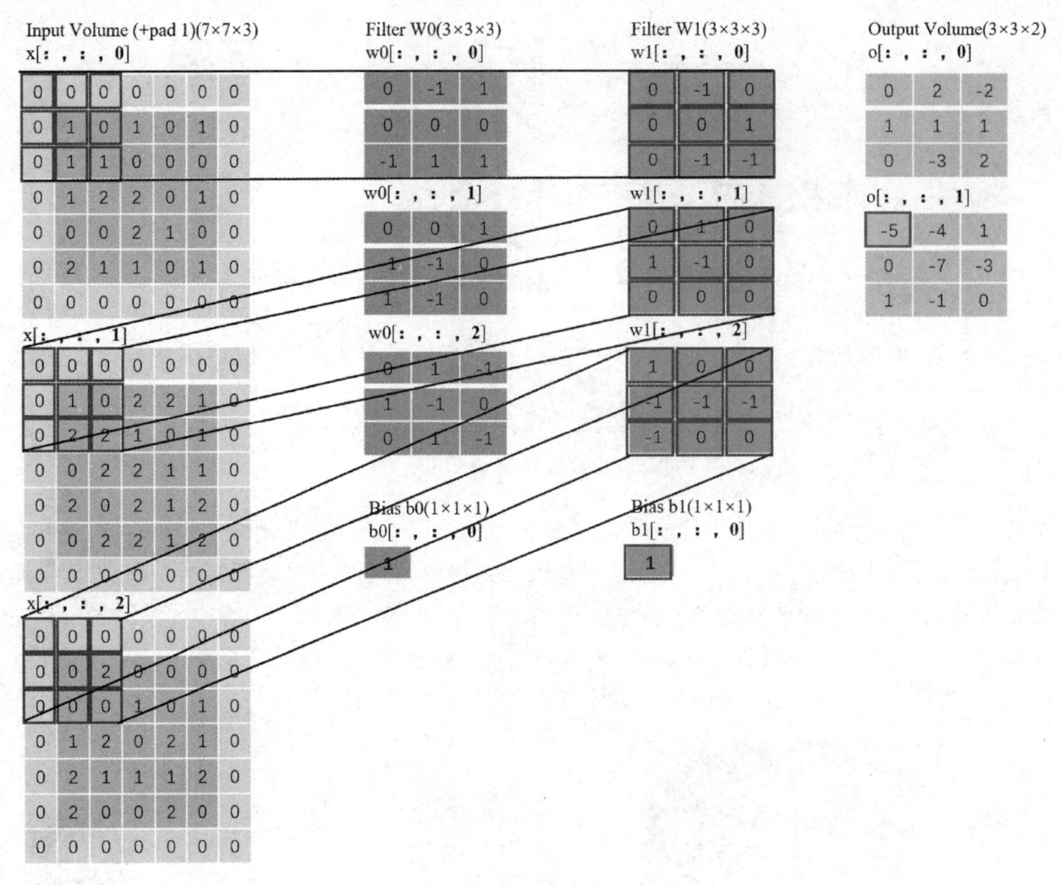

图 12-29　多组滤波器示意图

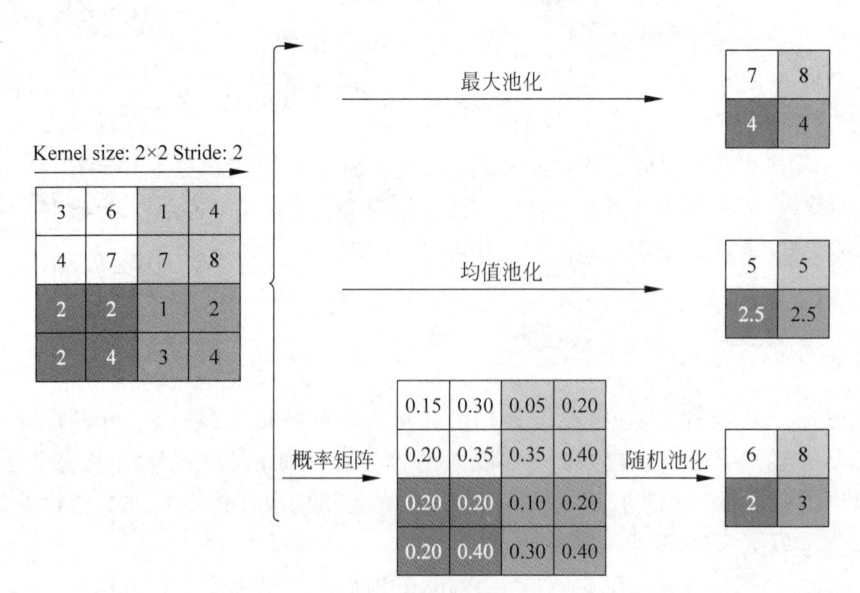

图 12-30　三种池化方法示意图

池化层在 CNN 中可用来减小模型参数量、提高运算速度及减小噪声影响，让各特征更具有鲁棒性。池化层比卷积层简单，它没有卷积运算，只是在卷积核滑动区域内取最大值或平均值。图像经过池化后，可以得到一系列的特征图，通过将这些特征图中的像素依次取出，排列成一个向量输入全连接层中，根据回归或者分类问题的需要，选择不同的激活函数获得最终结果。以上是卷积神经网络的基本结构，在实际应用中 CNN 有时并不只有上述三层结构，而是由多个卷积池化层堆叠形成的深层网络结构，以增加模型的表达能力与泛化能力。

12.4 应用案例

本节通过美国华盛顿 D. C 某地区 2011—2012 年内的每小时共享单车租赁数据并结合历史天气等数据，利用 PyTorch 搭建一维卷积神经网络，实现对该地区共享单车租赁需求量的预测。

数据集内包含了共享单车租赁数据以及使用 One-Hot 编码后的分类数据（如日期、天气等特征数据）。首先导入需要的 Numpy、Pandas、Matplotlib 包，使用 read_csv 函数读取共享单车数据集，并使用 Matplotlib 包里的 pyplot. plot 函数来可视化部分数据，如图 12-31 所示。具体代码如下：

```
1  import numpy as np
2  import pandas as pd
3  from datetime import datetime
4  import matplotlib.pyplot as plt
5  plt.rcParams['font.sans-serif'] = ['SimHei']          # 黑体
6  plt.rcParams['axes.unicode_minus'] = False            # 解决无法显示符号的问题
7  import warnings
8  warnings.filterwarnings('ignore')
9  import torch
10 import torch.nn as nn
11 import tushare as ts
12 from sklearn.preprocessing import MinMaxScaler
13 from torch.utils.data import TensorDataset
14 from tqdm import tqdm
# 加载时间序列数据
15 df = pd.read_csv('./share_bike_data.csv', index_col = 0)
16 plt.figure(figsize = (20, 6))
17 plt.grid(True)                                        # 网格化
18 y = df['count'].values.astype(float)[1802:3193]
19 plt.plot(y)
20 plt.show()
```

得到数据集后，需要划分训练集和测试集。该共享单车数据集共有 10886 个时间段的需求数据，包含共享单车租赁需求量在内的共 38 个特征，划分 80% 的数据作为训练集，20% 的数据作为测试集。为了获得更好的训练效果，将需求数据进行归一化处理。具体代码如下：

```
1  test_split = round(len(df) * 0.20)
2  df_for_training = df[: - test_split]
3  df_for_testing = df[ - test_split:]
4  scaler = MinMaxScaler(feature_range = (0,1))
5  df_for_training_scaled = scaler.fit_transform(df_for_training) #shape(8709,38)
```

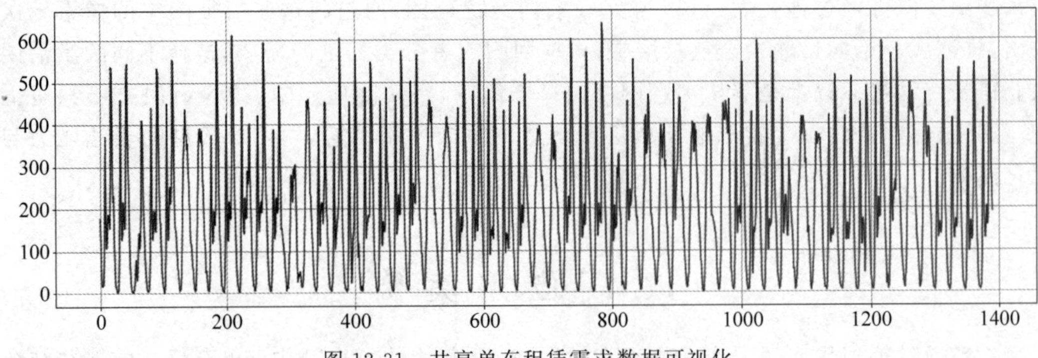

图 12-31 共享单车租赁需求数据可视化

```
6 df_for_testing_scaled = scaler.transform(df_for_testing) #shape(2177,38)
```

由于共享单车租赁需求数据属于包含多变量的时间序列数据，设定时间窗口为 24，即从原时间序列中抽取出训练样本，用第 1 到第 24 个行向量作为输入，预测第 25 个需求值作为输出，时间窗口向后滑动不断进行训练。此处定义了函数 split_data 分别对训练数据和测试数据进行样本抽取，并且返回由输入数据和输出标签构成的数组形成训练集和测试集。最后，将其转化为张量并将训练集和测试集加载成迭代器便于神经网络训练。具体代码如下：

```
1  def split_data(data, timestep):
2    dataX = []
3    dataY = []
4    for index in range(len(data) - timestep):
5      dataX.append(data[index: index + timestep])
6      dataY.append(data[index + timestep][37])
7    dataX = np.array(dataX)
8    dataY = np.array(dataY)
9    return np.array(dataX),np.array(dataY)
10 x_train,y_train = split_data(df_for_training_scaled,24)
11 x_test,y_test = split_data(df_for_testing_scaled,24)
#x_train shape(8685, 24, 38)
#x_test shape(2153, 24, 38)
# 将数据转为 tensor
12 device = torch.device("cuda" if torch.cuda.is_available() else 'cpu')
13 x_train_tensor = torch.from_numpy(x_train).to(torch.float32).to(device)
14 y_train_tensor = torch.from_numpy(y_train).to(torch.float32).to(device)
15 x_test_tensor = torch.from_numpy(x_test).to(torch.float32).to(device)
16 y_test_tensor = torch.from_numpy(y_test).to(torch.float32).to(device)
# 形成训练数据集、测试数据集
17 train_data = TensorDataset(x_train_tensor, y_train_tensor)
18 test_data = TensorDataset(x_test_tensor, y_test_tensor)
# 将数据加载成迭代器
19 batch_size = 16
20 train_loader = torch.utils.data.DataLoader(train_data, batch_size, True)
21 test_loader = torch.utils.data.DataLoader(test_data, batch_size, False)
```

选用 PyTorch 进行一维卷积神经网络的搭建，该一维卷积神经网络采取了两层卷积层、两层最大池化层以及两层全连接层堆叠而成，使用 ReLU 作为激活函数，选择 MSE 作为训练的损失函数，选择 Adam 作为训练的优化器，学习率 $\alpha=0.01$。其中卷积后的维度计算公式：$\frac{n-k+2\times p}{s}+1$（$n$ 表示输入数据维度，k 表示卷积核大小，p 表示使用边界填充，s 表示步长）具体代码实现如下：

```
1  class CNN(nn.Module):
2   def __init__(self):
3       super(CNN, self).__init__()
4       self.relu = nn.ReLU(inplace = True)
5       self.conv1 = nn.Sequential(
  nn.Conv1d(in_channels = 38, out_channels = 64, kernel_size = 2),    # 24 - 2 + 1 = 23
  nn.ReLU(),
  nn.MaxPool1d(kernel_size = 2, stride = 1),                          # 23 - 2 + 1 = 22)
6       self.conv2 = nn.Sequential(
  nn.Conv1d(in_channels = 64, out_channels = 128, kernel_size = 2),   # 22 - 2 + 1 = 21
  nn.ReLU(),
  nn.MaxPool1d(kernel_size = 2, stride = 1),                          # 21 - 2 + 1 = 20)
7        self.Linear1 = nn.Linear(128 * 20, 50)
8        self.Linear2 = nn.Linear(50, 1)
9   def forward(self, x):
10       x = self.conv1(x)
11       x = self.conv2(x)
12       x = x.view(x.size(0), - 1)
13       x = self.Linear1(x)
14       x = self.relu(x)
15       x = self.Linear2(x)
16       return x
17 model = CNN().to(device)                    # 定义卷积网络
18 loss_function = nn.MSELoss()                # 定义损失函数
19 optimizer = torch.optim.Adam(model.parameters(), lr = 0.01)     # 定义优化器
```

接下来需要对搭建好的卷积神经网络进行训练。首先定义迭代次数 epoch＝10，同时将网络调整为训练模式进行样本数据的训练。需要注意的是在每次更新参数前需要进行梯度归零和初始化。由于输入的数据形状不符合网络输入的格式，还需要对样本数据的形状进行调整，调整为一维卷积的输入维度：［批次，嵌入维度，序列长度］。具体代码实现如下：

```
1  epochs = 10
2  for epoch in range(epochs):
3     model.train()
4     running_loss = 0
5     train_bar = tqdm(train_loader)                # 形成进度条
6     for data in train_bar:
7     X_train, Y_train = data                       # 解包迭代器中的 X 和 Y
8     optimizer.zero_grad()
9         Y_train_pred = model(X_train.transpose(1, 2))
10        loss = loss_function(Y_train_pred, Y_train.reshape( - 1, 1))
11        loss.backward()
12        optimizer.step()
13        running_loss += loss.item()
14        train_bar.desc = "train epoch[{}/{}] loss:{:.3f}".format(epoch + 1, epochs, loss)
```

```
# 模型验证
15     model.eval()
16     test_loss = 0
17     with torch.no_grad():
18         test_bar = tqdm(test_loader)
19         for data in test_bar:
20             X_test, Y_test = data
21             Y_test_pred = model(X_test.transpose(1, 2)).view(-1)
22             test_loss = loss_function(Y_test_pred, Y_test.reshape(-1, 1))
23     if test_loss < best_loss:
24         best_loss = test_loss
25         torch.save(model.state_dict(), save_path)
26 print('Finished Training')
```

模型训练完成以后开始预测。首先将网络模式设为 eval 模式，基于测试数据集进行预测。此外，为了体现预测的效果，在预测完成以后将预测值进行反归一化操作还原为真实的需求值，利用 matplotlib.pyplot 绘制预测值和真实值的曲线图（如图 12-32 所示）。具体代码如下：

```
1  y_test_pred = model(x_test_tensor.transpose(1, 2))
2  y_test_pred = y_test_pred.detach().cpu().numpy().reshape(-1, 1)
# shape(2153, 1)
3  pre = np.concatenate((df_for_testing_scaled[24:,0:-1],y_test_pred),axis = 1)
4  pre = scaler.inverse_transform(pre)[:,-1]
5  original = df_for_testing_scaled[24:,:]
6  original = scaler.inverse_transform(original)[:,-1]
# 画出实际结果和预测的结果
7  plt.figure(figsize = (20,4))
8  plt.plot(original, label = '真实值')
9  plt.plot(pre, label = '预测值')
10 plt.xlabel('时间',fontsize = 20)
11 plt.ylabel('共享单车租赁数量',fontsize = 20)
12 plt.legend(loc = 'best',fontsize = 20)
13 plt.show()
```

扫码看彩图

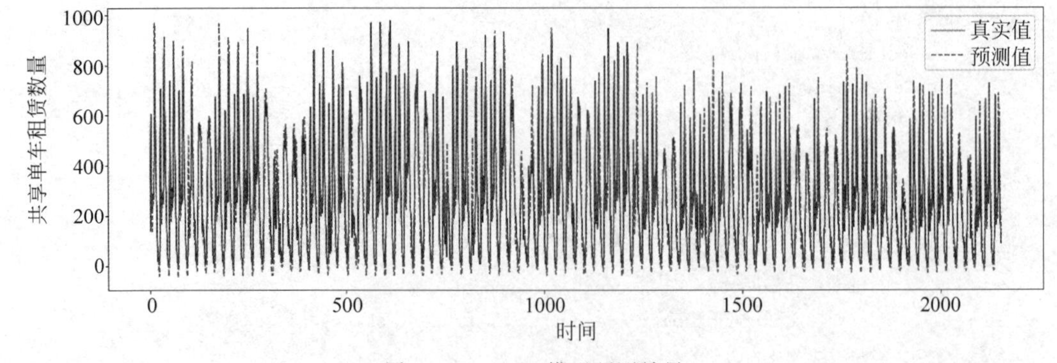

图 12-32　CNN 模型预测效果

本章小结

深度学习是一种可以解决各种复杂分类与预测问题的强大工具，在交通、物流、航空等领域都获得了广泛的应用。本章主要介绍了神经网络的基础概念，包含神经元、激活函数、神经网络的结构、神经网络的训练、感知器与多层感知器模型、梯度下降算法、反向传播算法与 BP 神经网络。此外，在传统的神经网络结构的基础上，介绍了循环神经网络与卷积神经网络两种网络结构，并使用 Pytorch 框架结合实际应用案例说明了深度学习模型的建模方法与具体实现。

习题

即练即测

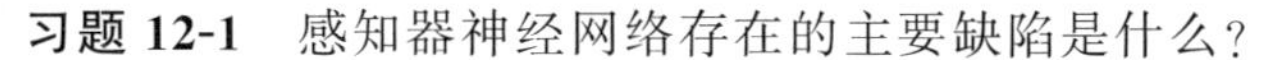

习题 12-1　感知器神经网络存在的主要缺陷是什么？

习题 12-2　BP 算法的基本思想是什么，它存在哪些不足之处？

习题 12-3　什么是卷积神经网络？它主要用于解决什么问题？

习题 12-4　请列举一些常见的深度学习框架。

参考文献

[1] Rosenblatt F. The perceptron: A probabilistic model for information storage and organization in the brain[J]. Psychological review, 1958, 65(6): 386-408.

[2] Marvin M, Seymour A P. Perceptrons[M]. Cambridge, MA: MIT Press, 1969, 6: 318-362.

[3] García-Pedrajas N, Hervás-Martínez C, Muñoz-Pérez J. COVNET: a cooperative coevolutionary model for evolving artificial neural networks[J]. IEEE Transactions on Neural Networks, 2003, 14(3): 575-596.

[4] Lipton Z C, Berkowitz J, Elkan C. A critical review of recurrent neural networks for sequence learning [J]. arXiv preprint arXiv: 1506.00019, 2015.

[5] Hochreiter S, Schmidhuber J. Long short-term memory[J]. Neural Computation, 1997, 9(8): 1735-1780.

[6] Gers F A, Schmidhuber J, Cummins F. Learning to forget: Continual prediction with LSTM[J]. Neural Computation, 2000, 12: 2451-2471.

[7] LeCun Y, Bottou L, Bengio Y, Huffner P. Gradient-based learning applied to document recognition [J]. Proceedings of the IEEE, 1998, 86(11): 2278-2324.

[8] Krizhevsky A, Sutskever I, Hinton G E. Imagenet classification with deep convolutional neural networks[J]. Communications of the ACM, 2017, 60(6): 84-90.

第三部分

预测与优化一体化方法

两阶段方法是结合预测与优化过程的常用方法。首先预测优化问题中的关键参数，然后将预测值代入优化问题中进行求解。在两阶段方法中，由于预测阶段与优化阶段相互独立，使得预测误差会在优化阶段被放大，甚至导致错误的决策结果。本书的第三部分融合预测与优化模型，将优化思想引入到深度学习方法之中，旨在克服两阶段方法的缺陷。

考虑如下数学模型：

$$\begin{cases} z^* = \min c^{\mathrm{T}} x \\ \text{s. t. } x \in \Omega \end{cases} \tag{a}$$

式中 x 是决策变量，Ω 表示可行域，c 表示目标函数中的参数。需要注意的，问题(a)的最优决策是一个与 c 相关的函数，每给定一个 c 就有一个最优决策 $x^*(c)$ 与之对应。若参数 c 已知，则根据优化问题的类型设计算法求解(a)即可。然而，在很多实际问题中，参数 c 是未知的，此时无法直接求解(a)。

对于带有未知参数的优化问题(a)，通常的做法是首先根据数据预测未知参数的值，然后将预测值代入模型并求解最优的决策变量，即先预测后优化(prediction then optimization, PTO)。已知参数 c 的 N 组样本 $\{(u_1, v_1), (u_2, v_2), \cdots, (u_N, v_N)\}$，其中 u_i 是参数 c 的特征值，v_i 为参数 c 的观测值，则预测模型如下：

$$\min_f \frac{1}{N} \sum_{i=1}^{N} l(f(u_i), v_i) \tag{b}$$

其中，f 为预测模型，它可以是一个线性回归模型，也可以是一个神经网络模型；l 表示预测模型的损失函数，$f(u_i)$ 为参数 c 的预测值。一般来说，常用的损失函数是均方误差(MSE)：

$$l(f(u_i), v_i) = (f(u_i) - v_i)^2 \tag{c}$$

这是一个典型的有监督学习模型，我们通过最小化预测值和观测值之间的误差，来训练预测模型 f。进一步，基于新的特征值得到参数的预测值，作为优化问题的输入。

两阶段方法的思路非常直观，通过预测模型向优化模型传递预测得到的未知参数信息，将预测阶段与优化阶段联合在一起，不过这是一种非常“弱”的连接方式，预测阶段和优化阶段唯一的联系是优化阶段的输入是预测阶段的输出，上游的预测对于下游的优化只是顺序的联系，在预测的过程中不考虑决策，造成的影响是预测结果的误差在决策中被放大。事实上，人们往往不关心预测误差，重点关注决策偏差。以车辆路径规划问题为例，在现实背景下决策者关注的往往不是绝对准确的站点与站点之间在途时间估计，而是是否得到了一条最优路径。在一些问题中，有时哪怕很小的预测误差都有可能带来决策的改变，从而造成了更大的决策偏差。相反，如果一个预测模型可以得到更好的决策，那么哪怕它的预测误差较大，我们也可以认为这是一个“好的”预测模型。

鉴于两阶段方法的缺陷，学者们开始研究预测与优化一体化方法，在预测过程中同时考虑决策优化。换句话说，预测的目标不是使预测值和观测值之间的误差最小，而是使优化模型的目标函数最优，省略了中间环节。使用决策偏差作为预测模型训练的损失函数，以代替两阶段方法中使用预测误差作为训练模型的损失函数，从而打通预测阶段与优化阶段。以模型(a)为例，决策偏差如下：

$$l(f(u_i),v_i)=(z^*(f(u_i))-z^*(v_i))^2 \tag{d}$$

一体化方法在预测模型的训练过程中始终考虑决策目标，使得预测模型的学习始终朝向使得决策偏差最小的方向进行，真正将预测阶段与决策阶段有机地联系在了一起。

本书的第三部分旨在使读者理解预测与优化一体化方法的思想。第 13 章介绍基于深度学习的一体化方法。

第 13 章

基于深度学习的一体化方法应用案例

报童问题是一个经典的库存管理问题。该问题考虑一个报童需每天早上以一定成本向报社订购报纸，然后以一定零售价进行售卖。由于市场需求具有不确定性，如果订购的报纸数量不足，报童将错失潜在的销售机会；如果订购过量导致剩余，则需要承担相应的成本损失。因此，报童在一天之初必须做出关键决策，确定报纸订购量，以达到最大化利润或最小化损失的目标。在这一问题中，传统方法通常假设需求的分布已知，在此基础上进行优化决策。然而在实际中，需求受市场变化、消费者偏好、突发事件等影响表现出不确定性，使得需求的真实分布无法提前获取，给问题的解决带来了很大的挑战。现代报童问题的解决方法逐渐向更为灵活和智能的方向发展[1]。本章提供了一个基于餐厅食材准备的报童问题①，分别介绍预测与决策两阶段方法和一体化方法。

Yaz 是斯图加特的一家餐厅，餐食的主要配料如牛排、羊肉、鱼等都经过深度冷冻以延长保质期。根据对次日需求的估计，餐厅需要决定夜间解冻的食材数量。如果解冻量不足，每个未满足的需求将产生短缺成本 cu；如果解冻量过多，则必须为未售出的食材支付过剩成本 co。因此，餐厅希望确定食材解冻数量，达到最小化预期总成本的目标，此问题可以由下式描述：

$$\min_{x \geqslant 0} = E_D\left[cu(D-x)^+ + co(x-D)^+\right] \tag{13-1}$$

其中，D 是不确定的需求，x 是食材解冻数量，$(\cdot)^+=\max\{0,\cdot\}$。如果假设需求分布是已知的，则最优决策可以按下式计算：

$$x^* = F^{-1}\left(\frac{cu}{cu+co}\right) \tag{13-2}$$

其中，$F^{-1}(\cdot)$表示需求分布的逆函数。然而，如上所述，由于 D 的真实分布无法提前获取，无法直接求解公式(13-2)。

13.1 数据描述

餐厅食材原始数据时间跨度为 2013 年 10 月—2015 年 11 月，共 765 天。每条数据包括牛排、羊肉、鸡肉、肉丸、鱿鱼、鱼、虾等食材需求数据和日期、天气等 11 种外生特征（如表 13-1 所示）。以下以牛排为例，介绍需求分布未知情况下的报童问题求解过程。

---

① 具体内容可参考：https://opimwue.github.io/ddop/tutorial_modules/tutorial.html.

表 13-1 外部特征数据示例

序号	星期	月份	年	是否节假日	是否关门	是否周末	风速	云量	降雨量	阳光	温度
1	星期五	10	2013	0	0	0	1.9	7.7	0.1	150	15.9
2	星期六	10	2013	0	0	1	2.7	6.9	10.7	0	13.2
3	星期日	10	2013	0	0	1	1.4	8	0.4	0	10.6
4	星期一	10	2013	0	0	0	2.3	6.4	0	176	13.3
5	星期二	10	2013	0	0	0	1.7	8	0	0	13.5

为了深入探索数据集特征，以期在未来的决策中提供有力支持，获得数据集中部分特征的描述性统计量，包括均值、标准差、最小值和最大值等(见表 13-2)。

表 13-2 部分特征数据的描述性统计量

	是否节假日	是否关门	是否周末	风速	云量	降雨量	阳光	温度
计数	765	765	765	765	765	765	765	765
均值	0.03268	0.006536	0.288889	3.061438	5.072941	0.818824	235.4065	13.29163
标准差	0.177913	0.080633	0.453543	1.237139	2.361906	2.694543	207.1119	7.656709
最小值	0	0	0	1.1	0	0	0	−5.9
25%	0	0	0	2.2	3.1	0	34	7
50%	0	0	0	2.9	5.6	0	205	13.6
75%	0	0	1	3.6	7.2	0.2	405	18.3
最大值	1	1	1	11.4	8	37.4	782	34.9

为了深入分析牛排的历史需求分布特征，绘制其分布柱状图(见图 13-1)。

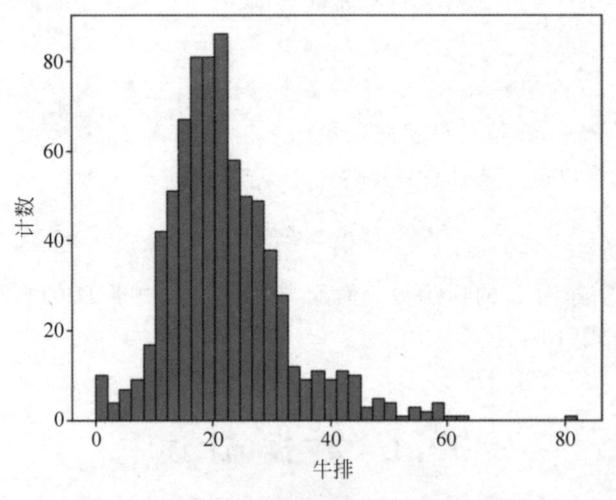

图 13-1 牛排的需求分布

从图 13-1 可以看出，牛排需求为右偏分布，并存在一些超过 80 的离群值。总体来看，牛排需求大致呈正态分布。以此作为先验知识，继续探索数据集中潜在信息及特征之间的相关关系，计算不同特征之间的 Pearson 相关系数，并通过热力图展示特征相关性的计算结果。

从图 13-2 不难发现，各特征之间存在相互关联关系，且各特征与牛排需求这一目标变量存在一定的相关性。牛排需求与是否是周末存在较弱的相关性。此外，由于风速、云量、

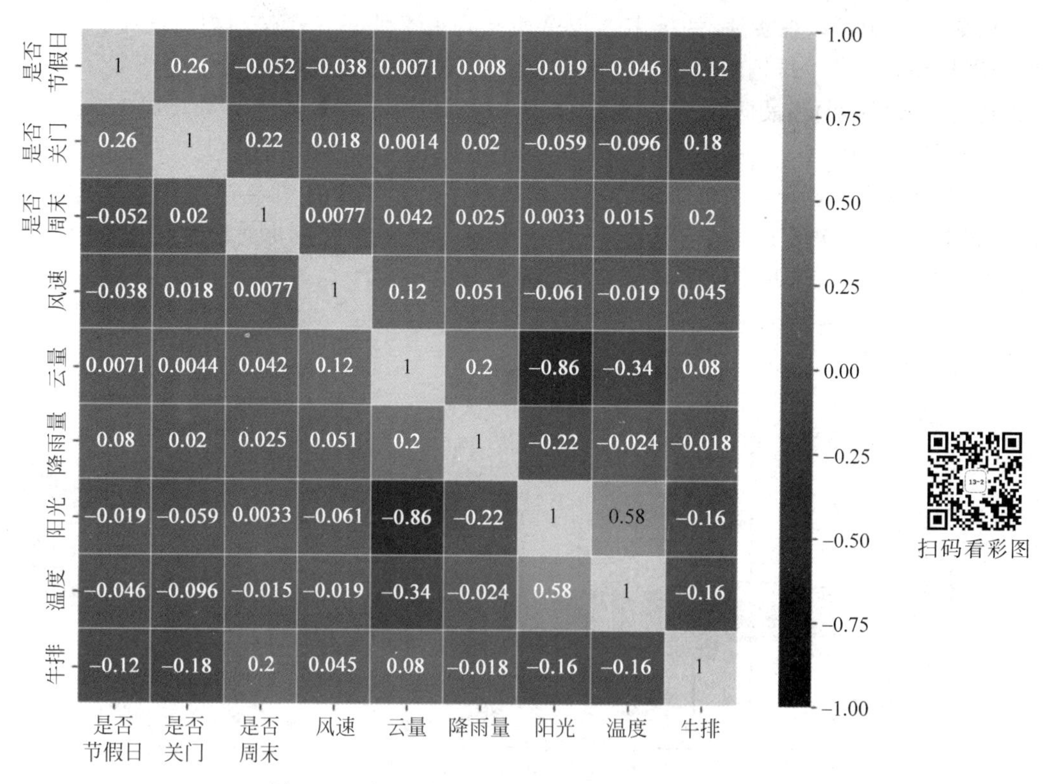

扫码看彩图

图 13-2　变量之间相关性的热力图

阳光、温度等天气因素本身就相互依赖，天气特征之间显示出较强的相关性。然而，天气特征与牛排需求之间的相关性较小。

值得注意的是，图 13-2 中缺少星期、月份、年份等日期特征，这是由于日期特征是分类变量，无法直接计算其与其他特征的 Pearson 相关系数。因此，可以采用箱型图来查看这些分类特征与牛排需求的关联关系。

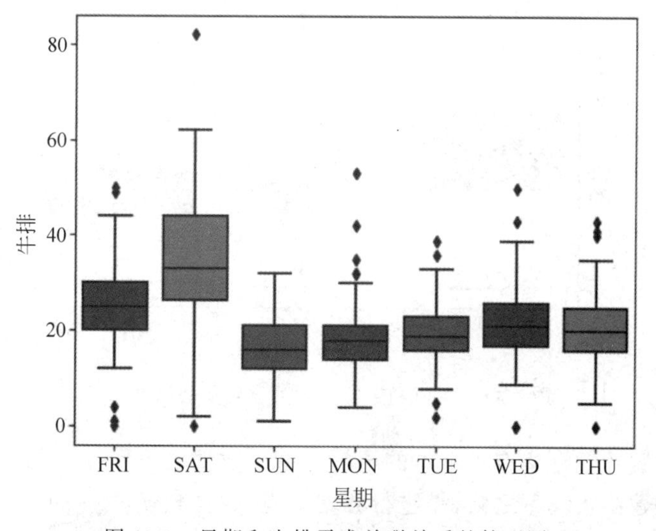

扫码看彩图

图 13-3　星期和牛排需求关联关系的箱型图

从图 13-3 中可以观察到，牛排需求与星期几有很大关系。周五和周六的牛排销量最高，而周日和周一的牛排销量最低。这表明是否周末这一二元特征存在问题，因为它将需求最高的一天（周六）和最低的一天（周日）归为一类，解释了牛排需求与是否周末这一特征相关性较弱的原因。

图 13-4 展示了月份与牛排需求之间的相关关系。11 月份牛排需求最高，然后逐月下降，直到 10 月份再次增加。这与温度特征和牛排需求之间略有负相关关系是一致的，因为牛排需求在气温较低的月份往往高于气温较高的月份。

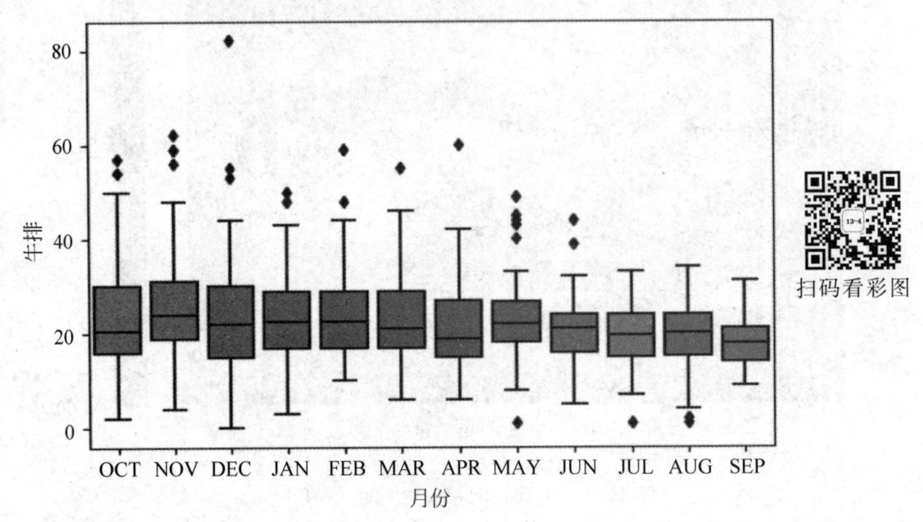

图 13-4 月份和牛排需求关联关系的箱型图

最后，通过箱型图 13-5 展示牛排需求和年份的关系，发现需求呈现逐年减少的趋势。

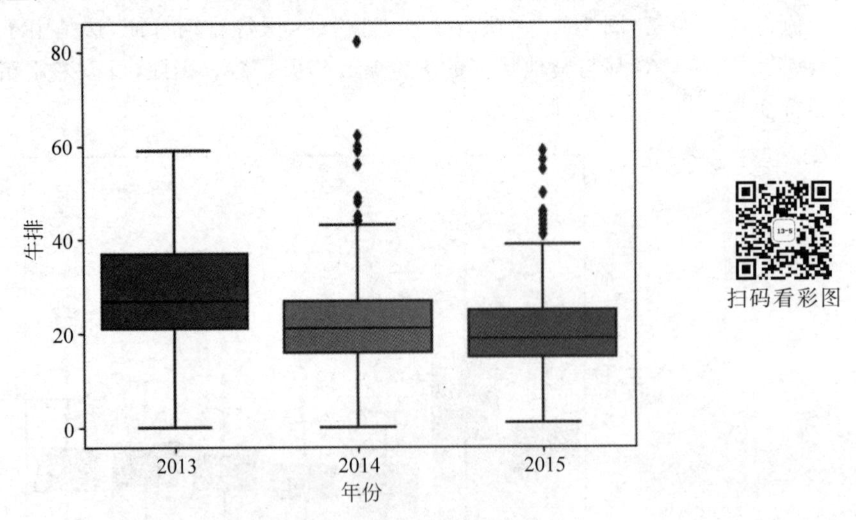

图 13-5 年份和牛排需求关联关系的箱型图

至此，我们对餐厅数据集有了基本的了解。由于数据质量和其中的信息直接影响模型的学习能力，在构建决策模型之前，需进行数据清洗、数据转换、数据分割、数据归一化等数据预处理，具体包含以下步骤：

(1) 数据清洗：作为数据预处理的第一步，需检查数据中的缺失值，以便对缺失值进行适当的处理。另外，可以采用箱型图等可视化方法识别数据中的异常值，并决定是否删除或替换异常数据。

(2) 数据转换：如前所述，餐厅数据集包含三个分类变量：星期、月份和年份。然而，本案例中使用的模型无法处理分类数据，因此需要对分类数据进行编码，将其转换为数值型数据。使用独热编码(one-hot encoding)，将每个类别转换为类别总数个二进制列，用"1"和"0"表示观测值是否属于该类别。例如，餐厅数据集包含 3 年的统计数据，年份数据经过独热编码处理后转变为 3 个二进制列，对于每一行数据，3 列年份数据取值之和为 1。

(3) 数据分割：为了训练和测试模型，将数据划分为包含 75%数据(前 573 天数据)的训练集和包含剩余 25%数据(后 192 天数据)的测试集。采用训练集来训练模型、采用测试集对模型性能进行评估。

(4) 数据归一化：如果数据特征在量级、单位和范围上存在较大差异，则需要将数据中的独立特征转换为固定范围，这个过程被称为特征缩放。特征缩放对模型性能有显著影响，因此是数据预处理中的基本任务。最常见的数据归一化方法是标准化，将每个特征的数据转换为均值为 0、方差为 1 的标准正态分布。

13.2　两阶段方法

13.2.1　基于样本分布估计的两阶段方法

一种常见的两阶段方法是根据历史需求样本估计真实的需求分布[2]。如图 13-1，从探索性数据分析中可以了解到牛排的需求近似遵循正态分布。因此，本节将通过估计需求的均值和标准差，来拟合训练数据的正态分布函数。

图 13-6 中实线即为拟合的牛排需求正态分布曲线，其均值为 23.17，标准差为 10.44。

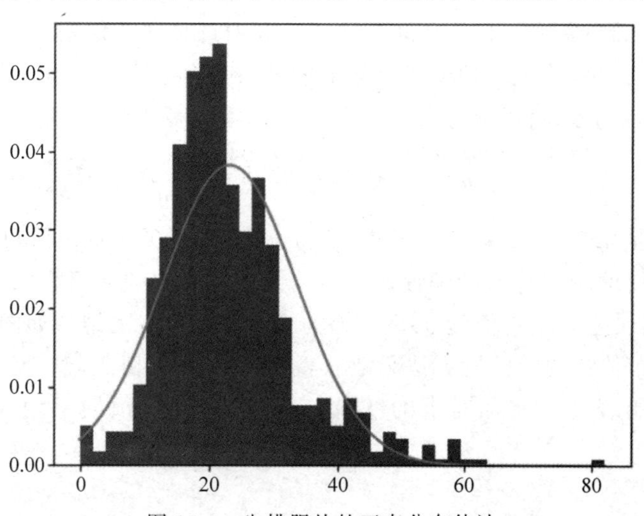

图 13-6　牛排服从的正态分布估计

设每单位牛排过剩成本为 5 欧元,每单位牛排短缺成本为 15 欧元,通过式(13-2)可以计算每晚解冻的最优牛排数量为 30。计算结果如图 13-7 所示,虚线表示测试集中每晚解冻的牛排数量,实线表示测试集中每天牛排的实际需求,点线表示测试集中每天所对应的预期成本。通过计算得出,采用基于样本分布估计的两阶段方法,预期平均成本为 66.02 欧元。这种假设需求真实分布的方法即为传统的两阶段方法:首先假设需求符合某个参数分布,并根据历史需求样本估计该分布的参数,最后通过求解式(13-2)确定最优决策。

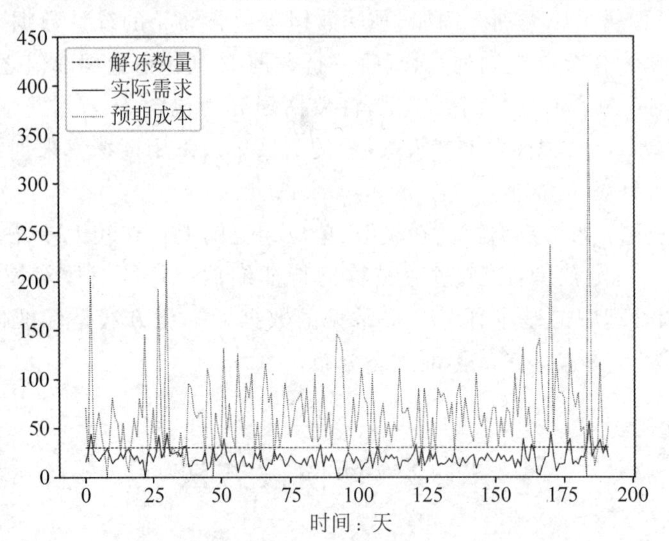

图 13-7 基于样本分布估计的两阶段方法计算结果

13.2.2 基于机器学习的两阶段方法

在现实中,由于需求可能服从多元联合分布,无法通过单一分布来刻画,这种情况下可以训练机器学习模型来预测需求,而不是仅仅估计样本的分布[3]。例如,可以采用多元线性回归模型预测牛排的需求。由于多元线性回归模型自身存在误差,且需求本身具有不确定性,因此通过估计训练集上的预测误差分布来表示不确定性。假设预测误差服从一个正态分布,其分布函数为 Φ,将误差分布引入式(13-2),得到最优解

$$x(u)^{*}=\varphi(u)+\Phi^{-1}\left(\frac{cu}{cu+co}\right) \tag{13-3}$$

其中,u 是特征向量,$\varphi(u)=\alpha_1u_1+\alpha_2u_2+\cdots+\alpha_mu_m+\beta$ 是多元线性回归函数,m 是特征的数量,α 是特征的权重,β 是函数的偏置,$\Phi^{-1}(\cdot)$是误差分布的逆函数。将训练数据输入机器学习模型,得到误差分布均值为 0,标准差为 7.22,具体输出结果如图 13-8 所示。与上一节基于样本分布估计的两阶段方法只能获得一个决策值相比,基于机器学习的两阶段方法在测试集上的表现与实际需求的变化趋势较为一致,预期平均成本降低至 46.46 欧元。

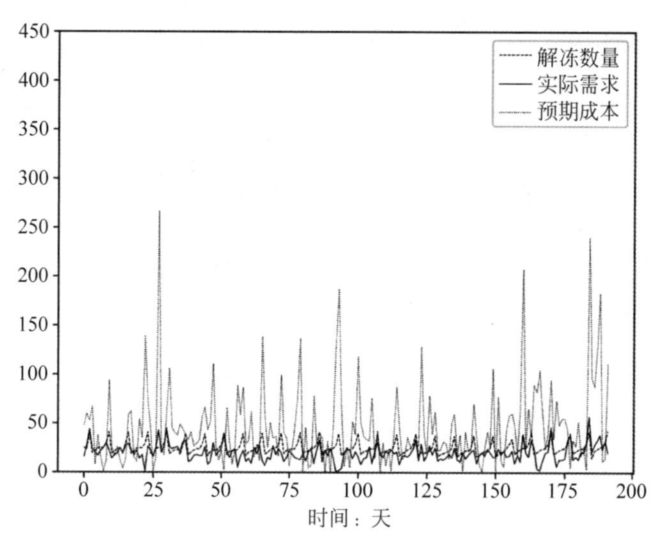

图 13-8　基于机器学习的两阶段方法计算结果

13.3　一体化方法

与两阶段方法不同，一体化方法可以直接根据历史数据和外部特征做出决策，无需对底层分布做出假设。本节将主要介绍 3 种数据驱动的预测与决策一体化方法[4]：

（1）样本均值近似；

（2）加权样本均值近似；

（3）深度学习。

13.3.1　样本均值近似

样本均值近似（sample average approximation，SAA）的原理是基于历史需求样本，找到使得平均成本最小的最优决策。从形式上讲，优化问题可以表述如下：

$$x^{*}=\underset{x\geqslant 0}{\operatorname{argmin}}\frac{1}{N}\sum_{i=1}^{N}\left[cu(v_i-x)^{+}+co(x-v_i)^{+}\right] \tag{13-4}$$

其中，v_i 是第 i 个需求观测值。

设历史 3 天牛排需求依次为 27，29 和 30。根据牛排需求的历史值，可以初步判断其最优决策在 27～30 范围内，且牛排需求应该是一个整数，因此在取值范围内遍历并计算相应的成本。由式(13-4)，SAA 的计算过程如下：

$x=27$，平均成本为$\frac{1}{3}[15*(27-27)+15*(29-27)+15*(30-27)]=25$，

$x=28$，平均成本为$\frac{1}{3}[5*(28-27)+15*(29-28)+15*(30-28)]=16.67$，

$x=29$，平均成本为$\frac{1}{3}[5*(29-27)+15*(29-29)+15*(30-29)]=8.33$，

$$x=30\text{，平均成本为}\frac{1}{3}[5*(30-27)+5*(30-29)+5*(30-30)]=6.67. \quad (13\text{-}5)$$

由式(13-5)可以看出，当 $x=30$ 时，平均成本取得最小值 6.67。

将 SAA 方法应用于训练数据集，可以得到每天的牛排解冻数量应为 28。进而，根据测试集中的实际需求，能够计算出餐厅每天的预期成本，见图 13-9。SAA 方法的预期平均成本为 59.95 欧元，其性能优于基于样本分布估计的两阶段方法(66.02 欧元)，但低于基于机器学习的两阶段方法(46.46 欧元)。

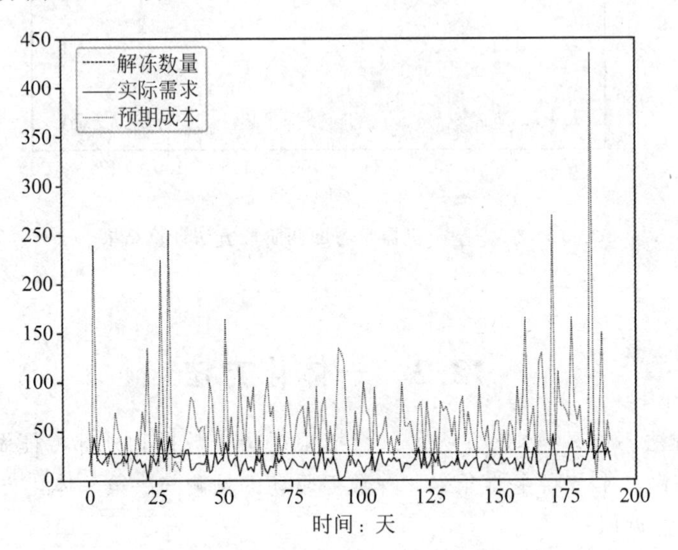

图 13-9 基于 SAA 方法的计算结果

13.3.2 加权样本均值近似

SAA 方法仅基于需求的历史观测值进行决策，而未考虑外部特征对需求的影响。本节根据样本特征与特征向量的相似性为每个样本赋予权重，并对历史观测值进行重新加权，称为加权样本均值近似(weighted sample average approximation，WSAA)方法。从形式上讲，优化问题可以表述如下：

$$x(u)^{*}=\underset{x\geqslant 0}{\operatorname{argmin}}\sum_{i=1}^{N}w_i(u)\left[cu(v_i-x)^{+}+co(x-v_i)^{+}\right] \quad (13\text{-}6)$$

其中，u 是新样本的特征向量，$w_i(\cdot)$是根据新样本特征和观测特征的相似性为观测样本分配权重的函数。基于决策树(decision tree，DT)的权重计算函数为

$$w_i^{\text{Tree}}(u)=\frac{I(u_i\in R(u))}{|R(u)|} \quad (13\text{-}7)$$

其中，$R(u)$表示包含 u 的叶子节点，$|R(u)|$表示 $R(u)$包含的样本总数，$I(\cdot)$表示示性函数，当 $u_i\in R(u)$时取值为 1；当 $u_i\notin R(u)$时取值为 0。换言之，如果观测样本与新样本属于同一叶子节点，则函数 $w_i(\cdot)$将对观测样本赋予相应的权重，否则权重为零。

假设考虑是否周末和温度两个特征向量 $u_i=(Weekend, Temperature)$的历史需求样

本。基于特征向量 $u=(0,18)$ 计算不同历史样本的权重，具体数据如表 13-3 所示。

表 13-3　部分牛排需求和相关特征示例

样本数据	是否周末	温度[℃]	需求
1	0	19	27
2	1	25	29
3	1	23	30
4	0	25	18
5	0	24	20
6	0	22	23
7	0	11	21

DT 方法的作用原理如图 13-10 所示，将数据根据是否周末和温度这两个特征分为四个叶子节点。为了确定样本权重，需要将新样本与叶子节点相匹配。首先，由于新样本不是周末，在树的第一层选择左侧分支。然后，根据温度条件 $18\leqslant 23$，新样本最终与样本数据 1、6 和 7 一起落在最左侧叶子节点中，即观测值 1、6 和 7 与新样本最为相似。基于此，为每个落入同一片叶子节点的观测样本赋予权重如下：

$$w_1=\frac{1}{3},w_2=0,w_3=0,w_4=0,w_5=0,w_6=\frac{1}{3},w_7=\frac{1}{3} \tag{13-8}$$

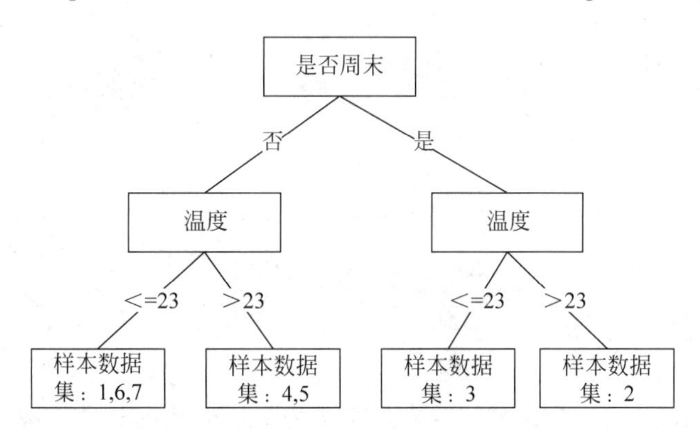

图 13-10　决策树分类样本数据

基于式(13-8)的权重分配结果，可以像 SAA 一样解决优化问题。唯一的区别是，需要将每个历史观测值乘以其相应的权重。根据牛排需求的历史取值，可以初步判断其最优决策在 18～30 之间，因此遍历其中整数并计算相应的成本，WSAA 的计算过程如下：

$x=18$，平均成本为$\frac{1}{3}[15\times(27-18)]+\cdots+\frac{1}{3}[15\times(23-18)]+\frac{1}{3}[15\times(21-18)]=85$

……

$x=26$，平均成本为$\frac{1}{3}[15\times(27-26)]+\cdots+\frac{1}{3}[5\times(26-23)]+\frac{1}{3}[5\times(26-21)]=18.33$

$x=27$，平均成本为$\frac{1}{3}[15\times(27-27)]+\cdots+\frac{1}{3}[5\times(27-23)]+\frac{1}{3}[5\times(27-21)]=9.76$

$x=28$，平均成本为$\frac{1}{3}[15\times(28-27)]+\cdots+\frac{1}{3}[5\times(28-23)]+\frac{1}{3}[5\times(28-21)]=21.67$

……

$$x=30,\text{平均成本为}\frac{1}{3}[15\times(30-27)]+\cdots+\frac{1}{3}[5\times(30-23)]+\frac{1}{3}[5\times(30-21)]=30.67 \tag{13-9}$$

由式(13-9)可以看出，当 $x=27$ 时，平均成本取到最小值 9.76。

具体地，将基于 DT 的 WSAA 方法应用于训练数据集，计算结果如图 13-11。可以看出，WSAA 方法考虑了样本特征与特征向量，在测试集上的决策结果符合实际需求的变化趋势，预期平均成本为 46.74 欧元，性能略差于基于机器学习的两阶段方法。

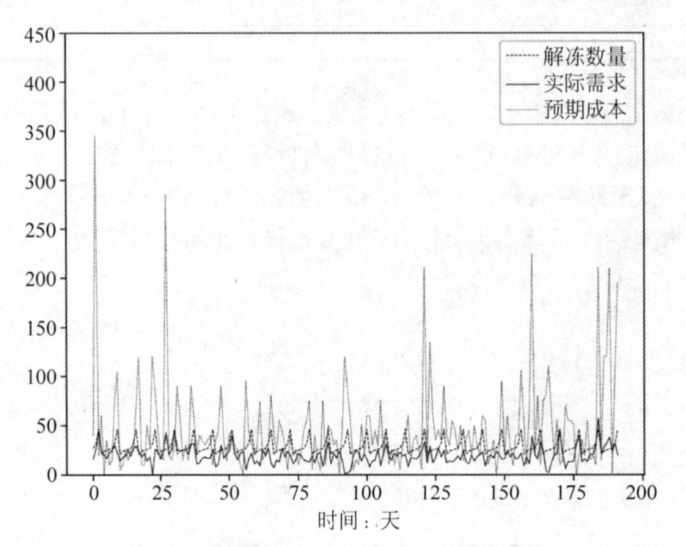

扫码看彩图

图 13-11 基于 WSAA 方法的计算结果

13.3.3 深度学习方法

SAA 和 WSAA 方法均为以平均成本最小化为目标的数据驱动方法。一个更好的解决方案是直接学习一个从特征到决策的映射函数。直观的思路是最小化经验风险(empirical risk minimization，ERM)，由下式描述：

$$\min_{x(\cdot)\in F}\frac{1}{N}\sum_{i=1}^{N}[cu(v_i-x(u_i))^+ + co(x(u_i)-v_i)^+] \tag{13-10}$$

其中，$x(\cdot)$是从特征空间 X 映射到决策空间 Q 的函数，F 是 $x(\cdot)$的函数类。简单来说，通过深度学习方法找到一个函数 $x(\cdot)$：$X\rightarrow Q$，使得历史需求样本的经验风险达到最小。为了找到从特征到决策的完美映射，需要深度神经网络(Deep Neural Network，DNN)[5]描述从特征到决策的映射。

DNN 通过多层结构处理输入数据并生成输出。通常，DNN 由输入层、隐藏层和输出层构成，每层由多个神经元组成。输入层中的神经元数量等于输入特征的数量，即每个神经元接收一个特征值作为输入。每个隐藏层包含多个神经元，而输出层的神经元数量对应于决策变量的数量。在本章的例子中，输入层包含 30 个神经元(8 个外部特征和星期、月份、年份经独热编码后的 22 个特征)，输出层包含 1 个神经元。DNN 的目标是找到从特征到决策完美映射的函数，损失函数表述如下：

$$l=\min_{w,b}\frac{1}{N}\sum_{i=1}^{N}\left[cu(v_i-\theta(u_i;w,b))^{+}+co(\theta(u_i;w,b)-v_i)^{+}\right] \tag{13-11}$$

其中，$\theta(\cdot)$表示具有权重 w 和偏差 b 的神经网络。将训练数据集输入至 DNN，设置 4 个隐藏层，每层神经元数量分别为 80，80，80 和 50，激活函数分别是 Softmax，Softmax，Softmax 和 ReLU，训练轮次设置为 100。计算结果如图 13-12，预期平均成本为 45.05 欧元，在本章介绍的方法中表现最优。

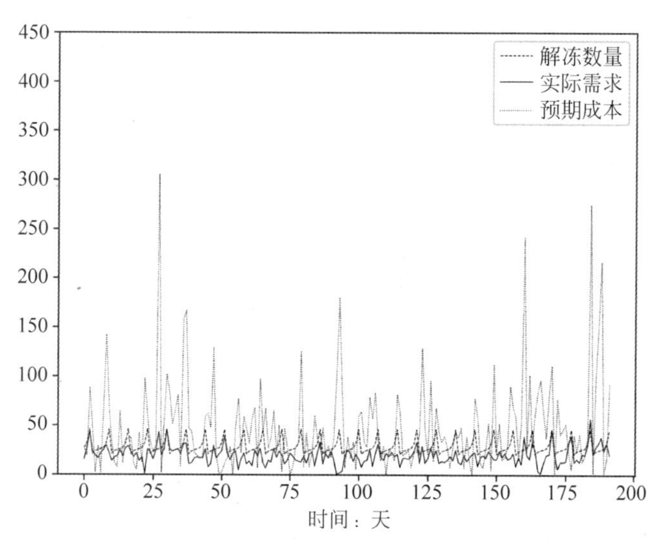

扫码看彩图

图 13-12　基于深度学习方法的计算结果

本章小结

本章介绍了预测与优化一体化方法的基本思路。通过一个基于报童问题的应用案例，介绍了两种两阶段方法和三种数据驱动的预测与优化一体化方法。在仅有历史需求数据的情况下，可以使用样本平均近似找到一个决策，使得历史需求样本上的平均成本最小。此外，与目标变量相关的外部特征能够改进决策[6]。因此本章介绍了两种考虑特征的方法：加权样本近似根据新样本相关特征和观测特征的相似性为每个观测样本分配权重；深度学习方法学习特征到决策的映射函数来充分利用特征信息，一定程度上提高了决策性能。

习题

即练即测

习题 13-1　列举几种 WSAA 方法中确定观测数据权重的机器学习方法，并简要说其原理。

习题 13-2　在基于深度学习一体化方法中，损失函数在模型训练过程中扮演关键角色。如何确定模型的损失函数，其作用主要有哪些方面？

参考文献

[1] Elmachtoub A N,Grigas P. Smart "Predict,then Optimize"[J]. Management Science,2022,68(1):9-26.

[2] Shapiro A,Dentcheva D,Ruszczynski A. Lectures on Stochastic Programming: Modeling and Theory[M]. Society for Industrial and Applied Mathematics,2021.

[3] Qi M,Shi Y,Qi Y,Ma C,Yuan R,Wu D,Shen Z J M. A practical end-to-end inventory management model with deep learning[J]. Management Science,2023,69(2): 759-773.

[4] Ban G Y,Rudin C. The big data newsvendor: Practical insights from machine learning[J]. Operations Research,2019,67(1): 90-108.

[5] Sadana U,Chenreddy A,Delage E,Forel A,Frejinger E,Vidal T. A survey of contextual optimization methods for decision-making under uncertainty[J]. European Journal of Operational Research,2024.

[6] Tian X,Yan R,Liu Y,Wang S. A smart predict-then-optimize method for targeted and cost-effective maritime transportation[J]. Transportation Research Part B: Methodological,2023,172: 32-52.

附 录

附录1　程 序 代 码

请扫码获取

附录2　习题参考答案

请扫码获取

教师服务

感谢您选用清华大学出版社的教材！为了更好地服务教学，我们为授课教师提供本书的教学辅助资源，以及本学科重点教材信息。请您扫码获取。

教辅获取

本书教辅资源，授课教师扫码获取

样书赠送

管理科学与工程类重点教材，教师扫码获取样书

清华大学出版社

E-mail: tupfuwu@163.com
电话：010-83470332 / 83470142
地址：北京市海淀区双清路学研大厦 B 座 509
网址：https://www.tup.com.cn/
传真：8610-83470107
邮编：100084

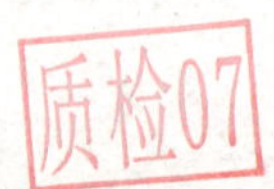